比較から読み解く
日本国憲法

倉持孝司・村田尚紀・塚田哲之 編著
Takashi Kuramochi, Hisanori Murata, & Noriyuki Tsukada

法律文化社

はしがき

　以前に出版した『歴史から読み解く日本国憲法』に続く初学者用の新しい「憲法教科書」の企画の相談を編集部の舟木さんから受け，「歴史から」に続けて「比較から」としたらどうかという話になった。昨今の時代状況の中で「歴史から」と並んで「比較から」という視点が，「現在」と「日本」の双方を相対化して眺めてみようとする際に重要ではないかと考えたからである。そこで「企画書」には，次のようなことを記した。

　「比較」する意味は，昨今のグローバル化をふまえて「現在」の「日本」の憲法状況を相対化しつつ，一方で，日本の憲法状況を「外から」批判的に眺める視点を探り，他方で，日本国憲法の積極的意義を「内から」再確認する視点を見出そうとすることにある。したがって，外国の憲法を取り上げて「参考」のために紹介することだけが重要なのではなく，制度が違う場合，当該国ではそれはどのような状況から生じどのような問題点を抱えているのかを探り，それと異なる日本の制度はどのような意義・問題点を有するのか，日本の制度はどうあるべきなのか等々を考える手がかりを得るようにしたい。また，外国の憲法状況も「相対化」し，外国の憲法状況が「進んでいる」から日本でそれを「参考」にするというような「比較」は避けるようにしたい，と。

　そして，そのような「比較」の作業をするのに相応しい研究者仲間に相談をした結果，賛同の意思を表明された全員が編集会議に集まったのは2020年3月半ばのことだった。しかし，COVID-19の影響で，再び編集会議に集まって議論する機会をもつことはできなかった。それに代えて，原稿作成の途中でZOOM会議を開催し，意見交換を行った。その後，原稿が出揃った段階でこれまたZOOMを利用して，共編著者となっていただいた村田尚紀・塚田哲之両氏と編者会議を行い，必要に応じて加筆・修正等を依頼し，さらに，最終原稿作成を経て初校が出た段階で再度ZOOMでの編者会議を行い，最終的な統一を図るとともに必要な追加的作業をお願いすることとなった。直接集合して編集会議を行えなかったこともあり，執筆者には再三の加筆・修正その他の作業を行うという手数をおかけすることとなった。

ようやく出来上がった本書は，次のような特徴をもっている。

　第1，初学者用の「憲法教科書」ということから，憲法学習に必要な項目を網羅し，最新の判例・学説を踏まえつつ，同時に，コンパクトでわかりやすい論述を心がけ，一般市民の方にも読んでいただける概説書となるようにした。その際，参考にさせていただいた文献は多いが，多くの場合その都度引用を明記することはしなかった点はご海容をいただくことをお願いしたい。なお，日本国憲法その他の条文を常に横に置いて参照できるように，冊子を付けることとした。

　第2，これに対し「比較」の部分は，学界の一般的議論にとらわれずに，担当者自身の独自の視点をむしろ積極的に打ち出すこととした。そこで，日本での議論とは少し違う観点が得られるかも知れないと思われるものを「比較」の項目として取り上げるようにした。そのため，概説を行う各章の終わりに関連する「比較」を配置した。関心のある部分を読み，「比較」にいくらかでも興味をもっていただけたら幸いである。その手がかりにもなるように，参考にした文献を各項目末尾に掲げ，主要各国の判例の引用等の案内（「各国憲法ガイド」）を目次の後に掲載した。

　共編著者の，塚田氏には企画書作りの段階から協力をしていただき，『比較の眼でみる憲法』（北大路書房，2018年）の著者でもある村田氏には「比較」の観点につき助言をいただいた。また，編集部の舟木さんには，企画のはじめの段階から最終段階に至るまで意欲的なサポートをいただいた。記して，感謝する次第である。

2022年1月7日

編著者を代表して

倉 持 孝 司

第 2 部　統治機構

第3部　人　権

各国憲法ガイド

①　アメリカ

［憲法概説書］

松井茂記『アメリカ憲法入門〔第8版〕』（有斐閣，2018年）

樋口範雄『アメリカ憲法〔第2版〕』（弘文堂，2021年）

マイケル・レス・ベネディクト『アメリカ憲法史』常本照樹訳（北海道大学図書刊行会，1994年）

阿川尚之『憲法で読むアメリカ史（全）』（ちくま学芸文庫，2013年）

［合衆国最高裁判決の表記］

　合衆国最高裁判所の判決は，一般に Roe v. Wade, 410 U. S. 113（1973）という形式で示される。これは，順に上訴人・対・被上訴人，掲載判例集と巻・頁，判決年を示し，この場合，ロー（匿名）対ウェイド事件，合衆国判例集（United States Reports）第410巻113頁以下所収，1973年（1月22日）判決，を表す。なお，公式の判例集である United States Reports がこの名称となったのは1875年開廷期以降のことであり，それ以前は編纂者の名前を冠して刊行されていた。1874年開廷期以前の判決については，Marbury v. Madison, 5 U. S.（1 Cranch）137（1803）のように，当時の名称を併記する。

［連邦法の表記］

　連邦議会の制定した法律は，名称（略称を用いることも多い）のほか，いくつかの形式で表記される。たとえば，いわゆるオバマケアを定めた2010年の Patient Protection and Affordable Care Act（ACA）の場合は，成立した会期と通し番号を用いた P. L. 111-148（第111議会の一般法律（public law）第148号），連邦法を制定順に収録した合衆国法律全集（United States Statutes at Large）の巻・頁（124 Stat. 119〔第124巻119頁以下〕）のようになる。

　また，連邦法を体系的に編纂した合衆国法律集（United States Code（U. S. C.））が用いられることも多い。この場合，50 U. S. C. §1541は，合衆国法律集第50編第1541条を示す。

②　ドイツ

［憲法概説書］

村上淳一ほか『ドイツ法入門〔改訂第9版〕』（有斐閣，2018年）

コンラート・ヘッセ『ドイツ憲法の基本的特質』初宿正典・赤坂幸一訳（成文堂，2006年）

ボード・ピエロートほか『現代ドイツ基本権〔第2版〕』永田秀樹ほか訳（法律文化社，2019年）

ドイツの現行憲法（基本法）の翻訳としては，初宿正典訳『ドイツ連邦共和国基本法──全訳と第62回改正までの全経過』（信山社，2018年）が，過去の憲法も含めたものとしては，高田敏・初宿正典編訳『ドイツ憲法集〔第8版〕』（信山社，2020年）がある。

［ドイツの憲法裁判について］

鈴木秀美・三宅雄彦編『ガイドブック　ドイツの憲法判例』（信山社，2021年）

畑尻剛・工藤達朗編『ドイツの憲法裁判──連邦憲法裁判所の組織・手続・権限〔第2版〕』（中央大学出版部，2013年）

ドイツ憲法判例研究会編『ドイツの憲法判例〔第2版〕』（信山社，2003年），『ドイツの憲法判例Ⅱ〔第2版〕』（信山社，2006年），『ドイツの憲法判例Ⅲ』（信山社，2008年），『ドイツの憲法判例Ⅳ』（信山社，2018年）

[連邦憲法裁判所判決の表記]

　ドイツ連邦憲法裁判所の判決は，一般に BVerfGE 7, 198という形式で示される。これは，掲載判例集と巻・頁を示し，この場合，連邦憲法裁判所判例集（Endscheidungen des Bundes-verfassungsgerichts）第7巻198頁以下所収，を表す。

[ドイツの連邦法の表記]

　連邦の法令は，公布日と当該法令が掲載されている連邦法律公報（Bundesgesetzblatt: BGBl.）を用いて表記されることが多い。たとえば，Waffengesetz vom 11. Oktober 2002 (BGBl. I S. 3970) は，2002年10月11日に公布された武器法（Waffengesetz）が同年の連邦法律公報第I部3970頁以下に掲載されていることを示す（なお，連邦法律公報第II部には条約などが掲載されている）。

③　フランス

[憲法概説書]

辻村みよ子・糖塚康江『フランス憲法入門』（三省堂，2012年）

フランス憲法判例研究会編『フランスの憲法判例I・II』（信山社，2002年・2013年）

中村義孝編訳『フランス憲法史集成』（法律文化社，2003年）

樋口陽一『「共和国」フランスと私──日仏の戦後デモクラシーをふり返る』（柏植書房新社，2007年）

モーリス・デュヴェルジェ『フランス憲法史』時本義昭訳（みすず書房，1995年）

[フランス憲法院判決の表記]

　フランス憲法院の判決は，一般に C. C. Décision n° 71-44 DC du 16 juillet 1971, Rec. 29 のように表記される。順に，憲法院（C. C.: Conceil Constitutionnel）の判決（Décision）であること，1971年の44番目の判決であること（n° 71-44：71は1971年を表わす），法規の憲法適合性に関する判決であること（DC: décisions de conformité à la Constitution），判決の期日，当該年度の公式判例集（Rec.: Recueil des décisions du Conceil constitutionnel）における通し番号を示している。判決以外に，政府の諮問に憲法院が応じて公表する意見（Avis）もある。また，法規の憲法適合性に関するもの以外にも，立法権と執行権の権限分配に関する場合には L（déclassement législatif），選挙争訟に関する場合には，国民議会については AN（Assemblée nationale），元老院については S（Sénat）など，判決の種類に応じてそれぞれの表記がある。

[法律の表記]

　法令は，法令の種類，法令番号，日付，表題（あるいは表題，日付）の順に表記されることが多い。たとえば Loi n° 90-615 du 13 juillet 1990 tendant à réprimer tout acte raciste, antisémite ou xénophobe というように表記され，日本語では「人種差別，反ユダヤ主義その他の排外主義的行為を抑制するための1990年7月13日の法律615号」となる。法令番号の最初の2桁の数字は，当該年度の下2桁を意味する（この場合は1990年なので90）。Loi（法律）以外にも，Loi organique（組織法律）や Ordonnance（オルドナンス），Décret（デクレ）などの表記によって法令の種類が示される。憲法は憲法的法律（Loi constitutionnelle）と表記される。また，著名な法令は通称で呼ばれることもあり，その場合には法律案の提案者の名前で呼ばれることが多い。たとえばここで例にあげた法律は，提案者の名前をとってゲソ（Gayssot）法と呼ばれている。

④　イギリス

[憲法概説書]

加藤紘捷『概説イギリス憲法——由来・展開そして EU 法との相克〔第 2 版〕』（勁草書房，2015年）

倉持孝司・小松浩編著『憲法のいま——日本・イギリス〔補訂版〕』（敬文堂，2021年）

戒能通厚編『現代イギリス法事典』（新世社，2003年）

[イギリス最高裁判所判決の表記]

　イギリス最高裁判所の判決は，一般に R（Chester）v. Secretary of State for Justice [2013] UKSC 63という形式で示される。これは，順に上訴人・対・被上訴人，ニュートラルサイテーションまたは判例集の略称を示し，この場合，チェスター対法務省，2013年に最高裁判所（UKSC＝United Kingdom の Supreme Court）で下された63番目の判決を表す。ニュートラルサイテーションは，例えば貴族院なら UKHL（United Kingdom の House of Lords），控訴院の民事部なら EWCA Civ（England and Wales の Court of Appeal の Civil Division）と書く方式であり，慣れると便利である。

　判例集で表記する場合は，① Law Reports（Appeal Cases，Queen's Bench，Chancery，Family（それぞれ AC，QB，Ch，Fam と表記）などに分かれている），①がなければ② Weekly Law Reports（WLR と表記），②がなければ③ All England Law Reports（All ER と表記）の順序で表記するのが一般的である（日本の民集・刑集→判時→判タに相当する）。ちなみに上記の判決では，それぞれ [2014] AC 271，[2013] 3 WLR 1076，[2014] 1 All ER 683 となる。イギリスの判決は，「BAILII（British and Irish Legal Information Institute）」から検索することができる。

[イギリス法の表記]

　国会が制定した法律は，「the Early Parliamentary General Election Act 2019（c. 29）」（比較 3 に登場する2019年早期総選挙法である）といった形で表記するのが一般的である。かっこ内の数字は，2019年に制定された29番目の制定法という意味である。イギリスの法令については，「HMSO（Her Majesty's Stationery Office）」から検索することができる。法令の種類ごとに制定年・制定順に並んでおり，個々の条文の改正の経緯についても検索が可能である。

⑤　イタリア

[憲法概説書]

井口文男『イタリア憲法史』（有信堂高文社，1998年）

伊藤武『イタリア現代史——第二次世界大戦からベルルスコーニ後まで』（中公新書，2016年）

村上信一郎『ベルルスコーニの時代——崩れゆくイタリア政治』（岩波新書，2018年）

シモーナ・コラリーツィ『イタリア20世紀史——熱狂と恐怖と希望の100年』村上信一郎監訳，橋本勝雄訳（名古屋大学出版会，2010年）

ヤーコプ・ブルクハルト『イタリア・ルネサンスの文化』上下巻，新井靖一訳（ちくま学芸文庫，2019年）

[イタリア法の表記]

　イタリア憲法裁判所の判決は，Sentenza 13 marzo 2009, n. 69（Gazzetta ufficiale, 1ª Serie Speciale, 18 marzo 2009, n. 11）という形式で示される。これは，判決・年月日・通し番号と，官報・年月日・通し番号を示し，この場合，2009年 3 月13日69号判決（2009年 3 月18日11号官報第 1 特別シリーズ）を表す。

イタリアの法律は，Legge 28 dicembre 2015, n. 220（Gazzetta ufficiale, Serie Generale, 15 gennaio 2016, n. 11）という形式で示される。これは，法律・年月日・通し番号と，官報・年月日・通し番号を示し，2015年12月28日220号判決（2016年1月15日11号官報一般シリーズ）を表す。

なお，官報は，法令を掲載する第1部と，商事公告や司法公告を掲載する第2部からなる。第1部は，さらに，一般シリーズと特別シリーズからなり，特別シリーズは，憲法裁判所に関する第1特別シリーズ，EUに関する第2特別シリーズ，州に関する第3特別シリーズ，試験に関する第4特別シリーズ，公共契約に関する第5特別シリーズからなる。

⑥ ヨーロッパ評議会・ヨーロッパ人権裁判所

［概説書］

戸波江二ほか編『ヨーロッパ人権裁判所の判例 I』（信山社，2019年）

小畑郁ほか編『ヨーロッパ人権裁判所の判例 II』（信山社，2019年）

小畑郁・江島晶子責任編集『人権判例報』：2020年12月以降半年に1回刊行され，ヨーロッパ人権裁判所判例を中心に掲載している。

［ヨーロッパ人権裁判所判決の表記］

ヨーロッパ人権裁判所の判決は，人によって異なるものの，一般に S. and Marper v. the United Kingdom, nos. 30562/04 and 30566/04, 4 December 2008（GC）などという形式で示される。これは，順に申立人・対・被告国，事件番号と判決年月日を示す。GC と書かれている場合は大法廷（Grand Chamber, 17名の裁判官で審理する）であることを示す。この場合，S（匿名）およびマーパー対連合王国事件，事件番号30562/04と30566/04，2008年12月4日の判決であることを表す。2015年まで刊行されていた公式判例集の略称（上記の判決では Reports 2008-V などと表記）や，非公式の判例集である European Human Rights Reports（上記の判決では（2009）48 EHRR 50 と表記）で表記する場合も少なくない。

ヨーロッパ人権裁判所のデータベースである「HUDOC」（2016年以降は正式な判例集としても扱われている）で検索し，事件名や事件番号等を入力すれば，判決文にたどり着くことができる。事件によっては英語の判決文がない場合もあるため，フランス語も読めた方が安心である。

⑦ 欧州連合（EU）

［概説書］

遠藤乾編『ヨーロッパ統合史〔増補版〕』（名古屋大学出版会，2014年）

庄司克宏『新 EU 法　基礎篇』（岩波テキストブックス，2013年）

庄司克宏『新 EU 法　政策篇』（岩波テキストブックス，2014年）

中村民雄『EU とは何か──国家ではない未来の形〔第3版〕』（信山社，2019年）

⑧ 世界憲法集

世界の憲法を調べたいとき，高橋和之編『新版世界憲法集〔第2版〕』（岩波文庫，2012年），畑博行・小森田秋夫編『世界の憲法集〔第5版〕』（有信堂高文社，2018年），初宿正典・辻村みよ子編『新解説世界憲法集〔第5版〕』（三省堂，2020年）が便利である。

第1部
総　　論

第1章 「憲法」とは何か
——憲法の概念と憲法学の対象

1 憲法の概念

「憲法」という言葉そのものは，すでに聖徳太子の「十七条憲法」にみられる。しかし，それが今日的意味で用いられるようになったのは，明治維新以後のことである。箕作麟祥が，1873年出版の『フランス六法』の中で国家の構造を意味するフランス語の constitution を「憲法」と翻訳した。この訳は当初批判を受けたが，その後，伊藤博文が憲法取調の勅令を受けて以来，constitution（英語，フランス語），Verfassung（ドイツ語）に相当する言葉として「憲法」が定着するようになった（参照，穂積陳重『法窓夜話』（岩波文庫，1980年））。

(1) 固有の意味の憲法（国家の基本法）と立憲的意味の憲法

今日，憲法は，最も広くかつ最も抽象的には，国家統治の基本を定めた法（「国家の基本法」）を表す。この意味の憲法を「固有の意味の憲法」という。

しかし，今日通常用いられる憲法という言葉は，単に国家の基本法を表すにとどまるのではなく，それよりも狭く具体的に権力制限的な国家の基本法を指す。この意味の憲法を「立憲的意味の憲法」と呼ぶ。「立憲主義」とは，憲法に基づきその制限のもとに国家を組織し運営するという原理である。立憲主義がとる具体的制度は一様ではないが，人権尊重主義と権力分立，そしてその権力が国民に由来するという国民主権，これらの原則を規範化する日本国憲法は，「立憲的意味の憲法」である。

(2) 憲法の規範的特質と憲法保障

憲法は，国家や地方公共団体の諸機関が活動するための権限を創設し与える規範である。この意味で憲法は，「授権規範」といわれる。国家や地方公共団体は，憲法および憲法に基づく法令に従って法令上与えられた権限を行使することが許される。すなわち，憲法が「授権規範」であるということは，単に国家や地方公共団体の存立や活動を正当化するのではなく，それを制限する規範（「制限規範」）であることを意味する。

憲法は，一国の実定法秩序の頂点に位置し，これにまさる上位規範は存在し

ない。これが憲法の形式的意味での「最高規範」性である。憲法の最高規範性には実質的意味もある。憲法が最高規範であるのは，実質的には憲法がその憲法を有する社会の最も重要な価値を保障していることによるのである。

　国民主権，権力分立，法の支配などは，それ自体が「立憲的意味の憲法」の保障する諸原理ないし諸制度であると同時に，最高規範である憲法に対する侵害を排除して憲法を擁護する憲法保障の機能を担うが，それらがあるにもかかわらず，憲法が破壊されたり破壊の危機に瀕したりする場合に備えるものとされるのが国家緊急権である。憲法に基づく統治＝立憲主義を取り戻すために立憲主義を停止する国家緊急権を明文で認めている現代憲法は珍しくないが，日本国憲法にはそのような条文はない。

⑶　成文憲法と不文憲法

　体系的に整備された法典の形式をとる憲法を「成文憲法」（「成典憲法」），そのような形式をとらない憲法を「不文憲法」（「不成典憲法」，「非成典憲法」）という。日本国憲法は「成文憲法」である。

⑷　硬性憲法と軟性憲法

　改正の要件が法律の制定・改廃の場合に比べて厳格な憲法のことを「硬性憲法」といい，通常の立法手続によって改正可能な憲法を「軟性憲法」という。96条による改正を想定している日本国憲法は「硬性憲法」である。

2　憲法学の対象

　そもそも憲法は，条文がすべてではない。成文憲法にせよ不文憲法にせよ，もっぱら条文だけをみて憲法が理解できる訳ではない。憲法の条文は，国会や内閣，裁判所等によって解釈され具体化される。法律や政令，閣議決定，判決，条例等さまざまな形式を通じて現れる憲法の実態は，条文からは想像もつかないようなものになっていることもある。憲法の実態をどのように評価し，どのように憲法を実現するかを考えるのが憲法学の課題である。その際に必要となる憲法の実態の正確な認識は，国家諸機関の活動だけではなく，学説の動向や国民の意識・動向，さらには国際社会の動向もまた視野に収めなければ難しい。

　したがって，憲法学の対象は，憲法とそれを取り囲む社会現象である。そも

そも憲法自身が相対立する政治的な立場の抗争を経て生まれた経緯が示すように，現に通用している憲法もさまざまな利害が対立する社会諸関係の中にあって，政治諸勢力の対立や妥協のうえに運用されている。そのような社会現象の分析を通じて憲法を把握することは，もちろん容易でなく，それには絶えず限界がつきまとうことが避けられないが，憲法のよりよい実現はそれなくしてありえない。

比較*1* 立憲主義──フランスとの比較

集団的自衛権を解禁することになる2015年の安保法制の整備をめぐる国会内外の論議の中で「立憲主義」が人口に膾炙するようになった。日本社会におけるこのような現象は，大正デモクラシー期以来のことである。

日本国憲法の3大原理として平和主義・国民主権主義・人権尊重主義が挙げられるが，立憲主義はそれらと同じ次元に位置づけられる原理ではない。そもそも立憲主義（constitutionalism（英），constitutionnalisme（仏），Konstitutionalismus（独））とは，自然法思想や啓蒙哲学に由来する憲法制定を求める運動の理念であった。それを示す一例を挙げると，フランス革命の最も若い理論家で「革命の大天使」と呼ばれたサン＝ジュスト（Saint-Just）は，次のように述べている。「憲法は，諸々の法律の原則であり核心である。憲法に由来しない制度はすべて専制である。それゆえに，市民の法律および政治の法律，万民の権利の法律［国際法］は，実定的（positives）でなければならず，人の酔狂や傲慢に何も委ねてはならない」（Saint-Just, L'esprit de la Révolution suivi de fragments sur les institutions républicaines, Editions 10/18, 2003, p. 61）。このように国家権力の行使の抑制を目的とする憲法制定運動の理念としての立憲主義は，多くの国の憲法成立に至る過程にみられるが，社会の違いや歴史的事情の違いにより制憲過程における政治的力関係の違いがあるため，それが内在化した実定憲法上ないし憲法運用上の具体的内容には違いがみられる。

1 憲法の基底的原理としての立憲主義

憲法制定を求める運動の理念としての立憲主義は，憲法制定後には，実定憲法の存在理由やその運用のあり方を示す原理となる。その具体的な制度的形態や内容は憲法によって異なるが，「権利の保障が確保されておらず，また，権力の分立が定められていないすべての社会は，憲法をもたない」と定める1789年フランス人権宣言16条は，憲法の原理としての立憲主義を表す実定憲法規範の一典型である。国家権力の抑制という憲法の存在理由・目的は，権利＝人権保障と権力分立によって実現されるべきものとされているのである。さらにこの宣言にいう権力とは，フランス革命によって生まれた国民の権力のことであるから，国民主権もまた憲法原理としての立憲主義を具体化するものとみられているといってよいであろう。

　実定憲法上，立憲主義は，憲法の基本原理を支えるいわば基底的な原理として存在し機能する。実定憲法は，「相対立する政治的な立場の抗争の結果，そのいずれかの絶対的な勝利を以て，もしくは両者の妥協を以て終ったということを，文書によって確認したもの」（鵜飼信成『憲法』（岩波全書，1956年）2頁）であるから，憲法の条文とその運用に現れる立憲主義の具体的なありようは多様である。アメリカ合衆国，革命期フランスを起点として，立憲主義は19世紀中に急速にヨーロッパと日本に拡散し，曲折を経て今日ではグローバルな広がりをみるに至っている。立憲主義の世界史的な展開のなかに日本国憲法の立憲主義がどのように位置づけられるのか。この問題を考える手がかりとして，ここではフランス第5共和制憲法における立憲主義を比較対象に取り上げることにする。

2　立憲主義の諸類型

　立憲主義は，実定憲法上の主権原理や権力分立原理，権利保障のあり方による権力制限の程度からみて，近代立憲主義，外見的立憲主義，現代立憲主義に区別される。これらの立憲主義概念は，憲法の総体的な特質を示す際に用いられることがある。

(1)　近代立憲主義

　公権力は，個人の自由権の保障を目的として，本質的に制限されるという近代自由主義思想の産物が近代立憲主義である。その思想的淵源は，ロック，ルソーの社会契約説，モンテスキューの権力分立論に求めることができる。

　近代立憲主義を基底的な原理とする憲法を立憲的意味の憲法あるいは単に近代憲法と呼ぶこともある。上に挙げた国民主権原理，権力分立原理，人権尊重主義が，近代立憲主義的憲法の標識とされる基本原理である。その初期の例が，1778年アメリカ合衆国憲法と1791年フランス憲法である。

(2)　外見的立憲主義

　フランス革命はその影響をヨーロッパ大陸全土に及ぼし，諸国の前近代的な封建制社会に近代化（資本主義化）をもたらす。同時に，社会を総括する国家も変革される。この国家形態や統治形態の転換が新・旧有産階級の妥協によって進められるとき，生まれる憲法には近代的な側面と前近代的な側面が併存す

ることになる。その具体的なありようは妥協の内容次第で多様であるが，総じていえば，国民主権主義・権力分立主義・人権尊重主義が憲法の文言上は宣言されていても，実質が希薄になっている。国家形態としては君主制（立憲君主制という）で，主権の主体が曖昧にされ国民主権が明文化されていないことがむしろ多い。権力分立も形式的なものにとどまり，とりわけ国民（臣民）を代表する議会の地位が低く，君主と行政府が強い権限を有する。権利の保障も質量ともに不十分で，人の権利の保障というにはほど遠い。このような憲法は，立憲主義を見かけの上だけで規範化するものという意味で，外見的立憲主義的憲法ということができる。

19世紀ヨーロッパの憲法はほとんどがこのタイプのものであった。フランスにしても，1789年革命後に反動が起こり，19世紀は，帝制と王制を繰り返し経験し，1875年に発足する第3共和制期に入ってから19世紀末にかけてようやく近代立憲主義的憲法が定着をみるのである。

(3) 現代立憲主義

19世紀ヨーロッパを席巻していた外見的立憲主義が，国家権力を制限して人権を保障することを本旨とする近代立憲主義を実質的に否定するのに対して，第一次世界大戦後ワイマール憲法を先駆として登場した現代立憲主義は，近代立憲主義の継承・発展形態ということができる。

現代立憲主義は，個人を解放する自由主義の肯定的な側面を継承する一方で，個人を疎外する自由主義の否定的側面を修正するために，憲法によって国家権力を制限するとともに弱者保護のための国家の積極的活動を要請する「福祉国家」の理念を包含する立憲主義である。また，主権者国民の代表が無謬ではなく代表の決定したことが抑圧的なものになりうること，普通選挙制が独裁を組織しカモフラージュするために利用されることがあること，こうしたことを経験して20世紀半ばに再発見された立憲主義が現代立憲主義である。それは，憲法の優位を確保する術として「立法国家」を要請するだけでなく，裁判機関による違憲審査を要請するものである。

20世紀後半世界に広がった現代立憲主義的憲法は，外見的立憲主義的憲法の反省はもちろん，近代立憲主義的憲法の否定的側面の反省と20世紀前半のファシズムの反省を込めて再建・強化された国民主権・権力分立・人権尊重主義を

規範化する憲法である。

3　フランス第5共和制憲法の現代立憲主義

　一般に憲法典の条文をみるだけでは，現実の社会現象としての憲法を捉えたことにならないことはいうまでもない。フランスの現行第5共和制憲法を理解する場合にも，1958年の制定に至る歴史と幾多の改正を経て今日に至る60年を超える同憲法の歴史と現状の認識が不可欠である。その意味で大きな留保が必要ではあるが，それにしても第5共和制憲法について，条文そのものからそれが規範化する立憲主義の特質を指摘することができる。

(1)　国民主権

　第5共和制憲法3条1項は，「国民（ナシオン）主権は人民（プープル）に帰属し，人民は主権を自らの代表およびレフェランドム（référendum）によって行使する」と規定する。ここにいう代表とは，国会と1962年の憲法改正によって直接公選制となっている大統領である。レフェランドムは，さまざまな法律事項について行える（11条）ほか，憲法改正手続の1つのオプションとして行えることになっている（89条2項）。

(2)　立法府

　国会が制定する法律（34条1項）は，第5共和制憲法前文が確認し現在も妥当している1789年人権宣言6条によれば「一般意思の表明」すなわち主権者人民の意思であるが，法律事項は限定されている（34条2項）。限定列挙された法律事項を除く事項は命令事項とされている（37条1項）。さらに限定列挙された法律事項に関しても，オルドナンス（ordonnance）と呼ばれる特殊な命令による立法が可能になっている（38条）。オルドナンスは，一種の委任立法で一定の要件を満たすと法律の効力をもつことになる。

　国会による立法手続きには重大な例外もある。第5共和制憲法49条3項は，政府提出法案が国会の審議抜きに成立する場合について定めているのである。

(3)　行政府

　国会と並ぶ代表機関である大統領は，国家元首として対外的な国家代表であり（14条・52条），閣議の主宰（9条），法律の審署（10条），国民議会（下院）の解散，軍隊の指揮（15条）などを行い，非常権限を有する（16条）など大きな

政治的実権をもつ。

　政府は，大統領と大統領によって任命される政府の活動の指揮監督や法律の執行の確保等を行う一定の政治的実権（21条1項・21条4項）をもつ首相とによる二頭制の組織で，国会に対して責任を負う（20条）。

⑷　憲法院

　法律の違憲審査は，憲法院（Conseil constitutionnel）が事前審査と事後審査を行うことができる（61条・61－1条）。

　人権保障に関しては，第5共和制憲法前文が1789年人権宣言に加えて，それを補完する現代的人権を保障する第4共和制憲法（1946年―1958年）前文を確認している。

⑸　フランス第5共和制憲法の特質

　極めて簡単な概観ではあるが，以上から第5共和制憲法典が現代立憲主義的憲法の標識を備えていることが指摘できる。もっとも，一口に現代立憲主義的といっても，憲法典レベルにおけるその表現がすでに多様であることはいうまでもない。第5共和制憲法典の特徴としては，弱い立法国家とそれと裏腹の強い「行政国家」，すなわち行政国家型憲法という指摘が可能である。そこには，この憲法が国家権力を抑制する機能を失って国家権力の道具と化する危険をみることもできる。事実，この憲法の歴史にはそのような危険が現実化したこともあった。

4　日本国憲法の現代立憲主義

　憲法典レベルで日本国憲法が現代立憲主義的憲法の標識を備えていることをここであらためて述べるまでもないであろう。その特徴をフランス第5共和制憲法典との比較を通してみてみよう。

⑴　国民主権と国民代表

　まず国民主権原理の特徴について，詳細は別（比較2 主権・代表・議会の位置づけ参照）に譲るとして，簡単にいえば，第5共和制憲法に比べて，日本国憲法上「主権」・「国民」それぞれの意味が必ずしも明確とはいえず，そこに解釈の余地があるといえる。たとえば第5共和制憲法では立法レフェランダムが認められているのに対して，日本国憲法ではそれを認める明文はないため，その

9

可否が解釈上の論点となるのである。

　一方，国民の代表は，日本国憲法上「両議院」であり（43条1項），国会と大統領を人民の代表とする第5共和制憲法と大きく異なる。日本国憲法上，国会が「国権の最高機関」とされ，「国の唯一の立法機関」とされているのも（41条），第5共和制憲法と大きく異なる点である。日本国憲法は立法国家型憲法ということができる。

(2)　大統領制と議院内閣制

　政府の組織と位置づけに関して，しばしばフランスは大統領制であるとして日本の議院内閣制とまったく異なる制度であるかのように捉えられがちである。しかし，第5共和制憲法上，政府は国会に対して責任を負い，大統領が国民議会解散権を有している。したがって，仮にこれを大統領制と呼ぶにしてもアメリカの大統領制とは全く異なり，むしろ日本国憲法上の議院内閣制と類似していると指摘することもできる。

(3)　違憲審査制

　違憲立法審査制についてみると，第5共和制憲法上司法裁判所や行政裁判所などには違憲審査権が与えられておらず，もっぱら憲法院が審査を行うことになっている。通常裁判所に違憲審査権がない点と憲法院による事前審査が可能である点は，日本との大きな違いとみられる。一方，2008年の憲法改正によって導入された事後審査は，司法裁判所や行政裁判所での裁判において当事者から事件に適用される法条に関する違憲の抗弁がなされた場合に，所定の手続を経て当該法条の違憲審査を憲法院が行うというものである。これは，具体的事件を契機として憲法院が法律の違憲性のみを判断する制度であるというかぎりで，法律審である日本の最高裁が行う法律違憲審査と変わるところがない。

(4)　人権保障

　人権保障については，日仏ともに近代的自由権のほか社会権に代表される現代的な人権を保障している。現代的人権の規定が詳細である点，2004年の環境憲章が憲法の一部となっている点で，第5共和制憲法典の人権保障の方が量的に豊富であるといえるが，日本国憲法は13条を備えていることによって，現代的な問題への対応が可能になっている。

●比較から読み解く

今日少なからぬ国でみられる立憲主義の危機とは，違憲の国家作用が問題となる事態にとどまらない，憲法の存在理由が揺るがされる重大事態のことであるが，同じく現代立憲主義といっても，その憲法典上の表現が異なる以上，その危機の相にも類似点と相違点が現れる。比較によってそれらを明らかにすることが，さらに現実の分析に進み，それぞれの憲法の意義と危機の認識を深めるきっかけになるであろう。

【参考文献】
村田尚紀『比較の眼でみる憲法』（北大路書房，2018年）。
モンテスキュー『法の精神』井上堯裕訳（中公クラシックス，2016年）。
ルソー『社会契約論』井上幸治訳（中公文庫，1974年）。
ロック『完訳　統治二論』加藤節訳（岩波文庫，2010年）。

第2章　歴史の中での日本国憲法の位置

2-1 　大日本帝国憲法の制定と運用史

1　大日本帝国憲法の制定

　日本は，幕末開国に伴い，欧米諸国との間で不平等条約を締結したため，関税自主権を喪失し，外国人に対する治外法権も承認した。不平等条約を改正するためには，近代国家体制を整備する必要があった。大日本帝国憲法の制定は，このことの一環として位置づけられる。

　1876年に明治天皇は元老院に「国憲起草の「詔」」を発し，「我建国ノ体ニ基キ広ク海外各国ノ成法ヲ斟酌シ」，憲法を制定するよう求めた。しかし，1880年に元老院が奏上した「日本国憲按」は，日本の国体と適合しないことを理由に採用されなかった。その後，自由民権運動を背景に民定憲法の制定が要求され，実際に，植木枝盛の「東洋大日本国国憲按」や千葉卓三郎らの「五日市憲法」などの私擬憲法が起草された。しかし，1881年に明治天皇は「国会開設の詔」を発し，欽定憲法の制定を表明した。1882年に欧州に派遣された伊藤博文は，特に君権の強いドイツ系の憲法を調査し，帰国後，井上毅，伊東巳代治，金子堅太郎らとともに大日本帝国憲法を起草した。大日本帝国憲法は1889年2月11日に発布され，1890年11月29日に施行された。翌年には，新憲法下での臣民規範を公定するものとして，教育勅語が発布されている。

2　大日本帝国憲法の内容

　大日本帝国憲法は天皇主権を採用したため，天皇は大日本帝国を統治し（1条），神聖不可侵であり（3条），元首として統治権を総覧するとされた（4条）。このことを根拠づけたのが，天孫降臨神話であった。それによれば，天皇家直系の祖先神天照大神は，天孫瓊瓊杵尊を高天原から日本国へ降臨させた際，皇位の標識となる三種の神器とともに天壌無窮の神勅を与えたとされる。こ

のことを受け，大日本帝国憲法とともに発布された告文，勅語，上諭は，大日本帝国憲法の制定は，皇祖（天皇の始祖）皇宗（歴代の天皇）から受け継いだ大権に依拠し，明治天皇が皇祖皇宗の神霊に奏告するという体裁を取っている。

　大日本帝国憲法は天皇に統治権を集中させたが，近代国家の外観を保持するため，立法，行政，司法を区別し，それぞれが天皇を補佐する形式を採用した。そのため，天皇は憲法の条規によって統治し（4条），立法権については帝国議会が協賛し（5条・37条），行政権については国務大臣が輔弼し（55条），司法権については裁判所が天皇の名で行使するとされた（57条1項）。もっとも内閣は憲法ではなく勅令によって定められた。さらに，裁判官は憲法によって身分保障がなされたが，司法省のもとに置かれたため，行政に対する独立は不十分であった。しかも，行政事件について，司法裁判所とは別個に設置された行政裁判所は，一審かつ終審として東京にしか設置されず，所管事項についても列挙主義が採用されたため，行政事件における権利救済も十分ではなかった。

　さらに，大日本帝国憲法は権利保障を規定したが，憲法の保障する権利は，人間に固有の権利ではなく，天皇が臣民に恩賜した権利であるとされた（憲法発布勅語・第2章）。しかも，権利の保障形式として法律の留保が採用されたため，臣民の権利は法律の内容に大きく依存した。特に帝国議会は，民選の衆議院だけでなく，皇族，華族，勅任議員からなる貴族院によって構成され，両院は対等であった（33条―35条）。しかも，衆議院についても，当初は制限選挙が採用され，1925年に普通選挙が導入された後でも，女性には選挙権が付与されなかった。そのため，1925年の治安維持法のように，議会の制定する法律によって，臣民の権利を制約することが多く行われた。

3　大日本帝国憲法の運用

　内閣は天皇の発した内閣官制によって定められたが，当初は薩摩や長州など藩閥出身者によって占められたため，内閣は議会ではなく天皇に対して責任を負う超然主義が採用された。しかし，帝国議会は法律と予算に対する協賛権を有し，民選の衆議院も設置されていたため，内閣が衆議院の政党勢力を無視することはできなかった。そのため，当初の超然内閣は徐々に後退し，1918年に

原敬が政党内閣を組織するに伴い，内閣は議会に対して責任を負う政党政治が成立した。

学説でも，当初は，穂積八束を中心とする神権学派によって，統治権の主体は天皇であることが強調された。しかし，のちに，美濃部達吉を中心とする立憲学派によって，統治権の主体はあくまでも国家であり，天皇は国家の最高機関にすぎないとする天皇機関説が主張された。神権学派は，大日本帝国憲法に忠実な解釈を展開し，天皇の権限を拡大する方向を追求したのに対して，立憲学派は，超然主義から政党政治への転換に伴い，天皇の権限を制限する方向を追求するものであった。

4　大日本帝国憲法の終焉

しかし，1929年の世界恐慌を背景に軍部が台頭するとともに，1931年の満州事変，1932年の五・一五事件，1936年の二・二六事件の中で，政党政治は崩壊していった。特に1935年の天皇機関説事件において，政府は「国体明徴声明」を発し，国体に反することを理由に天皇機関説を公式に否定した。

軍部台頭の原因となったのが，統帥権の独立と軍部大臣現役武官制であった。大日本帝国憲法の下，天皇は立法，議会開閉，官制・任官，軍事，外交，戒厳宣告，栄典授与，恩赦，祭祀について固有の大権を有していた。このうち陸海軍の統帥権が天皇にあることを統帥権の独立という。統帥権の独立によって，実際の戦闘活動に関する作戦用兵の権能は，機密性・迅速性・専門性のため天皇に専属したが，実際には陸軍参謀総長と海軍軍令部総長が天皇を補佐する役割を担った。

さらに，軍部大臣現役武官制によって，陸軍大臣は現役陸軍の大将か中将を，海軍大臣は現役海軍の大将か中将を任命しなければならなかった。そのため，内閣の方針が軍部の意向と一致しない場合には，軍部は，大臣を選出しないことによって組閣を阻止し，さらに，選出した大臣を辞任させることによって内閣を倒閣することができた。しかも，軍部の台頭とともに軍部大臣が強固な地位を獲得することによって，作戦用兵だけでなく軍隊の編成や装備に関する事項も統帥事項に含まれることになった。統帥権の独立によって内閣は軍部を統制することができず，逆に軍部大臣現役武官制によって軍部は内閣を統制

することができた。

　1937年に日中戦争が開戦し，1941年に太平洋戦争へと拡大する中で，1938年に国家総動員法が施行され，国防目的達成のため，人的物的資源を統制運用する大幅な権限が政府に白紙委任された。大日本帝国憲法は，対内的には臣民の権利侵害，対外的には侵略戦争を行うことによって，国家が個人に対して圧倒的に優越する国家体制を出現させるに至った。

2-2　日本国憲法制定史

1　日本の敗戦

　1945年7月26日，アメリカ，イギリス，中国は，ポツダム宣言を公表した。そこには，日本政府は，国民の間にある民主主義的傾向の復活強化に対する一切の障害を除去し，言論，宗教，思想の自由と基本的人権の尊重を確立すること，さらに，国民の自由に表明する意思に従い，平和的傾向を有し，責任ある政府が樹立された場合には，連合国の占領軍は直ちに日本から撤収することが規定されていた。日本政府は，直ちに回答しなかったが，8月6日に広島へ，9日に長崎へ原爆が投下され，8日にソ連が日本に宣戦布告したため，14日にポツダム宣言の受諾を通告した。

　もっとも，日本政府は国体の護持に固執し，10日には，ポツダム宣言は，天皇の国家統治の大権を変更することを含意しないことの確認を照会している。これに対して，連合国は，天皇と日本政府の国家統治の権限は，連合国軍最高司令官に従属し，日本の最終的な国家統治の形態は，国民の自由に表明する意思によって決定すると回答した。

2　松本委員会の調査

　9月2日，日本政府は，連合国との間で降伏文書を調印した。連合国軍最高司令官総司令部（GHQ）が東京に設置され，総司令官ダグラス・マッカーサーのもと占領が始まった。占領の方式としては，GHQによる直接統治ではなく，日本政府を介する間接統治が採用された。

　マッカーサーは，10月4日，近衛文麿元首相との会談において，憲法改正を

示唆したため，近衛は，佐々木惣一元京大教授とともに，内大臣府御用掛として憲法改正の調査を開始した。さらに，マッカーサーは，11日，幣原喜重郎首相との会談においても，憲法の自由主義化を示唆したため，幣原は，内大臣府が憲法改正を調査することに対する反発も背景として，10月25日，松本烝治国務大臣を委員長とする憲法問題調査委員会（松本委員会）を設置し，憲法改正の調査を開始した。

松本委員会は，憲法改正の四原則として，①天皇が統治権を総覧するという基本原則は変更しないこと，②議会の議決事項を拡充し，天皇の大権事項を削減すること，③議会に対する国務大臣の責任を確保し，国務大臣の責任を国務全般に拡大すること，④人民の自由と権利の保護を拡大し，自由と権利の侵害に対する救済手段を完備することを採用したうえで，1946年2月8日，憲法改正要綱（松本試案）をGHQに提出した。

この時期には，政府による憲法改正の調査作業と並んで，民間でもさまざまな憲法改正案が作成された。しかし，松本試案と同様に，民間の憲法改正案も，国体を護持し，大日本帝国憲法に若干の修正を加えるものが大半であった。もっとも，例外的に，日本共産党の憲法改正案は，天皇制を廃止し，人民主権の原則を採用し，憲法研究会の憲法改正案は，天皇制を象徴的なものとして維持しつつ，国民主権の原則のもと直接民主制的制度を採用し，社会権を詳細に規定していた。さらに，憲法研究会の一員であった高野岩三郎の憲法改正案は，国民主権を採用し，天皇制を廃止したうえで，大統領を元首とする共和制を採用している。

3 マッカーサー草案

しかし，松本試案の提出に先立つ2月1日，毎日新聞は松本試案をスクープし，全容を公表した。松本試案は天皇の統治大権を維持していたため，マッカーサーは独自に憲法草案を起草することを決定した。このことの背景には，連合国の最高意思決定機関である極東委員会が開催される2月26日以降は，憲法改正に関するマッカーサーの権限が大きく制約されるため，それまでに憲法草案を起草する必要があったことがある。

2月3日，マッカーサーは，ホイットニー民政局長に対して，憲法起草の三

原則を提示した（マッカーサー・ノート）。そこには，①天皇は国家元首であり，皇位の継承は世襲であるが，天皇の職務と権能は，憲法に基づき行使され，人民の基本的意思に対して責任を負うこと，②国権の発動たる戦争を廃止し，紛争解決だけでなく，自己の安全保持のための手段としての戦争も放棄し，日本には陸海空軍と交戦権を与えないこと，③日本の封建制度を廃止することが記載されていた。民政局はマッカーサー草案を起草し，2月13日，ホイットニーは，松本試案に対する回答としてマッカーサー草案を提示した。

4　日本政府案

　日本政府は，マッカーサー草案に基づき，3月2日，日本側草案を作成したうえで，GHQとの秘密裏の折衝を通して，6日，憲法改正草案要綱を公表した。4月10日に衆議院議員総選挙が実施され，17日に政府は憲法改正草案を公表し，22日に幣原内閣が総辞職し，5月16日に帝国議会が召集され，22日に吉田内閣が成立した。

　6月20日，日本政府案は，大日本帝国憲法73条に基づき，大日本帝国憲法改正案として衆議院に提出された。衆議院は8月24日に改憲案を可決し，貴族院に送付し，貴族院は10月6日に改憲案を可決し，衆議院も修正に同意した。衆議院の審議では，憲法9条2項の芦田修正，憲法25条の生存権が追加され，参議院の審議では，憲法66条2項の文民条項が追加されている。改憲案は，枢密院の審議を経て，11月3日に日本国憲法として公布され，日本国憲法は1947年5月3日に施行された。

5　日本国憲法成立の法理

　日本国憲法は，前文に記載されているように，理念的には，主権を有する国民が制定したものであった。しかし，現実的には，日本国憲法の制定過程にはGHQが深くかかわっていた。しかも，形式的には，日本国憲法の制定は大日本帝国憲法の改正という体裁を取った。実際に，日本国憲法の上諭には，昭和天皇が，枢密顧問の諮詢と帝国憲法73条による帝国議会の議決を経た帝国憲法の改正を裁可し，公布するとされている。そのため，天皇が主権を有する大日本帝国憲法を改正し，国民が主権を有する日本国憲法を制定することの理論的

整合性が問題となった。

　このことを説明するものとして，宮沢俊義は「八月革命説」を提唱した。それによれば，ポツダム宣言は，国民の自由に表明する意思に従い，政府を樹立することを要請していたため，日本政府がポツダム宣言を受諾することによって，天皇主権を否定し，国民主権を採用することが含意された。このことは，法的意味での革命として評価することができる。その結果として，大日本帝国憲法は引き続き効力を有するが，国民主権と抵触する限度において重要な変革を受けることになった。日本国憲法は，便宜的に，大日本帝国憲法の改正という体裁を採用したが，国民主権に依拠し，国民が制定した民定憲法である。「八月革命説」は，このように説明しているが，それは日本国憲法の制定経緯を歴史的に記述したものではなく，事後的に正当化するものであった。

第3章 統治の基本原則
——権力の構成原理と抑制原理

3-1 国民主権

1 主権の意味

　国民主権は，専制的な君主主権に対抗するものとして生まれた，近代立憲主義の根本原理であり，日本国憲法も国民主権を採用している。主権という言葉には場合に応じて3つの意味があるとされる。①国家の統治権そのもの，②国家権力の独立性，③国家内部における最高の決定権である。①の用例として，ポツダム宣言8条の「日本国ノ主権ハ，本州，北海道，九州及四国並ニ吾等ノ決定スル諸小島ニ局限セラルベシ」という規定がある。主権的であるのは国家権力だけであるため，主権と国家の統治権が同義のものとして扱われている。前文の「自国の主権を維持し」という表現は②の用例であり，国家が対内的には最高で，対外的には独立していることを表している。③の用例として，前文の「主権が国民に存することを宣言」という規定および1条の「主権の存する日本国民」という規定が挙げられる。もっとも，国家権力の1つひとつを国民が直接決定し，行使することは現実的に不可能であるから，この意味での主権は，国の政治のあり方を最終的に決める力ないし権威を意味していることになる。

2 国民主権の意味

(1) 正当性の要素と権力性の要素

　一般的に国民主権という場合には，前記③の意味で用いられる。これは，第1に，主権者である国民が国家の統治権を直接または間接に行使すべきこと（これを権力性の要素と呼ぶ），第2に，国家権力の正当性が究極的には国民の権威に求められること，言いかえれば，国家権力は常に国民に対して責任を負うこと（これを正当性の要素と呼ぶ）を意味する。正当性の要素について，憲法前

文も「国政は国民の厳粛な信託によるものであって，その権威は国民に由来」すると述べている。国家権力は国民のために行使しなければならないのである。この2つの意味は排他的なものではなく，相互補完的なものであると一般的に解されている。もっとも，この2つの側面のどちらを強調するか，言いかえれば，権力性の要素について，どこまで国民が直接に権力行使にかかわるべきかについては議論がある。

国民主権の権力性の要素が顕著に現れるのは，憲法の制定および改正の場面である。国民主権の原理は，そもそも国民の憲法制定権力（制憲権）の思想と密接な関係にある。制憲権を提唱したのはフランス革命期に活躍したシィエスである。彼は『第三身分とは何か』において，国民は無制約の制憲権を持っており，それゆえ，身分制に基づく旧体制を打破し，新たな憲法を制定することができると主張した。この制憲権思想が近代立憲主義の基本原理となったのである。

このような経緯からして，憲法の制定および改正に国民による関与が求められる点に争いはない。したがって，憲法前文が主権の存する国民によって憲法が制定されたことを宣言し，憲法96条が憲法改正の際の国民投票を義務付けているのは国民主権の権力性の要素の現れと解される。もっとも，それを超えてさらに国民による決定権を強調するかどうかについては，特に1970年代以降，フランスにおける主権論を淵源とする2つの対立する見解が主張されてきた。これには「国民」とは誰を指すのかという問題が関係している。

(2) プープル主権とナシオン主権

プープル（peuple）主権論は，「国民」を有権者団と解する。有権者はそれぞれ直接に意思を表明できるため，その集合体である国民も意思決定主体である。それゆえ，この説は権力性の要素を強調する。具体的には直接民主制と密接に結びつくことになる。すなわち，日本国憲法上，国民が直接に意思を表明する場面は，最高裁判所裁判官の国民審査（憲法79条2項）と憲法改正（憲法96条）に限られているが，プープル主権論によれば，直接民主制を立法等で整備することが要請されることになる。これに対してナシオン（nation）主権論は，「国民」を有権者に限定することなく全国民と解する。これには意思表明が不可能な未成年なども含まれ，国民による直接的な意思表明は不可能であるか

ら，国民主権原理の正当性の要素を強調することになる。具体的には代表制，議会制と密接に結びつく。

　もっとも，この対立は，日本国憲法が採用する国民主権原理に併存する権力性の要素と正当性の要素のどちらをより強調するかというレベルのものであり，具体的な議会制や選挙制度のあり方に直結するものではないと考えるべきだろう。国家権力がいかに組織され，行使されるべきかは，議院内閣制や権力分立原理など，憲法上の他の諸規定およびその理念も踏まえて考える必要があり，どちらの主権原理を採用するかによって一義的に答えが定まるわけではないからである。

3-2　象徴天皇制度

1　大日本帝国憲法における天皇

　日本国憲法における天皇を理解するには，大日本帝国憲法時代の天皇と比べ，何が変わったのかを確認することが重要である。帝国憲法における天皇の特徴は，第1に，形式的には国家の統治権を天皇が有していたことである（4条。帝国憲法では主権ではなく統治権という言葉が用いられていた）。第2に，実質的には天皇の代わりに帝国議会，国務大臣（内閣），裁判所などが統治権を行使する仕組みになっていた（ただし，昭和天皇は外交・軍事などに関して意見を述べて政策を左右することもあったとされる）。

2　天皇の象徴化とその背景

　それに対し，日本国憲法1条は，「天皇は，日本国の象徴であり日本国民統合の象徴であつて，この地位は，主権の存する日本国民の総意に基く」とされている。一般的に「象徴」とは，無形のものを有形のもので表すことを指す（たとえば，鳩は平和の象徴とされる）。だが，天皇が象徴であることによってどのような法的効果が生じるのか，憲法には何も書かれていない。

　ここで重要なのは，帝国憲法と比べ，日本国憲法では天皇から徹底的に政治権力（4条1項では「国政に関する権能」と呼ばれている）が奪われている点である。憲法上，天皇には国事行為しか許されていない。また，天皇の地位は「主

権の存する国民の総意に基く」とされており，あくまで主権は国民にあること（国民主権）が明確に宣言されている（したがって，国民は憲法改正によって天皇制を改廃することもできると考えられる）。帝国憲法でも天皇が政治権力を行使することは実際上は稀であったが，日本国憲法では形式上も政治権力を行使できない存在となった。この点は，新旧憲法での大きな違いの1つといえる。

3　国事行為

　日本国憲法では天皇の公務として「国事に関する行為」（国事行為）だけが規定されている（3条，7条）。帝国憲法において天皇は国家の統治権をもっていたのに比べ，日本国憲法での国事行為はきわめて限定されている（法律の公布，国会の召集，栄典の授与など）。国事行為はいずれも儀礼的なものであり，なおかつ内閣の「助言と承認」なしに行うことは許されない。すなわち，天皇は内閣の指示通りに国事行為を行うことが求められ，国事行為によって問題が生じた場合は内閣が責任を負う（なお，最高裁は天皇の民事責任が裁判で追及されることを否定している。最判1989・11・20）。これにより，天皇の意思が国事行為に反映されることを防ぐ仕組みになっている。

4　国事行為以外の活動は許されるか

　だが，天皇は国事行為にも私的行為にも分類し難い活動を行っている。国民体育大会や戦没者追悼式などの催しへの参加，さまざまな節目の機会における「おことば」の公表，外国訪問（いわゆる「皇室外交」），災害被災地への訪問などである。これらの活動が憲法上許されるかに関しては，違憲説と合憲説がある。違憲説では，国事行為として憲法に列挙されていないこれらの行為は違憲とされる。合憲説では，国事行為でも私的行為でもない「公的行為」というものが存在すると説明されることが多い。合憲説は「公的行為」を無限定に認めるわけではないし，「公的行為」に対しても内閣が助言と承認によってコントロールする必要性を主張している。だが，天皇の活動を厳格に制限している日本国憲法の趣旨から見ると，憲法では明文で規定されていない「公的行為」という概念を認めることは天皇の活動範囲が無制限に拡大するリスクをはらんでいる。なお，天皇の代替わりの際に大嘗祭が行われているが，宗教的な性質を

帯びており政教分離違反ではないかが争われたこともある（最判2002・7・11）。

5 女性天皇の是非

憲法上，皇位（天皇の地位）は世襲とされる（2条）。この点を具体的に定めている法律（皇室典範）では，天皇に即位できるのは男系男子（父が皇族である男性）のみとされ，女系男子（父ではなく母のみが皇族である男性）や女子は天皇になれない（皇室典範1条）。しかし天皇家に男子が誕生しなければ皇位が断絶するおそれがあることから，皇室典範を改正して女性天皇を認めるべきという意見がある。さらに，女性天皇を法律上認めないことは憲法上の平等原則（14条1項）に反するという主張もある。これに対しては，天皇制自体が日本国憲法における平等原則（誰もが生まれながらにして平等）の重大な例外であり，天皇を男性に限定することは違憲ではないという反論がある。なお，天皇や皇族は選挙権をもたず，その他にもさまざまな人権（表現の自由，職業選択の自由など）が事実上制限されている。

3-3 権力分立

1 権力分立原理とは何か

日本では，「立憲的意味の憲法」概念を重視し，その憲法のあり方を端的に示すものとして「権利の保障が確保されておらず，権力の分立が定められていないすべての社会は，憲法をもたない」とするフランス人権宣言（「人及び市民の権利宣言」）16条を引くのが一般的である。ここでいう「憲法」にとって，「権利の保障」の確保と「権力の分立」の確立は必須の2要件とされている。そうだとすると，権力分立は，国家権力の集中・濫用を防止するために，権力を作用に応じて立法（権）・行政（権）・司法（権）の3つに分離しそれぞれを異なる機関（立法部・行政部・司法部）に担当させた上で，相互に「抑制と均衡（checks & balances）」をはかることによって，国家権力による国民の権利・自由に対する侵害を防止（「権利の保障」を確保）しようとするものだということになる。このようなことから，権力の構成原理としての国民主権とともに，権力の抑制原理としての権力分立は統治の基本原理などと呼ばれる。

2　日本国憲法と権力分立原理

　権力分立は，日本国憲法がそれを採用すると明示しているわけではないが，章別編成が「第4章　国会」，「第5章　内閣」，「第6章　司法」となっていることからも，日本国憲法の基本原理の1つとして挙げられるのが一般的である（しかし，だからといって憲法が国民と直結した国会を「国権の最高機関」としている（41条）ことを軽視するのは適当でない）。ここでは，日本国憲法における権力分立の仕組みを理解するために，主権者である国民をトップに置いて三権の関係を図示しておくことにする。三権それぞれに割り当てられた権限を整理した上で，三権相互の関係を了解することが必要である。

図　日本国憲法における権力分立（「抑制と均衡」）

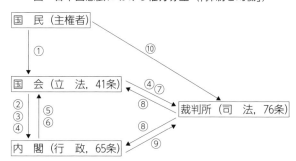

①選挙（15条1項），②内閣総理大臣の指名（67条），③衆議院の内閣不信任決議（69条），④両院の国政調査権（62条），⑤衆議院解散権（69条），⑥国会に対する連帯責任（66条3項），⑦弾劾裁判（64条），⑧違憲審査権（81条），⑨最高裁判所長官の指名（6条2項），同裁判官の任命（79条1項），下級裁判所裁判官の任命（80条1項），⑩最高裁判所裁判官の国民審査（79条2～4項）

3　権力分立原理と地方自治

　権力分立原理の制度化にはさまざまなバリエーションがあり（特に，大統領制，議院内閣制），また現代的変容（「行政国家」化・「政党国家」化・「司法国家」化）が指摘され，特に「行政国家」化（行政権の肥大化）にいかに対応するかが課題とされてきた。1つの観点は，地方自治が，中央の権力の強大化に対抗して，権力（地方自治権）の地方への「移譲」（分権）を要求するという重要な意

義を有することに注目することである。

　日本国憲法が採用した「統治機構の全体構造」の「政治の領域」について，垂直的・水平的権力分立によって説明されることがある（高橋和之『立憲主義と日本国憲法〔第5版〕』〔有斐閣，2020年〕）。それによると，「垂直的権力分立」とは，「中央（国）の政治」と「地方（自治体）の政治」の分割であり，「日本国憲法はこれを『地方自治』という言葉で表現している」ことになり，「水平的権力分立」とは，国と地方自治体の各レベルでの政治権力の「立法権（法律・条例制定権）と行政権（執行権）」への分立であり，両者の関係づけは「国レベルでは議院内閣制」，「自治体レベルでは，……『大統領制』型の機構」がそれぞれ採用されているとして，「地方自治」および地方自治体の位置づけが明確になる。

　日本国憲法は，大日本帝国憲法にはなかった「地方自治」の章（第8章）を設けて，①「地方公共団体の組織及び運営に関する事項」は法律で定める（92条）とし（これをうけて，地方自治法が詳細を規定している），②議会の設置，「地方公共団体の長，その議会の議員」等の住民による直接選挙（93条）を定め，③「地方公共団体」は，「財産を管理し，事務を処理し，及び行政を執行する権能」をもち，「法律の範囲内で条例を制定することができる」（94条）としている。ただし，①の法律は「地方自治の本旨」に基づくものでなければならない（92条）。「地方自治の本旨」とは，地方自治は住民の意思に基づいて行われるという「住民自治」と地方自治は国から独立した団体自らの意思によって行われるという「団体自治」の2つを意味する。したがって，上の②が定められ，③地方公共団体は自らの自治権に基づいて条例という法形式を制定することができる。ただし，条例制定は「法律の範囲内で」とされていることから，法律に反してはならないという限界がある（この「法律の範囲内で」をどのように解するか〔法律と条例の関係〕について，公害規制等をめぐって条例によって法律を上回る規制ができるかなど争いがあった）。

比較2　主権・代表・議会の位置づけ
——フランスとの比較

　日本国憲法上主権者である国民は，「正当に選挙された国会における代表者を通じて行動」し，国家権力は国民の代表者が行使する。こうして，「国民の厳粛な信託によるもの」である国政の「福利は国民がこれを享受する」ことになっている（前文 1 項）。しかしながら，現実には，主権者＝有権者は，自分が選挙した代表者によってよそよそしくあしらわれ，さらにはその代表者によって裏切られるという経験をたびたび味わっている。ルソーは，「イギリス人民は自由だと自分では考えているが，それはとんでもない誤解である。彼らが自由なのも，議会の構成員を選挙する期間中だけのことで，選挙が終ってしまえばたちまち奴隷の身となり，なきに等しい存在となるのである」（『社会契約論』井上幸治訳（中公文庫，1974年）126頁）と述べているが，これは今日の日本の主権者にも当てはまる言葉であろう。選挙といういわば主権的行為の結果に裏切られる主権者は，統治の客体と化した統治の主体，すなわち主権者でありながら主権者でない，自己疎外された主権者である。その原因は，憲法上あるいは憲法の運用上どこにあるのであろうか。

　日本国憲法の国民主権の原則に関しては，憲法制定過程から施行直後，象徴天皇制との関係が論議の的になった。しかし，その頃，国民主権そのものの意味については，日本国憲法と帝国憲法との連続性・非連続性をめぐる宮沢俊義と尾高朝雄との「八月革命」論争において議論の端緒が開かれるにとどまった。この点の本格的な検討は，1960年代に入るころ議会制民主主義の病理が顕著になってからのことである。その際に注目されたのが，フランス憲法上の国民主権概念であった。

1　国民主権

(1)　フランスにおける国民主権の歴史的展開

　フランスの現行第 5 共和制憲法 3 条 1 項は，国民主権が人民に帰属すると規定している（比較1 立憲主義参照）。一見してここにみられるのは，国民（nation（ナシオン））が主権の主体であるとするナシオン主権原理と人民（peuple（プープル））が主権の主体であるとするプープル主権原理との混淆である。それは，1789年革命以来のフランス憲法史の波乱に満ちた弁証法的展開の現代的到達点ということができる。そこで，これらの異なる主権原理の構造をみることにしよう。

　主権という概念は，「王自らが統治する」という親政の宣言を行ったルイ14

世時代に絶頂期を迎えるフランス絶対主義国家の成立過程において確立された。この絶対王制を倒した革命によって発せられた1789年の人権宣言は，3条において「全主権の根源は本質的に国民に存する」と定めた。ここからフランスの国民主権の憲法上の原理・制度としての歴史が始まる。

　歴史的に国民主権の消極的意味が君主主権を否定することにあったのは確かであったが，その積極的な意味については革命前からすでに対立があった。この対立は，革命後の憲法制定過程において顕在化する。一方の見解は，国家権力（統治権）を意味する主権がナシオンに帰属するといい，他方の見解によれば，主権はプープルに帰属するとされた。

　ナシオンとは，国籍保持者の総体を意味する抽象的・観念的な存在で，この意味のナシオンには君主を含めることも可能となる。抽象的・観念的存在にとどまるナシオンは自ら主権＝統治権を行使することができないため，ナシオン主権原理は，直接民主制となじまず，代表制を自らに適合的な制度とする。

　一方，プープルとは，多様な市民＝有権者の集団として，それ自体自然的な意思決定能力・執行能力を有する具体的な存在である。プープル主権原理は，直接民主制になじみ，代表制は次善の制度として可能なかぎり半直接民主制的技術によって修正されるかぎりでこれを認める。

　革命期の憲法制定過程では，ナシオン主権原理が，民衆の急進的な要求と政治参加を嫌う新しい有産階級であるブルジョアジーによって支持され，プープル主権原理は，政治過程から排除されつつあった民衆によって支持された。

　主権原理をめぐる対立は，複雑な政治過程を経て，ナシオン主権原理の勝利に終わる。しかし，ナシオン主権の法構造は，その後も社会的多数者である民衆を政治的に疎外することによって，対立物としてのプープル主権原理を求める思想や運動を再生産することになる。19世紀〜20世紀のフランス憲法史は，いわゆる共和制から君主制，帝制までさまざまな国家形態・統治形態を経験する複雑で大きな振幅を伴って展開してきた。これを主権原理に着目して概観すると，ナシオン主権原理が若干の例外的時期を除き憲法の原理として妥当せしめられてきたが，この過程でプープル主権論の影響に晒され，その憲法典上および憲法運用上の具体的なあらわれには，プープル主権への傾斜がみられるのである（参照，杉原泰雄『国民主権の史的展開』（岩波書店，1985年））。今日のフラ

ンス第5共和制憲法3条1項は，このような歴史を反映する条文である。

(2) 日本国憲法上の国民主権解釈への示唆

　以上のようなフランスにおける主権原理の史的展開を参照するならば，日本国憲法の国民主権の意味が，自明視したり不問に付したりできるものではないことが明らかになる。主権の意味が統治権を意味するのかそれとも権威を意味するのか，国民とはフランスでいうナシオンかそれともプープルに相当するのか，また国民主権原理が統治機構（特に政治制度）上どのように具体化されているのか，さらに統治機構はどのように運用されるべきか，これらの憲法解釈上の問題の所在が指摘できよう。この問題を検討する意義は，有権者が選挙結果に裏切られる政治的疎外状況によって照らし出されている。ここでは，代表制と議会に焦点を当てて比較の観点から諸問題を浮き彫りにしよう。

2　国民代表

　代表制とは，主権の行使方法の一種である。それゆえ，代表制のあり方は，主権者の政治的自己疎外の問題と深くかかわる。1789年革命以来のフランスにおけるナシオン主権原理の史的展開と並行して，同原理が要請する代表制もその具体的形態を変えていく。その変化はけっして直線的なものではないが，大づかみにいえば，ナシオン主権原理のプープル主権原理への傾斜傾向を反映する「純粋代表制」（「政治的代表制」）から「半代表制」（「社会学的代表制」）への変化として把握される。

(1) 直接民主制の例外性？

　現行フランス第5共和制憲法は，半直接民主制段階にあるという評価が下されることもあるほど，直接民主制を比較的広く採用している。国民投票（レフェランダム）が憲法改正手続として行われる場合があるとされている（89条2項）ほか，少なからぬ法律事項についても行えるとされている（11条）。

　日本国憲法は，憲法改正（96条）に国民投票が不可欠の手続としている点では，国民投票を経ずに改正する場合を定めているフランス第5共和制憲法（89条3項）よりも直接民主制を重視しているといえよう。しかし，それ以外では地方特別法の住民投票に関する規定（95条）があるにすぎない。もっとも，国会を「国の唯一の立法機関」とする憲法41条の下でも，法律事項に関する諮問

的国民投票や国民発案の可否について，国民主権の解釈如何にかかる解釈の余地はある。

(2)　政治的代表か社会学的代表か？

統治機構上，国民代表のありようは，選挙制度と任期中の代表者の地位すなわち代表者と被代表者の関係によって規定される。

現行フランス第5共和制憲法上，プープルの主権行使を媒介する代表は，国会と直接公選の大統領である。そもそも独任の大統領が多様な民意を体現できないことはいうまでもない。また，直接公選であるが，有権者によるリコールの制度は憲法上存在しない。国会議員については，27条が「命令的委任（mandat impératif）はすべて無効である」と定めている。この命令的委任とは，議員に対する拘束的な訓令のことである。これによって議員は選挙民に従属し，選挙民の訓令に即して行動するよう義務づけられ，義務違反の場合には罷免される可能性もある。27条はそれを禁じているのである。以上のような仕組みによって，フランスでは，大統領にせよ国会議員にせよ，実在する有権者すなわちプープルの意思から独立して意思決定し行動することが法的に可能になっている訳である。

日本国憲法上の国民代表は，普通選挙（15条3項）によって選ばれる両院の議員（43条1項）である。国会議員には免責特権が保障されている（51条）。ただし，通説によれば，これによって免責されるのは民刑事責任である。

日本では，代表の意味に関して，政治的代表・社会学的代表という概念を用いて論じられることがある。政治的代表とは被代表者の意思に拘束されない代表をいい，社会学的代表とは社会的に実在する有権者の意思を表明しそれに基づいて行動する代表を意味する。これらの概念を用いるならば，フランス第5共和制憲法の国民代表は政治的代表といえよう。この点について，憲法上の解釈の余地は乏しい。他方，日本国憲法の国民代表も，通説によると，政治的代表であり，両議院の議員は選挙母体の代表ではなく「全国民」（43条1項）の代表であり，選挙民の訓令に拘束されないとされる（芦部信喜（高橋和之補訂）『憲法〔第7版〕』（岩波書店，2019年）302—303頁）。しかし，日本国憲法上の「国民」がフランス憲法上のナシオンなのかそれともプープルに相当するのかについては解釈の余地があり，51条による免責が民刑事責任の免責にとどまることはほ

かならぬ通説の主張でもあり，さらにフランス第5共和制憲法27条に相当する条文もない。以上の点からは，日本国憲法の国民代表を社会学的代表と解釈する余地もあることが指摘できる。また，通説的解釈は有権者の政治的自己疎外を正当化することになりかねないことも指摘できる。

3　議　会

　主権者を代表する機関の地位と権限のありようもまた主権者の政治的自己疎外とかかわりがある。日本国憲法上の国会は主権者国民の唯一の代表機関である。それゆえ日本国憲法上，国会は「国権の最高機関」（41条）とされている。しかるに通説によれば，「国権の最高機関」は単なる政治的美称にすぎないとされる。この点は，解釈上さまざまな異論を呼び起こしているが，現行フランス第5共和制憲法上の国会がプープルの主権行使を媒介する代表機関として大統領と並ぶ地位にあるのに対して，日本国憲法上の国会が唯一の国民代表機関であることからも，最高機関性を相対化するどころか無化する解釈には疑問が投じられることになろう。

　立法権についてみると，現行第5共和制憲法は，第4共和制憲法（1946年―1958年）が国会に与えていた立法権を限定し，法律事項を限定列挙してその他の事項を命令事項とし，そのうえ第4共和制憲法が明示的に禁止していた委任立法を明文で容認している（ 比較1 立憲主義参照）。法案が法律所管事項と命令事項との配分を遵守しているか否かは，憲法院による審査を受けうることになっている（第5共和制憲法41条）。対照的に，日本国憲法41条は，法律所管事項を限定していない。学説上・法実務上，措置法も可能とされている。委任立法は，通説上・法実務上可能とされているが，それもフランス憲法上のオルドナンスのように法律の改廃が可能なものではない。

　立法手続についてみると，日本国憲法41条は国会を唯一の立法機関としている。この点に関して，内閣の法案提出権が問題となる。内閣は，内閣法5条により国会に法律案を提出できることになっており，実際に多くの法案が国会に提出されその多くが成立している。しかし，憲法上これを根拠づける条文は見当たらないため，解釈上問題となる。通説は内閣の法案提出が憲法上認められると解するが，立憲主義の観点から特に憲法の授権規範性から疑問視される。

現行フランス第5共和制憲法39条1項が「法律の発議権は，首相及び国会議員に競合して帰属する」と規定していることと対比するならば，この問題は鮮明になる。

　国会の調査権限についてみると，日本国憲法は62条で両議院に強制調査が可能ないわゆる国政調査権を与えている。これに対して，フランス第5共和制憲法は，2008年の改正で新設された51条の2が政府の行動を統制したり公的政策を評価するための調査委員会に関する規定を設けている。

●比較から読み解く

　簡単ながら，以上から，日本国憲法を立法国家型憲法，現行フランス第5共和制憲法を行政国家型憲法と概括的に把握することが可能であろう（さらに，比較1 立憲主義参照）。ただし，憲法の運用に目を転じると，日本においても行政国家の実態が顕著である。そこにみられる国会＝立法府の地盤沈下は，単に三権分立の観点から問題であるにとどまらず，国会＝国民代表機関の地盤沈下として国民主権の観点からも問題になるのである。

【参考文献】
杉原泰雄『国民主権と国民代表制』（有斐閣，1983年）。
宮沢俊義「国民代表の概念」同『憲法の原理』（有斐閣，1967年）。
村田尚紀『比較の眼でみる憲法』（北大路書房，2018年）。

比較*3*　皇室の今──イギリスとの比較

> 　イギリスの国会は，国王・貴族院・庶民院の三者で構成され，国会が法的に無制限の権限をもつ国会主権原理を現在も維持している。このため，衆議院と参議院の議決のみで実質的意味の立法を制定する日本（国会単独立法の原則）とは異なり，法案の成立には国王の裁可が必要となる。イギリスは民主主義国家であるため，実際には国民が直接選出する議員で構成される庶民院が圧倒的な力をもっており，国王は形式的な役割を果たしているにすぎない。たとえば，国王は法案の裁可を拒否できないことが，憲法習律上確立している。とはいえ，イギリスの国会・政府・裁判所は現在もなお，それぞれ「国会における女王（Queen in Parliament）」・「女王陛下の政府（Her Majesty's Government）」・「女王陛下の裁判所（Her Majesty's Court）」とも呼称されている。いずれも名目にすぎないものの，イギリスの女王は，「君臨すれども統治せず」とは完全には言い切れない側面を有している。

1　国王大権

　イギリスの国王は，現在も国王大権（royal prerogative）を保持し，実際に行使している。国王大権は，国王が国会制定法の根拠なしに行使することのできる権限であり，コモン・ローによって認められている。19世紀の憲法学者のダイシー（1835年─1922年）によれば，「国王の手中に残されてきた裁量的ないし恣意的な権限の残余物」を指し（A・V・ダイシー『憲法序説』伊藤正己・田島裕訳（学陽書房，1983年）），18世紀の法学者のブラックストーン（1723年─1780年）によれば，臣民が有さず，国王のみが享受する権限を指す（William Blackstone, *Commentaries on the laws of England : A Facsimile of the First Edition of 1765-1769*, (University of Chicago Press, 1979), Book 1, at 232.）。現在では用いられないものの大昔に行使されていた権限が未だに残っている可能性があることなどから国王大権の厳密な定義は難しいとされるものの，現在の国王大権には，首相・大臣の任命，国会の召集・閉会（prorogation），法案の裁可，爵位の授与，勅令を発する権限，裁判官任命，恩赦，条約締結やパスポート発給等の外交に関する権限，恩赦などが含まれる。

　国王大権は首相や大臣の助言に従って行使され，国王は助言を拒否できない

ことが憲法習律上確立している。とはいえ，19世紀のジャーナリストであるバジョット（1826年—1877年）は，国王は首相や大臣の「諮問に対し意見を述べる権利，奨励する権利，警告する権利」をもつと指摘した（バジョット（小松春雄訳）『イギリス憲政論』（中央公論新社，2011年））。この指摘は現在でも妥当する側面がある。たとえば，国王は定期的に首相と面談する慣行があり（weekly audience），国王がその気になれば面談時に首相に対して何らかの政治的影響を与えることができる。国王は首相よりも在位期間が長いことが多く，エリザベス2世のように在位が長い国王は，とりわけ外交面で豊富な人脈が蓄積している。2014年のスコットランド独立の是非を問うレファレンダムを目前にした発言など，重要な局面で国王の言動が政治的な意味合いをもつ場合があることが指摘されている。

　国王大権は，国会制定法によって制約や廃止をすることができる。たとえば，2011年国会任期固定法（Fixed-term Parliaments Act 2011）は，庶民院議員の任期を 5 年に固定し，国王の解散権を廃止した（ちなみに，2017年の解散は同法 2 条上の庶民院議員の 2/3 以上の賛成による自律解散決議，2019年の解散は2019年早期総選挙法（Early Parliamentary General Election Act 2019）に基づいて行われた）。また，国王大権は，完全に国王の裁量に委ねられるとは限らず，司法審査に服する可能性がある。たとえば，2019年 9 月24日の最高裁判決は，EU 離脱に関する混乱をめぐってジョンソン首相の意向に基づいて約 5 週間にわたって行おうとした国会閉会（2011年国会任期固定法 6 条 1 項は，国会閉会だけは国王大権として残していた）を，全員一致で違法とした（R（Miller）v Prime Minister; Cherry v Advocate General for Scotland〔2019〕UKSC 41）。

2　王位継承の枠組みと基本的人権

　従来の王位継承の枠組みは以下の通りである。第 1 に，財産相続に関するコモン・ローの原則である，国王の子に男子がいない場合に女子が継承する男子優先長子相続制（male preference primogeniture）を採用していた。第 2 に，1701年王位継承法（Act of Settlement 1701）2 条は，王位継承者をプロテスタントに限定する意図から，本人または配偶者がローマ・カトリック信者である者を王位継承者から排斥していた。第 3 に，1772年王族婚姻法（Royal Marriag-

es Act 1772）1 条は，ジョージ 2 世（在位1727年―1760年）の子孫が国王の同意
を得ずに婚姻することを無効としていた。

　しかし，2013年王位継承法（Succession to the Crown Act 2013）は，これらの
制度を改正した。第 1 に，男子優先原則を廃止し，性別を問わず最初に生まれ
た子を優先することで，王位継承に関する性差別を解消した（1 条）。政府は，
男子優先主義の廃止は王位の安定的継承が目的ではなく，男子優先主義が過去
の産物であり，今日性別を理由とした差別を支持しないからであると説明して
いる（ニック・クレッグ副首相（自民党党首）答弁，HC Hansard, 22 January 2013,
vol. 557, col. 210）。第 2 に，ローマ・カトリック信者と婚姻しても王位を継承
できるようにした（2 条，附則 2・3 条）。もっとも，国王はイギリス国教会の
首長を務めることもあり，王位継承者がローマ・カトリック信者である場合
は，今後も王位継承者から排斥される。第 3 に，王位継承者の婚姻について，
国王の同意を要する範囲を継承順位 6 位までに限定した上で，同意が得られな
かった場合の婚姻を無効とせず，王位継承資格を失うにとどめた（3 条）。

　政府は2013年王位継承法案の審議にあたって，1998年人権法（Human Rights
Act 1998）19条（同条につき，　比較6　違憲審査制　参照）に基づいて，同法案はヨー
ロッパ人権条約（European Convention on Human Rights：以下，単に「条約」とす
る）に適合するとした。第 1 に，男子優先主義の廃止と王位継承者の宗教上の
制約（2013年法 1・2 条）に関して，ヨーロッパ人権裁判所は，王位継承権は条
約第 1 議定書 1 条（財産権）や条約 8 条（家族生活の尊重）の問題ではなく，国
家元首としての公的権限であるとしている。仮に王位継承候補者に条約 8 条や
条約第 1 議定書 1 条の保障が及ぶとしても，性や宗教を理由とした差別の解消
は公益や比例原則等によって正当化され，条約 8 条や条約第 1 議定書 1 条と結
びついた条約14条（差別の禁止）の保障が及ぶとしても，同様の判断が示され
るであろうとした。第 2 に，婚姻時の国王の同意（2013年法 3 条）に関しては，
ヨーロッパ人権裁判所は各国が条約12条（婚姻する権利）を制約する裁量を広
く認めている。王族の婚姻に関する特別規定には公益があり，国王の同意を得
ずに婚姻しても王位継承権を失うにすぎず，婚姻する権利の本質を害すること
はない。条約14条の観点からも同様の判断が示されるだろうなどとした（'Ex-
planatory Notes to Bills: Succession to the Crown Bill', paras. 49-54）。

3　日本の天皇制

(1)　天皇の憲法上の位置づけと権能

　イギリスの国王は，実際には統治に参画せず，首相等の助言に基づいて国王大権を行使することが憲法習律上確立しているものの，国王が現実政治に一定の影響を与える余地を憲法上残している。イギリス憲法上の国王の位置づけは，日本国憲法上の天皇のそれとは大きく異なるとはいえ，国王という本質的に非民主的かつ政治的・社会的権威を背景とする存在が政治に影響を与えうる余地を残した構造は，民主主義や公権力の民主的統制の観点からは問題がある。

　日本国憲法は，天皇は「国政に関する権能を有」さず（4条1項），権能（国事行為）を政治（統治）に関係しない12ないし13の形式的・儀礼的行為に限定し（6・7条，4条2項），すべての国事行為は「内閣の助言と承認」に基づいて行うと定めている（3条）。天皇は日本国と日本国民統合の象徴にすぎず（1条），統治も君臨もしない。しかし天皇は，憲法上明示された国事行為のみならず，多くの「公的行為」を行うことが常態化している。とりわけ「公的行為」は，天皇の意向を尊重した上で行われるといわれている。日本国憲法に親和的な立場を取っていると思われる上皇夫妻を支持する趣もあるものの，天皇の政治的権能を否定した日本国憲法と調和するかは疑問がある。

(2)　女性天皇と皇室制度

　イギリスは，従来から男子を優先しつつも女子が王位継承する余地を認めており，2013年には男子優先主義を廃止した。ちなみに，1979年にスウェーデン，1983年にオランダ，1990年にノルウェー，1991年にベルギー，2009年にデンマークが，性別を問わず最初に生まれた子を優先する方式に変更しており，男子優先主義の廃止は欧州に残存する王室の動向とも合致している。

　他方，皇位の世襲を定めた日本国憲法2条は具体的な継承方法を皇室典範に委ね，皇室典範1条は「皇位は，皇統に属する男系の男子が，これを継承する」として，男系男子主義を維持している。日本でも女子に皇位継承可能性を認めるべきであるとする議論が行われているものの，それは主として性差別の解消よりも，皇位の安定的継承の観点から行われているように思われる（たとえば，「皇室典範に関する有識者会議報告書」（2005年11月24日））。

　女性天皇の是非を検討するにしても，天皇制度を原理面から考察する視点は重要である。そもそも，皇位に正統性があるとされる重要な根拠の 1 つが血統にあり，皇室という制度自体に差別的な要素が内在している。「民主主義，個人の尊厳と平等，自由主義など，近代政治の ABC どれひとつとっても，天皇制システムにはこれと矛盾抵触するところが余りにもたくさんある」（奥平康弘「性差別と天皇制とを問題にする視点」法学セミナー378号（1986年））ことから，憲法第 1 章全体を「憲法番外地」として捉える発想には強い説得力がある。他方で，世襲原則は当然には性差別を内包せず，「象徴としての天皇の地位（形式的・儀礼的な行為だけを行う象徴職）に就くのに性別要件」は必然ではなく，「性別に基づく異なる取扱いが日本の法制度や慣習上の性差別を助長・温存する機能を果たしている」点で，皇室典範 1 条は日本国憲法下では相応しくないとする指摘がなされている（辻村みよ子『憲法〔第 7 版〕』（日本評論社，2021年））。

●比較から読み解く

　現在の日本社会には，天皇の政治利用の可能性や，天皇制それ自体に異議を唱えることをタブー視する風潮が残っている。たとえば，女性天皇の是非や皇族の結婚相手に関する議論はある程度自由に行われても，天皇制それ自体の存廃については議題にされにくい。イギリスよりも日本の方が国民主権を徹底し，天皇の政治参加や天皇の政治利用を強く警戒している。天皇に対する民主的統制を図る観点からも，天皇が現実に行っているさまざまな行為のあり方について再考する必要がある。さらに，3(1)で述べたように，国王制や天皇制には国民主権原理との一定の緊張関係を内包していることも自覚する必要がある。

　天皇は，「日本国の象徴であり日本国民統合の象徴」（憲法 1 条）として位置づけられている。イギリスをはじめとする欧州諸国の動向も参照すると，このような位置づけを与えられた天皇を男系男子に限定することが，合理性のない性差別を否認する現在の民主国家における制度のあり方として真に相応しいと言えるかについても，検討する余地がある。

【参考文献】

岩切大地「大権の改革──『憲法改革議会』」倉持孝司＝松井幸夫＝元山健編著『憲法の「現代化」──ウェストミンスター型憲法の変動』（敬文堂，2016年）。

植村勝慶「王位継承ルールの変更──2013年王位継承法の成立」倉持孝司＝松井幸夫＝元山健編著『憲法の「現代化」──ウェストミンスター型憲法の変動』（敬文堂，2016年）。

加藤紘捷「イギリスの王位継承法と女王考」日本法学74巻 2 号（2008年）。

加藤紘捷『概説イギリス憲法──由来・展開そして EU 法との相克〔第 2 版〕』（勁草書房，2015年）。

河島太朗「イギリスにおける2013年王位継承法の制定」外国の立法258号（2013年）。

横田耕一＝西村裕一＝岡田順太＝植村勝慶「［座談会］憲法から天皇の生前退位を考える（上）」法学セミナー745号（2017年）。

第 2 部
統治機構

第4章 政治部門——国会と内閣

4-1 議会制民主主義と代表制

1 議会制民主主義

(1) 議会制と民主主義

議会制民主主義とは，議会という機関を通して実現される民主主義の制度のことである。

民主主義という言葉は，デモクラシー（democracy）の訳語である。そもそも，デモクラシーの語源であるギリシア語のデモクラティア（demokratia）は，人民を意味するデモス（demos）と力を意味するクラトス（kratos）とが結びついてできた言葉で，「人民の力」を意味した。それは日本国憲法の国民主権に相当する。

古代ギリシアの民主主義とは，今日でいう直接民主主義である。一方，議会は，選挙に限られない何らかの方法で選ばれた「代表」によって構成される機関である。絶対主義国家においても身分制議会というものは存在した。したがって，元々の意味での民主主義は議会という機関によって実現されるわけではない。そうすると，議会制民主主義とは矛盾あるいは何らかの緊張をはらんだ制度であるといえる。そこで，民主主義本来の意味をふまえてこれを解釈するか，それとも民主主義の意味を議会制に適合的に修正して解釈するかという問題が避けられない。

(2) 国民主権と議会制民主主義

憲法では，前文1項が「主権が国民に存する」と宣言し，「その権力は国民の代表がこれを行使」すると定めている。その代表は，国会である（43条）。このように憲法上も議会制民主主義が採用されている。

憲法の議会制民主主義を論じることは，憲法上の権力行使のあり方，特に政治制度全般について論じるに等しい。主権者国民を代表する国会は，「選挙さ

れた議員」（43条）で構成される。選挙権は「国民固有の権利」であるが，同時に公務員の罷免権もまた国民固有の権利である（15条1項）。国民の主権行使を媒介する代表機関として憲法上位置づけられる国会は，「国権の最高機関」（41条）であり，立法権（41条）をはじめ予算議決権（86条），条約承認権（73条3号）のような重要な規範定立権をもつ。内閣は，行政権の行使について，国会に対して連帯責任を負う（66条3項）。国会を構成する両議院には，国政調査権がある（62条）。

　以上に尽きるわけではないが，これらの権利や権限をめぐる解釈には，民主主義すなわち国民主権の解釈が大きくかかわる。

2　代表制

　代表制については，選挙された議員が任期中，国民とどのような関係に立つべきかという問題がある。憲法43条の「全国民を代表する」という規定の解釈によって，どのような制度や運用が可能になるかが左右されることになる。

(1)　政治的代表説と社会学的代表説

　選挙された議員と有権者国民との関係に関連して問題になる制度とは，1つは選挙制度であり，もう1つが命令的委任制やリコール制である。議員と国民の間に意思の一致は必要ないとする政治的代表説によれば，極論すれば選挙制度も必要とはいえないことになるはずである。また，命令的委任やリコール制は，選挙区の意思が議員を拘束する制度なので，許されないことになる。他方，理念的には，議員の意思と国民の意思とが一致することが求められる社会学的代表説によれば，議会が多様な民意を反映するような選挙制度が要請され，議員の意思が選挙区の意思から乖離しないための命令的委任やリコール制も要請されることになる。

(2)　通説的見解

　通説的見解は，憲法上の代表の意味は，「政治的代表という意味に加えて，社会学的代表という意味を含むものとして構成するのが妥当である」とし，「政治的代表」だから命令的委任は憲法上許されないとしつつ，「社会学的代表」だから「国民の多様な意思をできるかぎり公正かつ忠実に国会に反映する選挙制度が憲法上要請される」（芦部信喜（高橋和之補訂）『憲法〔第7版〕』（岩波

書店，2019年）304頁）とする。

　しかし，政治的代表と社会学的代表はそもそも相容れない概念であり，それにもかかわらず「代表」にこの2つの意味を読み込む非整合性について充分な説明がないといわざるをえない。このように，2つの異なる代表概念を憲法43条の「代表」に読み込みながら，両者の関係を整合的に説明していない通説的見解は，党議拘束を自由委任の例外として認めながら，党籍変更の自由を否認することを自由委任の原則に反するとして，論理的曖昧さを残している。

　さらに実質的な問題として，政治的代表の原理は議員が良心に従って自由に表決すべきことを要請することによって，選挙の際の公約を無意味にすることが見逃せない。このような政治的代表の意味を「全国民の代表」に与える解釈の妥当性は，国民主権の解釈と絡んで問題視されうる。

4-2　選挙権と選挙制度

　参政権は，国民が主権者として政治に参加し政治を動かす権利であり，その中心が選挙権である。選挙権は，伝統的には公務として捉えられてきたが，現在は権利としての側面が強調されている。

1　普通選挙

　普通選挙は，納税額や学歴等にかかわらず，一定の年齢に達した国民であれば誰もが選挙権をもつ制度である（憲法15条3項，44条ただし書）。実際に投票できるのは，18歳以上の国民のうち住民票がある人である（公選法21条1項）。在外邦人は，1998年から衆参の比例区で投票できるようになったが，選挙区の投票が認められない状態が続いていた。2005年に最高裁は，公正な選挙の確保が事実上できないか著しく困難でない限り選挙権やその行使は制限できないとして，選挙区の投票を認めない公選法の規定を違憲とした（最大判2005・9・14）。他方で，日本に住んでいても住民票をもたない国民は投票できない状態が続いている（ホームレスの公園への住民登録を認めなかった判決として，最判2008・10・3）。

2　平等選挙

　平等選挙は，納税額や学歴等にかかわらず，有権者の選挙権に平等の価値を認める制度である（憲法14条 1 項，44条ただし書）。平等原則は， 1 人 1 票という選挙権の数的平等を保障した上で，投票価値の平等も求めている。たとえば，有権者数50万の A 区と20万の B 区という 2 つの小選挙区を比べると， B 区の 1 票は A 区のそれの2.5倍の票の重みをもつ。通説では，選挙区割りをする際の行政区域や過疎地への配慮などの非人口的要素は，事実上 1 人 2 票以上をもたないように，較差が 2 倍以内の範囲で認められるとしている。投票価値の平等に関する憲法判断には，合憲と違憲に加えて合憲判断の一類型として違憲状態という手法がある。違憲状態とは，投票価値の較差が「違憲の問題が生ずる程度の著しい不平等状態」に達しているものの，選挙区割や定数を直すには一定の時間がかかるため，公選法改正に要するであろう合理的期間内であれば，結論としては違憲としない手法である。

　衆議院については，かつての最高裁は最大較差が 3 倍を超えない限り違憲判決や違憲状態判決を出さなかったが，2010年代に入り，最大較差が2.30倍，2.43倍，2.13倍の下で行われた2009年，2012年，2014年総選挙を違憲状態とした（最大判2011・ 3 ・23，最大判2013・11・20，最大判2015・11・25）。一方，これらの判決を受けた公選法改正によって1.98倍に縮めた2017年総選挙を合憲とした（最大判2018・12・19）。

　参議院についてかつての最高裁は，最大較差が 6 倍を超えた選挙のみ違憲状態としたが，最大較差が5.00倍と4.77倍であった2010年と2013年の選挙も違憲状態とした（最大判2012・10・17，最大判2014・11・26）。しかし，人口の少ない 4 県を合区するなどして3.08倍に縮めた2016年と， 3.00倍であった2019年の選挙を合憲とした（最大判2017・ 9 ・27，最大判2020・11・18）。

3　自由選挙，直接選挙，秘密選挙

　その他の重要な原則を簡単に確認する。まず，投票に行くかどうかは任意で，選挙活動の自由も保障される（自由選挙）。この点で，戸別訪問の禁止など，選挙活動に多くの制約を設けている現行の公選法には問題がある。次に，民意を正確に反映させるため，国民や住民が直接議員や首長を選挙する（直接

選挙，93条2項）。さらに，政府や有力者に忖度しないですむように，無記名で
投票する（秘密選挙，15条4項）。

4　選挙制度

　選挙制度は，小選挙区制，大選挙区制，比例代表制に大別できる。選挙区の
定数が1人である小選挙区制は，多数派が議席を独占できる多数代表制の一種
である。二大政党化し政局が安定しやすいとされる一方で，死票が多いことな
どが指摘される。選挙区の定数が2名以上である大選挙区制（選挙区の定数が3
〜5名を基本とする中選挙区制も含む）は，少数派からも当選可能性がある少数代
表制に含まれる。中小政党や無所属候補の当選可能性が増え有権者の選択の幅
が広がる一方，複数の候補が出馬する政党では同士討ちの可能性などが指摘さ
れる。得票数に応じて議員を選出する比例代表制が，民意を正確に反映させる
一方で，小党が乱立し政局が不安定化しやすいことなどが指摘される。

　選挙制度のあり方については，民主的代表の論理（民意の反映）と安定政権
の論理（民意の集約）の要素があり，前者は比例代表制や少数代表制に，後者
は多数代表制になじみやすい。民意の反映を重視すると，比例代表制や大
（中）選挙区制を中心とする選挙制度をつくるべきことになる。

4-3　国会の地位と権限

1　国権の最高機関

　41条は，国会を「国権の最高機関」とする。通説である政治的美称説は，
「最高機関」を国民代表機関（前文・43条1項）である国会の重要性を強調した
ものと理解する。もっとも，肥大化する行政権を有効に統制するためにも，
「最高機関」を国政全般の円滑な運用に対する責任を負う機関ととらえ，どの
機関に属するのか不明確な権限については国会に属するとの推定がはたらくと
するなど，この規定から一定の帰結を引き出す理解も有力である。

2　唯一の立法機関

　41条は，国会を「唯一の立法機関」とする。「立法」とは，要件を満たすす

べての者を対象とし，すべての事案に適用される一般性・抽象性をもつ法規範
である（実質的意味の立法）。

　「唯一」の立法機関であることから，実質的意味の立法は，憲法所定の手続
（56条・59条）による法律という法形式（形式的意味の立法）で国会のみが定めな
ければならない。具体的には，ⓐ国会以外の機関による実質的意味の立法の定
立は，憲法の特別の定め（議院規則 [58条 2 項]，最高裁判所規則 [77条 1 項]）が
ない限り許されず（国会中心立法の原則），ⓑ国会による立法は，国会以外の機
関の関与（天皇の裁可 [大日本帝国憲法 6 条] など）なしに成立する（国会単独立法
の原則。地方特別法 [95条] は憲法上の例外）。

　法律の一般性・抽象性との関係では，特定の人・事案のみを対象とする措置
を法律の形式で定める処分的法律（措置法）が許容されるかが問題となる。福
祉国家的要請に基づく必要性・合理性が認められ，平等原則など他の憲法規定
に反しない限り許容されるとするのが通説的である。また，国会中心立法の原
則との関係では，行政機関の定立する命令（行政立法）の合憲性が問題となる。
内閣による政令は，憲法・法律の施行細則（執行命令）と法律の具体的委任に
基づくもの（委任命令 [委任立法]）のみが許されるが（73条 6 号），委任の目
的・範囲を法律で明示しない包括的委任（白紙委任）は許されない（猿払事件：
最大判1974・11・ 6 参照）。

3　国会の組織と運営

⑴　二院制（両院制）

　国会は衆議院と参議院の二院で構成される（42条）。身分制議会（イギリス，
大日本帝国憲法など）や連邦制国家（アメリカ，ドイツなど）とは異なり，現代の
日本のような単一国家における二院制には，選挙制度や構成の違いに基づき民
意を多角的に反映し，一院の独走を回避して熟議を確保する意義がある。

　憲法上，衆議院のみに認められた内閣不信任決議（69条），予算先議権（60条
1 項），参議院のみに認められた緊急集会（54条 2 項ただし書・ 3 項）を除けば，
ともに「全国民を代表する」（43条 1 項）議員で構成される両院の権限に差異は
なく，比較的同質性の高い二院制である。二院制を採用する以上，両院の議決
が異なることは当然ありうる事態であり，憲法も両院協議会（59条 3 項・60条 2

項・61条・67条 2 項）での調整を想定しつつ，法律案の議決（59条 2 項・4 項），予算承認（60条 2 項），条約承認（61条），内閣総理大臣の指名（67条）については衆議院の優越を認めている。両院の多数派が異なる「ねじれ国会」も，こうした調整メカニズムが機能する限りは議会制の正常な運用形態である。

(2) 会議の原則

国会が活動する期間を会期という。憲法は，毎年 1 回必ず召集される常会（52条），衆議院議員総選挙後30日以内に召集される特別会（54条 1 項），臨時会（53条）の 3 つを定める。53条後段は，「いづれかの議院の総議員の 4 分の 1 の要求」がある場合に臨時会の召集を内閣に義務づける。これは議会内少数派（野党）の地位と国会審議の機会を保障したものであり，要求があったにもかかわらず内閣が合理的期間を超えて召集しないことは違憲である。

両院の定足数は，それぞれの総議員の 3 分の 1 であり（56条 1 項），議事は，憲法に特別の定めのある場合（55条・57条 1 項ただし書・58条 2 項ただし書・59条 2 項・96条 1 項）を除き，出席議員の過半数で決する（56条 2 項）。会議は公開が原則だが（57条 1 項本文），例外として秘密会も認められる（57条 1 項ただし書・2 項）。

4　国会・議院の権能

(1) 国会の権能

憲法上の国会の権限には，ⓐ法律の制定・改廃（41条・59条）に加え，ⓑ憲法改正の発議（96条 1 項），ⓒ内閣総理大臣の指名（67条 1 項），ⓓ条約の承認（61条・73条 3 号ただし書），ⓔ弾劾裁判所の設置（64条・78条前段），ⓕ財政統制（第 8 章）がある。ⓓは，内閣の職権に属する外交関係の処理（73条 2 号）についても国会による統制が及ぶことの表れである（72条も参照）。また，ⓕは，議会による国家財政の統制が立憲主義の確立にとってきわめて重要な意義をもったことに由来する。その基本的考え方が財政国会中心主義（83条）であり，租税法律主義（84条），予算承認（86条・60条）などに具体化されている。

(2) 議院の権能

①議院自律権　両議院が内閣や裁判所のみならず他の議院からも監督・干渉を受けることなく活動するため，憲法は，ⓐ役員の選任（58条 1 項），ⓑ議院規

則の制定（58条2項），ⓒ所属議員の資格争訟（55条），ⓓ逮捕された所属議員の
釈放要求（50条），ⓔ所属議員の懲罰（58条2項）を定めて，内部組織や運営に
ついてそれぞれの議院の自律権を認めている。

　②国政調査権　両議院に認められた国政調査権（62条）は，立法や予算審議
など憲法上の権能を実効的に行使するための補助的権能と理解するのが通説で
ある（補助的権能説）。もっとも，国民代表機関たる国会の権能は国政全般に及
ぶので，司法権の独立を侵したり（1949年の浦和事件では裁判所の判決に対する参
議院法務委員会の調査が問題となった），調査対象者の人権侵害にあたらない限
り，国政調査権の行使も広く認められる。

4-4　行政権と内閣の権限

1　行政権の意義

　憲法65条は「行政権は，内閣に属する」と規定する。行政権とは，全ての国
家作用から立法権と司法権を除いた残りの作用のことであるとするのが控除説
である。控除説は，国王のもっていた全国家権力から，立法権を国会が奪い，
司法権を裁判所が奪ってきたという権力分立の歴史的経緯に適合的であるこ
と，また，種々多様な行政作用を包括できることから，通説となっている。

　これに対して，より積極的に行政権を定義すべきだとする有力説も存在す
る。法律執行説は，行政権を法律の執行として定義する。控除説においても法
律の執行は行政権の中心的内容を占めていたが，それ以外にも行政の独自の権
限を認める余地を残していた。法律執行説は行政権の内容を限定することで，
内閣の恣意的な権力行使を防ごうとするのである。これに対して，行政権の内
容を国政の指導的決定を行うこと（執政）と定義し，内閣独自の政治判断を強
調する執政権説も存在する。もっとも，法律執行説を唱える論者の多くは，憲
法73条の規定などに内閣のさらなる権限を読み込むものであり，両者の差異は
相対化される。内閣が国会に対して責任を負う職務であるところの憲法66条3
項の「行政権」と65条の「行政権」の異同や，権力を制限する立憲主義の観点
から積極説が妥当かどうかなど，議論は続いている。

2　内閣の組織と活動

　内閣とは，行政権を担当する合議制の機関である。大日本帝国憲法では内閣の規定がなく，勅令の内閣官制によって定められていたが，内閣総理大臣の地位は他の国務大臣と同格とされ（同輩中の首席），内閣の法的地位は不安定なものであった。これに対して日本国憲法は，内閣を憲法上明記するとともに，内閣総理大臣を首長とし（66条1項），構成員である国務大臣の任免権および罷免権を与えることで（68条1項，2項），内閣総理大臣のリーダーシップを強化している。内閣を構成する各国務大臣は，内閣総理大臣によって各省の主任大臣に任命され，外務や財務など各分野を分担管理する（内閣法3条1項）。ただし，必ずしも主任大臣である必要はない（同条2項）。内閣総理大臣は内閣府の主任大臣である（内閣府法6条2項）。

　内閣が職権を行う際には閣議による（内閣法4条1項）。内閣総理大臣はこの閣議を主宰し，また，重要政策に関する基本的な方針などの案件の発議権をもっている（同条2項）。慣行として閣議は全員一致によるものとされている。行政権は内閣に「属する」が，あらゆる職務を内閣が直接行うわけではなく，実際には各大臣や行政組織に委ねられている部分が大きい。この行政権行使の全体を指揮監督するため，内閣総理大臣は，「内閣を代表して」，すなわち閣議における決定に基づいて「行政各部を指揮監督」するのである（憲法72条，内閣法6条）。もっとも，個々の決定について個別に閣議を経る必要はなく，一般的な方針を定めておき，その範囲内において内閣総理大臣が指揮監督することができると解されている。ロッキード丸紅ルート事件最高裁判決（最大判1995・2・22）は，「少なくとも，内閣の明示の意思に反しない限り，行政各部に対し，随時，その所掌事務について一定の方向で処理するよう指導，助言等の指示を与える権限を有する」と述べている。また，内閣総理大臣は，内閣を代表して，その政策のために議案を国会に提出し，一般国務および外交関係について国会に報告することができる（憲法72条）。

　内閣には行政権が属するほか，憲法73条によって，さまざまな権限が与えられている。すなわち，法律の誠実な執行と国務の総理（1号），外交関係の処理（2号），条約の締結（3号），官吏の事務の掌理（4号），予算の作成（5号），政令の制定（6号），恩赦の決定（7号）である。

3　独立行政委員会

　「内閣の所轄の下に」置かれる人事院（国家公務員法 3 条 1 項），「内閣総理大臣の所轄に属する」公正取引委員会（独占禁止法27条 2 項）などの独立行政機関もまた，行政権の担い手である。しかし，これらの機関は法令によって権限行使の独立性を保障されており，内閣総理大臣からの指揮監督を受けず，また罷免権も内閣には存しない。行政権は内閣に属するにもかかわらず，内閣から独立して権限を行使するこれらの独立行政機関について，その合憲性が議論されてきた。65条の例外であるとする説や，予算や人事に一定の権限を内閣がもつことから合憲であるとする説，国会の統制があれば許容されるとする説など，少なくとも現在の独立行政機関のあり方は憲法上許容されるとする説が多数である。

4-5　議院内閣制と内閣の対国会責任

1　議院内閣制

　一般に，権力分立原理を基礎に，立法府と行政府との関係（「型」）は，大統領制（「アメリカ型」）と議院内閣制（「イギリス」型）とに大きく二分される（なお，これらと並んで会議政・議会統治制（「スイス型」）が主要な「型」の 1 つとして挙げられることもある）。

　日本国憲法は議院内閣制を採用しているとされ，その憲法上の根拠として，ⓐ内閣の国会に対する連帯責任の原則（66条 3 項），ⓑ衆議院の内閣不信任決議権（69条），ⓒ国会が内閣総理大臣を指名すること（67条），ⓓ内閣総理大臣・その他の国務大臣の過半数は国会議員でなければならないこと（67条 1 項，68条 1 項），ⓔ内閣総理大臣・その他の国務大臣が議院で議案を説明すること（63条）などを定めた規定が挙げられる。ここで，内閣は，国会から作り出され，国会の信任を条件に存在することから，国会に対して連帯責任を負うものとされている。したがって，内閣は，衆議院が不信任決議案を可決あるいは信任の決議案を否決した場合には，衆議院を解散するか総辞職（新たに国会が内閣総理大臣を指名）をするかの選択を迫られ（69条），内閣と国会との信任関係を作り直すことが求められる。

　議院内閣制については，立法権（議会）と行政権（内閣）とが一応分立していることを前提に，「本質的要素」として，内閣が議会に対して（それを通じて国民に対して）責任を負うことを重視する「責任本質説」と，内閣が議会の解散権を有することを重視する「均衡本質説」とが対立しているが，日本国憲法の議院内閣制の仕組みは上のように両要素を含むものとなっている。

2　衆議院の解散

　衆議院議員の任期は 4 年であるが，「解散」とは，任期終了前に議員の資格を失わせることを意味する（45条）（なお，参議院議員の任期は 6 年であり〔3 年ごとに半数改選〕〔46条〕，解散はない）。衆議院が解散されたときは，解散の日から40日以内に総選挙が行われ国民の意思（民意）が問われる（54条 1 項）（なお，衆議院が解散されると，参議院は，同時閉会となる〔54条 2 項〕）。

　この衆議院解散については，解散権の所在と解散権行使の限界について議論がされてきた。というのは，日本国憲法には，解散権の所在，解散が行われる場合等に関する明文の規定が69条を除いて存在しないからである。

　解散権は内閣（内閣総理大臣ではない）が有することに争いはないが，衆議院の解散が行われる場合について，①憲法69条限定説と②憲法69条非限定説が対立し，内閣の解散権の憲法上の根拠について，③憲法 7 条説，④制度説が対立している。また，行政権についての控除説を前提にした憲法65条説（衆議院解散を行政に含めて解釈）もある。

　①憲法69条限定説は，憲法上衆議院の解散が規定されているのは69条のみなのだから，衆議院の解散は，これが根拠となり，内閣不信任決議案の可決，または，信任決議案の否決の場合に限定されるとする。

　②憲法69条非限定説は，政党政治の現実を踏まえると内閣不信任決議の成立はほとんど想定できず，解散が民意を問い直すという意義を有するとすればその機会を憲法69条の場合に限定するのは適当でないとする。そうすると，あらためて内閣の解散権の憲法上の根拠を示す必要があり，③は，憲法 7 条 3 号の衆議院解散という天皇の国事行為に対する内閣の「助言と承認」（憲法 3 条）に根拠を求め，その内閣の「助言と承認」には実質的決定権を含む場合もあるとする。その論理は，天皇の国事行為には実質的決定権を含むものもあるが，内

閣が実質的決定（「助言と承認」）を行うことによって天皇の国事行為は形式化するというもので，憲法 4 条 1 項が天皇は「国政に関する権能を有しない」と明記し，天皇の権能とする国事行為を本来的に形式化したことと相容れない考えに拠っており，④は，日本国憲法が議院内閣制を採用していることを根拠とするが，議院内閣制の「本質的要素」の理解が異なることからすると決定的な根拠とはならない。

　解散権行使の限界については，民意を問う必要がある場合についての理解と重なるが，一般に，解散は，ⓐ衆議院で内閣の重要法案・予算案が否決または審議未了になった場合，ⓑ政界再編成等により内閣の性格が基本的に変わった場合，ⓒ総選挙の争点でなかった新しい重大な政治的課題に対処する場合，ⓓ内閣が基本政策を根本的に変更する場合，ⓔ議員の任期満了時期が接近している場合などに限られ，党利党略で行われる解散は不当だとされる（芦部信喜〔高橋和之補訂〕『憲法〔第 7 版〕』〔岩波書店，2019 年〕）。

比較4　選挙制度——イギリスとの比較

> イギリス（UK）国会の公式ウェブサイトに掲載された庶民院『あなたと，あなたの庶民院議員』（House of Commons, You and Your MP）と題された「手引き」は，「庶民院議員（Member of Parliament〔MP〕）は，選挙区（constituency）と呼ばれる UK の領域のための，選挙された代表者です。庶民院議員は，その勤務時間を分割し，ウェストミンスターでの仕事と自身の選挙区での仕事とに割り当てています。庶民院議員は，自身の選挙区の人びとを代表すること，自身の政党の目標を支持すること，および個人としての庶民院議員にとって重要な問題に従事することという諸要求間のバランスを取らなければなりません。公式の『職務内容説明書（Job description）』は存在しませんので，各庶民院議員は，上の役割間のバランスを自ら取らなくてはなりません」としている。

1　イギリスの国会議員（庶民院議員）

　上のように，イギリスの庶民院議員は，ⓐ「自身を選出した選挙区」，ⓑ「自身の政党」およびⓒ国会のために働くこととされている。では，「庶民院議員は，自身の選挙区で何をするのでしょうか」と言えば，同じく上記公式ウェブサイトによれば，「選挙区において，庶民院議員はその事務所で『面会（surgery）』を行い，地元民はそこへ出向いて関心のあるいずれの問題についても議論することができます」とし，続けて，「あなたと，あなたの庶民院議員」との関係について，「庶民院議員は，自身に投票したか否かに関わらず，その地元民すべてを代表します。庶民院議員は，あなたにとって重要な事項について庶民院で意見を述べることができます」（ただし，各庶民院議員が代表するのは自身の選挙区の選挙区民に限られ，また，すべての問題を取り上げることができるわけではないことを注記している）。「政権（諸）政党所属の何人かの庶民院議員は，政府大臣となり……一定の領域において特別な責任を負いますが，自身の選挙区のために働くことをやめるわけではなく，政府あるいは国会における役割が何であれ，自身の選挙区民を手助けするために定期的な面会時間を確保し続けています」とする（この場合の対応についての指針は，内閣官房『大臣規範』（Cabinet Office, Ministerial Code）に記載）。そして，同公式ウェブサイトには，連絡

を取るべき「あなたの庶民院議員」の検索方法や連絡方法の案内が掲載されている。以上は，「私」と庶民院議員との日常的な関係を述べたものとして注目される。

2　選挙制度のあり方――政治の制度と伝統

　日本では，「選挙制度の比較」に関して，「いかなる選挙制度が望ましいかは，国により政治の制度や伝統などが異なるので，一概には言えない」のであり，「それぞれの国の政治・社会の具体的な環境との関係を深く考慮する」ことの必要性が指摘され，その上で，「選挙制度の当否の判断」を行う場合，ⓐ「安定政権の論理」とⓑ「民主的代表の論理」を特に考慮する必要があるなどとされる（芦部信喜〔高橋和之補訂〕『憲法〔第7版〕』〔岩波書店，2019年〕，317頁）。

　イギリスにおいて，上の「政治の制度や伝統」が重視され，選挙制度は，特徴的な，伝統的な憲法上の制度配置との関係で問題となる。イギリスでは，この伝統的な憲法上の制度配置は高度に国会を中心としたものになっており，そこでの国会の重要な役割の1つは，庶民院議員の中から首相（Prime Minister）を選出することであるとされる。そして，庶民院の信任を得た首相は，原則として庶民院議員の中から大臣を選び，政府は庶民院の支持に依拠するとともに説明責任を負うということが憲法習律（constitutional convention）となっている。また，その制度配置は，反対党に対して一定の地位を付与している。先の国会公式ウェブサイトも，「政府と反対党」について触れ，総選挙の後，庶民院における最大の非政権党は「陛下の公式の反対党（Her Majesty's Official Opposition）」としての地位が与えられ，反対党党首は，国会で首相に質問する際に指導的役割を演じ，反対党党首によって選出された「影の内閣（The Shadow Cabinet）」は，政府大臣に質問する際に先頭に立つ。庶民院議員選挙（総選挙〔general election〕）は，このような制度配置を作り出すために国会の構成員（庶民院議員（Member of Parliament〔MP〕））を選出するという機能を有する。

　以上のような憲法上の制度配置との関係で，選挙において有権者の一票が果たす役割は，第1に，選挙区の代表者，第2に，政権党（同時に，反対党），第3に，首相を選出することであるとされるが，その場合，イギリスにおける民主制の基礎をなすのは，各選挙区の有権者がそれぞれ庶民院において自身の選

挙区を代表する個人を選出することであるなどとされる（国会公式ウェブサイト
は，「総選挙は，UK のあらゆる地域の人びとが自身の庶民院議員を選出する機会であ
り，その庶民院議員は，最大5年間庶民院で当該地域〔選挙区〕を代表します」として
いる）。こうして，選挙の目的は，ⓐ公正な民主的代表，ⓑ実効的政府，ⓒ説
明責任を負う政府およびⓓ選挙区代表を確保することにあるなどとされること
になる。

　しかし，庶民院議員は，自身の選挙区および選挙区民の代表であるが，自身
の政党の代理人ではなく，外部諸利益（outside interests）による指令を受ける
ものではない。庶民院議員は，その国会における活動の際に外部の影響力から
独立して判断を行い，「一般的な公益（general public good）」に対して関心をも
つことが期待される。1947年7月15日庶民院決議は，「庶民院議員の義務は，
自身の選挙区および全体としての国家に対するものであって，その一部の特定
の部分に対するものではない」と述べる。ただし，このような庶民院議員の義
務は，庶民院における政党による紀律・行動指令（whip）と矛盾抵触するもの
とはされていない。

3　選挙制度——小選挙区制と比例代表制

　上記のような役割を果たすとされるイギリス庶民院議員の現行選挙制度は，
日本で言う「小選挙区制」（イギリスでは，「第一位当選制（First-Past-the-Post
System」あるいは「相対多数制（Plurality System）」などと呼ばれる）（以下，FPTP
と呼ぶ）である。

　イギリスの政治制度において，FPTP のメリットとされるのは，有権者に
とって他の代替の選挙制度と比較して単純で理解しやすいだけでなく，1つの
政党に明確な多数を調達し，結果，安定政府を作り出すことができる（合わせ
て，上記のように「公式の反対党」を選出する）などの点である。ここでは，
FPTP は，社会におけるさまざまな党派，利益あるいは見解を正確に代表する
という意味での「国民の鏡」である公選議院を作り出すことを目的としている
わけではないと言える。FPTP は，総選挙に対して人々がどの政党が政府を形
成するかを決するいわばレファレンダムのような性格を与えるなどとも言わ
れ，庶民院の多数派を有する単一政党に統治に関する責任を負わせることの利

益を，獲得投票数と獲得議席数の比率を歪曲させるという不利益よりも優先する。だとすると，FPTPは，2で触れた4つの選挙の目的のうち，得票数に示された民意を議席数に公正に反映させるという意味での@には適さないが，ⓑⓒⓓとは適合的であるといえる。

　しかし，イギリスにおいても，こうしたFPTPは，たとえば，次のような問題を提起するとされる。第1，民主制は平等の概念によって基礎づけられ，有権者の投票は平等に数えられるべきだとすると，FPTPは，この要請を満たすか疑わしく，また，勝敗があらかじめ決している選挙区とそうでない激戦区とでは有権者の一票の果たす役割が不平等であるという問題を浮上させること，第2，FPTPは，どの候補者が当該選挙区で最大得票数を獲得するかを重視し，有権者がいかに投票したかを反映しない庶民院を作り出すこと，第3，FPTPは，激戦区に関する選挙区割が特に重要となること（二大政党が現に存在しいずれかが強固な地盤を有する選挙区の場合，当該選挙区の勝敗はあらかじめ決しているということになるが，そうでない2人以上の候補者が勝利の可能性を有する激戦区〔marginal constituency〕の場合，勝敗の行方は選挙区割によって決定的な影響を受けることになること〔自党に有利な選挙区割すなわちいわゆる「ゲリマンダデリング〔gerry-mandering〕」の問題〕）などである。

　特に上の第2の問題は，次のようである。すなわち，戦後で言えば，FPTPの下で，1950年代・60年代は，二大政党（保守党・労働党）の得票率の合計はほぼ90％台，議席獲得率の合計は90％台後半であり，得票率・議席獲得率でみる限りは「二大政党制」と言いうる状況にあった（ただし，いずれかの政党が得票率50％を超えたことはなく〔保守党の最高得票率は，1955年の49.7％であり，労働党のそれは，1951年の48.8％〕，また，実際には多数の政党が存在している。ちなみに，現在，国会で議席を有している政党としては，保守党，労働党の他に，自由民主主義党〔以前の自由党と社会民主主義党が合併〕，SNP〔Scottish National Party〕，ウェールズ国民党〔Plaid Cymru〕，緑の党〔Green Party〕，アイルランド統一党〔Ulster Unionists〕，アイルランド民主主義統一党〔Democratic Unionist Party〕，シン・フェイン党〔Sinn Féin〕，社会民主主義・労働党〔Social Democratic and Labour Party〕がある）。しかし，1970年代半ばには，二大政党の得票率は合計で70％台にまで落ち込んだが，議席獲得率の合計はなおも90％台前半を維持しており，それに応じて，

得票率を増加させたが議席獲得に結び付かない特に第三党に関する不公平性の問題を深刻化させた。たとえば，1974年2月総選挙の場合，保守党は，得票率37.9％で297議席，労働党は，得票率37.1％で301議席であり（ここでは，いわゆる逆転現象が起きている），これに対して，当時の第三党である自由党は，得票率19.3％で14議席であった（その半面，スコットランドの地域政党であるSNP〔Scottish National Party〕は，得票率2.0％で7議席を獲得し，その後も，スコットランドにおけるSNPの躍進が目立っている）。さらに，FPTPの下での二大政党間における政権交代がもたらす「敵対政治（adversary politics）」による政治の不安定性が問題とされるようになった。

　こうして，選挙における，二大政党に対する支持の減少，特に第三党の躍進にみられる多党制化，FPTPに関する不公平感の増大などによって，当時のイギリス経済の相対的衰退などの社会・経済的問題も背景に，日常生活における，有権者の政党離れ，政治離れの促進につながったなどとされ，総じて統治の正当性（legitimacy）が問われることとなった（同時に，FPTPの下で生み出される「選挙独裁〔elective dictatorship〕」，さらには，閣議を重視しない首相およびその周辺による「ソファの上での統治〔sofa government〕」などが問題となった）。また，FPTPは，特に膨大な死票（wasted votes）を生み出すこと，民主制は最大可能な範囲の人々が立候補の権利を与えられるべきことを要求するがFPTPはそれに適さないこと，特に女性や少数者集団，新政党あるいは無所属候補者の立候補に不利に作用すること，政党間協力の困難さから合意・妥協の成立が難しいこと，さらに，この間，ウェストミンスター国会以外ではさまざまな代替的選挙制度が導入され，FPTPと何らかの形体での比例代表制との「共存」という形でUK全体としては比例代表制への移行が進行しつつあるなどと言われる状況になっている。

4　イギリスにおける選挙制度の改革へ向けて

　労働党政権下，ブレア首相が1997年に設置した「投票制度に関する独立委員会（Independent Commission on the Voting System）」の「付託事項」には，「広範な比例性の要請，安定政府の必要性，投票者の選択の拡大および庶民院議員と地理的選挙区との間の紐帯の維持」の検討が含まれていた。「広範な比例性

の要請」に応える比例代表制に関しては，選挙区が存しないが故に，庶民院議員と選挙区との間の地理的な紐帯がないこと，連立政府と結びつきやすいとすると「安定政府の必要性」との適合性が疑わしいだけでなく，連立政府は選挙民の見解・利益をより公平に代表するとは必ずしもいえず，連立を構成する各政党を選択し投票した者の利益を十分に代表するとはいえないこと，対立する諸利益間の生産的対決を抑制すること，総選挙において政府を交替させる有権者の期待を損ね，責任政府の衰退をもたらすことなどの問題点が指摘される。そもそも，FPTP は，有権者が政府を選択し，選挙後に勝利者が政権の座につき政策決定を行う点を重視するのに対して，比例代表制は，選挙後の政策決定において有権者のために交渉を行う代表者を選出することになり，また，総選挙は有権者の願望を少数の代表者に集合させるものだとすると，FPTP はより大きな集合をもたらすのに対して，比例代表制はさまざまな観点を立法部へ公平に反映した集合の重要性を強調するものだなどとされる。

●比較から読み解く

　近年，UK 全体としてみれば，選挙制度は何らかの形体での比例代表制に移行しつつあるとしても，ウェストミンスター国会については，FPTP に代替する選挙制度の候補として挙げられるものとして，「単記移譲式（Single Transferable Vote（STV））」，「名簿式（List System）」，「追加メンバーシステム（Additional Member System（AMS））」，「補充投票制（Supplementary Vote（SV））」，「優先順位付投票制（Alternative Vote（AV））」などがあり，それぞれのメリット，デメリットが指摘され，FPTP に優越するメリットをもつ代替する選挙制度は何かに関する合意が成立しにくいという状況にある。

　日本での議論は，たとえば1990年代に行われた「政治改革」にはイギリスをモデルにして二大政党制・政権交代の実現を目指して小選挙区制の導入が行われた側面が見られ，反対に，イギリスの現状はそうなっていないとして小選挙区制批判が展開されるという形で展開された。しかし，選挙制度についての検討は，冒頭でみたように「それぞれの国の政治・社会の具体的な環境との関係を深く考慮」して行われる必要があるとしたら，たとえばイギリスの政治制度において「庶民院議員と地理的選挙区との間の紐帯の維持」が重視されている

のに対して，日本では「政治的代表」であることが重視され，国会議員と選挙民との関係に距離をおいているようにみえることなどが注目される。いずれにせよあらかじめ一定の立場に立った上で，日本に役立つ「比較」という観点のみから選挙制度のあり方を検討するのは適切ではないように思われる。

【参考文献】

House of Commons, You and Your MP (Brief Guide). https://www.parliament.uk

UK Parliament, You and Your MP (Booklet). https://www.parliament.uk

The Report of the Independent Commission on the Voting System, Vol. Ⅰ & Ⅱ, 29 October 1998, Cm 4090-Ⅰ & Ⅱ.

Mark Elliott & Robert Thomas, Public Law, 4th ed., Oxford University Press, 2020.

Philip Norton, Parliament in British Politics, 2nd ed., Palgrave Macmillan, 2013.

Colin Turpin & Adam Tomkins, British Government and the Constitution, 7th ed., Cambridge University Press, 2012.

比較5　議院内閣制——イギリスとの比較

　日本では，権力分立原理を基礎にした立法府と執行府の関係についての１つの「型」として大統領制ではなく「議院内閣制をとるイギリス型」がモデルとして参照されてきた。その場合，「日本国憲法における議院内閣制が，均衡を重視する古典的なイギリス型か，民主的コントロールを重視する第三ないし第四共和制フランス型か，については，憲法上は明確ではない。運用の実態からすれば，内閣に自由な解散権が認められているのでイギリス型であるが，解散権の所在が憲法上必ずしも明らかでなく，69条の場合しか解散できないという解釈の余地が存するかぎり，フランス型とみることもできる」などとされる（芦部信喜〔高橋和之補訂〕『憲法〔第7版〕』〔岩波書店，2019年〕343頁）。

　イギリスとの比較の観点からすると，イギリスの 'parliamentary government' は多義的で日本の議院内閣制と比べてより広い意味をもつ場合がある。また，イギリスでは，2011年国会任期固定法（Fixed-term Parliaments Act 2011）以前は，解散は国王大権事項であったことから日本国憲法の解散とは憲法構造的に異なっており，2011年国会任期固定法以降は，日本では否定される自律的解散説あるいは支持の少ない日本国憲法69条限定説と適合的な状況となっている。以下，解散について，イギリスとの比較の観点からみてみることにする。

1　イギリスにおける「議院内閣制」

　イギリスには「議院内閣制」に直接該当する語はなく，日本では 'parliamentary government' がそれに当たるとされているようである。イギリスにおいて，'parliamentary government' という場合，イギリスの議会制統治それ自体を指すことがあり，その 'parliamentary government'（議会制統治）は，'cabinet government'（内閣統治）そして 'prime ministerial government'（首相統治）へと歴史的に変遷してきたなどとされる。このようなことからすると，日本でイギリスをモデルにして「議院内閣制」について論じる場合，'parliamentary government' について権力分立原理を基礎にした立法府・執行府間関係という観点を重視しているということになる。ただし，イギリスにおける 'parliamentary government' は，多義的であり，次に引かれるグレイ卿（Lord Gray）による記述の後半は日本の議院内閣制の議論に近いものとなっている。

　すなわち，'parliamentary government' の特徴は，「クラウンに帰属する権

限が，大臣を通して行使されるべきことを要求し，その大臣はその権限の行使
方法に対して責任を負うものとされ，……また国会（特に，庶民院）の信任を
得ている限りにおいて大臣職に就く資格を与えられているということである」，
と（Earl Grey, Parliamentary Government, 1958として引用）。これを引照した上で
比較憲法の観点から一般化して，執行権は，立法府の信任を得た首相およびそ
の他の大臣によって行使され，この信任が撤回される場合には，首相は，統治
する権限を失い，総選挙の実施あるいは辞職を選択しなければならないといわ
れることがあるが（M. Rosenfeld & A. Sajo eds. The Oxford Handbook of Compar-
ative Constitutional Law, 2012），この点で，日本国憲法が採用する議院内閣制の
仕組みと同様といえる。

　この意味での 'parliamentary government' についてイギリスで重視される
のは，ⓐ大臣は，国会議員でなければならないこと（若干の大臣は貴族院議員だ
が，主要には庶民院議員），ⓑ大臣は，その政策・決定について国会（究極的には
選挙民）に対して説明責任を負わなければならないということであり（なお，イ
ギリスは「成文憲法典」をもたないので，'parliamentary government' は，「憲法習律
〔constitutional convention〕」を基礎とすることがあるが，「憲法習律」とは，裁判所に
おいて実現される「法」ではなく，政治的慣行として形成されたものであり，イギリス
では，上記ⓐ，ⓑは「法」が規律するのではなく，「憲法習律」が規律している。「首
相」「内閣」なども同様である），また，国会主権の法的原理との結合という特徴
を有する。上のⓐⓑは，イギリスでは「憲法習律」によって規律される「大
臣責任（ministerial responsibility）」の原則の内容の一部として論じられている
ことでもあり，そこでは，政府は，国会（庶民院）での信任投票あるいは不信
任投票で敗れた場合には，辞職しなければならないとされることがある（辞職
の場合，現存の国会の多数の支持を得て新たな内閣が形成されれば，辞職が直ちに解
散・総選挙を導くわけではない）。これに対して，「憲法習律」によれば，政府は
国会で不信任投票に敗れた場合，首相は辞職するか，国会の解散を求めなけれ
ばならないとされることもある。ただし，これは当該「憲法習律」についての
説明の違いであり，イギリスにおいて，「二元型議院内閣制」・「一元型議院内
閣制」という用語を用いて前者から後者への変容を論じるというわけではない
のと同様，「議院内閣制」について「責任本質説」と「均衡本質説」の対立と

いう「本質的要素」をめぐる議論が行われているわけでもない。

2　解散——日本とイギリス

「議院内閣制」との関係で，日本で議論の対象とされてきた衆議院解散問題をイギリスとの比較の観点から取り上げてみる。

日本において，第 4 章 4-5 議院内閣制と内閣の対国会責任でみたように，日本国憲法には衆議院解散権の所在を明記した規定がないことから，解散権の所在とその憲法上の根拠および解散権行使の限界をめぐって議論が行われてきた。その権限の所在は内閣（イギリスと違い，首相ではない）であることに争いはないが，権限の憲法上の根拠については憲法69条説，同 7 条説，同65条説，制度説等が対立し，そして，権限行使は，憲法69条の場合に限定されないが，一定の限界があるとする議論が有力である。

イギリスからみると，日本国憲法 7 条に列挙されている国事行為の中には国王大権事項と重なるものが含まれているが，イギリスの君主と日本の天皇とは国政への関与という点について憲法上の地位は決定的に異なっている。イギリスの君主がなお国王大権（royal prerogative）（首相の任命権など，国王がコモン・ロー上有しているとされる権限）を維持しているのと対照的に，日本国憲法における天皇は「国政に関する権能」を明確に否定されており（4条1項），その権能は，憲法が限定列挙する（4条2項，6条，7条），形式的・儀礼的な行為に過ぎない国事行為に限られているという理解からすれば（第3章 3-2 象徴天皇制度参照），憲法 7 条が内閣の衆議院解散権の根拠になると解することはできない。制度説にしても，イギリスからみると「議院内閣制」の「本質的要素」は明確ではなく，にもかかわらず「本質的要素」を特定する制度説によって衆議院解散権の根拠とするのは困難である。このようなことからすると，「議院内閣制」のモデルをイギリスに求めたとしても，日本における衆議院解散権の問題についての明確な解答が得られるわけではない。

3　イギリスにおける解散と日本

以上のように，日本では，解散権は首相ではなく内閣に帰属し，その内閣の解散権行使には内閣の一方的な都合あるいは党利党略による解散はできないな

どの限界があるかということが議論されてきたが，それはイギリスの状況とは
大きく異なっている。

　イギリスにおける国会の解散についてみると，その権限が論じられるのは国
王大権（royal prerogative）との関係においてであり，その制度的配置が論じら
れるのは「憲法習律」との関係においてである。

　まず，「解散」とは，国会を終結させ，「憲法習律」によって新たな国会を召
集することを求め，それ故，庶民院の構成員を決定するための総選挙のきっか
けとなる手続であるなどとされる。国会は，1715年 7 年国会法（Septennial Act
1715〔1911年国会法〔Parliament Act 1911〕により修正され，1 つの国会は 7 年では
なく 5 年を超えて継続してはならないとされた〕）に基づいて 5 年の任期が満了する
と解散されるが（この場合，枢密院における女王陛下〔Her Majesty in Council〕が
発する布告〔proclamation〕は必要ないが，新たな国会を召集するためには布告が必要
である），国王は，布告によって任期満了前に国会を解散することも可能であ
る（同一の布告は，新たな国会を召集し，集会する期日を指定すると同時に，枢密院
〔Order in Council〕が新たな国会の選挙のための令状を発行することを要求する）。

　イギリスの「権威ある憲法教科書」を参照してみると，「女王は，原則とし
て，国会を大権によって解散し，そして，国会の任期 5 年の間のいずれかの期
日に総選挙を実施させることができる。しかしながら，実際には，女王は，首
相の助言に基づいて行動し，要求された期日での解散を認めるのである」とさ
れ，なお，その場合，1918年以降，首相が解散を求める前に閣議決定は必要と
されないということが確立した慣行となったとされる（ただし，首相が決定する
以前に閣僚が相談を受けるということはありうる）（A. W. Bradley, K. Ewing & C. J.
S. Knight, Constitutional & Administrative Law, 16th ed., 2017）。

　こうして，国会を解散するよう女王に「助言」（単に「要請〔request〕」と言わ
れることもある）する（イギリスでは，解散の期日を自由に決定する，という言い方が
される）権限は，首相の手中にある戦略的な道具であり，首相がその職にとど
まるために利用し，自党引き締めのためあるいは自党に有利なように選択した
期日に総選挙を実施することができ，解散・総選挙の期日の表明も国会で行う
必要はないなどとされる（たとえば，2010年 4 月 6 日ブラウン〔Gordon Brown〕首
相は，首相官邸〔Downing10〕の外で表明をした）。

　こうして，イギリスにおいて，解散権は国王大権事項であることから，君主は，首相から解散を「要請」された際，自動的に解散を認めるべきなのか，それとも解散の「要請」を拒否することが正当化されうる場合があるのかが論じられてきた。

　この点について，庶民院で明確な多数派を率いる首相から解散を「要請」された場合に君主がそれを拒絶する根拠があるかどうかは疑わしいとされ，これに対して，庶民院で明確な多数派が形成されない場合はより複雑であるが，やはり首相は解散の期日を自由に選択しうるということになろうとされる。しかし，この点は必ずしも明確ではなく，君主は首相の「助言」（「要請」）に基づいて行動しなくてはならないが，「非常に強力な理由がある場合を除いて」とか，「一定の状況において」拒否できるなどのただし書きを付す見解もある（ただし，これがどのような場合かは，必ずしも明確でないが，解散直後の再度の解散などが挙げられることがある）。

　しかし，以上のことは，2011年国会任期固定法の制定によって変更された。

　同法は，政治的には，当時の保守党と自由民主主義党との連立を強化するための措置だとされるが，次の総選挙を2015年5月7日に設定し，以後，5年ごとに5月の第1木曜日に総選挙を実施するとして，解散に関する国王大権と，同時に首相の解散・総選挙の時期を自由に決定する権限を「取り除いた」（ただし，同法によって当該国王大権は「廃止」されたのか，「停止」「中断」されたのか等，その位置づけは必ずしも明確ではないようである）。なお，同法は，通常の国会制定法であるから，後続の国会は通常の立法手続きで自由に改廃することができ，同法自体が将来の見直しを規定している（首相は，2020年に同法の実施を審査するために委員会〔委員の過半数は，国会議員〕を設置し，同委員会は，必要があれば，同法の改廃を勧告することとされている。実際に，委員会は両院合同委員会として設置され，2011年国会任期固定法の審査と，同法の廃止を主張する政府が用意した廃止草案法案の審査を行い，2021年3月24日「報告書」を提出した〔House of Commons, House of Lords, Joint Committee on the Fixed-Term Parliaments Act, Report, Session 2019-21, HC 1046, HL 253〕）。

　現在，同法をなかったことにする廃止法案（Dissolution and Calling of Parliament Bill 2021-22）が審議されているが，ここで注目したいのは，2011年国会

任期固定法が，上のように解散・総選挙に関する国王大権と同時に首相の権限を「取り除いた」とされるのであるが，例外として次の2つの場合に早期解散・総選挙の可能性を認めたことである。

　第1は，庶民院が定数の3分の2以上の多数あるいは表決なしで，「早期の国会総選挙が実施されるものとする」との動議を承認した場合であり，第2は，庶民院が「本院は，女王陛下の政府を信任しない」との動議を承認し，その後14日の間に代替の政府が形成されそれに対する「本院は，女王陛下の政府を信任する」との動議が承認されない場合である（第1について，UKのEU離脱〔Brexit〕をめぐる政治の混乱の中で，2017年4月19日庶民院は，「早期の国会総選挙が実施されるものとする」との動議を承認した結果，同年5月3日に国会は解散され，6月8日に総選挙が実施された。一方，2019年には，政府は，3回にわたって3分の2の賛成を得られず早期総選挙を実施することができなかった。その後，政府は，国会の支持を得て2019年早期国会総選挙法〔Early Parliamentary General Election Act 2019〕を制定し，総選挙が実施された。その際，保守党，労働党は選挙マニフェストにおいて，2011年国会任期固定法の廃止を主張した）。

●比較から読み解く

　イギリスの2011年国会任期固定法について，国会制定法によって庶民院議員の5年任期が固定され，例外的に，国会の自律的解散および国会の内閣に対する不信任決議が成立した場合にのみ国会は解散されるということになり，日本では衆議院解散をめぐる少数説である，自律的解散説あるいは憲法69条限定説に適合的な状況が設定されたということになる。しかし，解散をめぐってイギリスと共通する問題点も存するが，憲法構造上の相違を無視することはできない。上記のように，2011年国会任期固定法は見直しが検討されており，同法に関してはさまざまな見解が出されている（ただし，上記のように，同法は，Brexitをめぐる政治の「混乱」に巻き込まれた感がある）。論点の1つとして，同法の目的は，当時の連立政権の安定性を確保することだけでなく，早期の総選挙を要求する権限を首相から庶民院へ移転すること，すなわち，立法府との関係であまりに優越的な執行府の権限を取り除くこと，あるいは，党派的利益のために次の総選挙の期日を選択できる首相の権限を取り除くこと（次の総選挙の期日を確

実にして，解散をめぐる憶測を取り除くこと）だったはずだとの指摘がある。そう
だとすると，それとは反対に，政府が用意した2011年国会任期固定法廃止のた
めの法案では解散に関して国会の関与が否定されているが，たとえば解散の決
定を国会の承認の下に置くなどして国会の関与を確保しようとする主張は，議
会制統治における執行府と立法府との現実の関係（執行府の優位）を考慮する
と，注目される論点であると思われる。

【参考文献】

House of Commons Library, Briefing Paper No 04458 by N. Johnston, Voting Systems in the UK, 26 October 2017.

House of Commons Library, Briefing Paper NO 05085 by R. Kelly, Dissolution of Parliament, 27 April 2017.

House of Commons, House of Lords, Joint Committee on the Fixed Term Parliaments Act, Report Session 2019-21, HC 1046, HL 253.

House of Commons Library, Briefing Paper No 6111 by R. Kelly, Fixed-term Parliaments Act 2011, 29 March 2021（26 November 2021 改訂）.

第5章 司法・裁判所

5-1 「司法」概念・司法の独立

1 司法権と裁判所

憲法76条1項は，「すべて司法権は，最高裁判所及び法律の定めるところにより設置する下級裁判所に属する」と定めている。このことを具体化するものとして，1947年に裁判所法が制定された。裁判所法3条1項は，「裁判所は，日本国憲法に特別の定のある場合を除いて一切の法律上の争訟を裁判し，その他法律において特に定める権限を有する」と定めている。

裁判所は最高裁判所と下級裁判所からなり，下級裁判所は高等裁判所，地方裁判所，家庭裁判所，簡易裁判所からなる。日本では三審制が採用されているため，一般的に，まず地方裁判所に提訴したうえで，地方裁判所の判決に不服があれば，高等裁判所に控訴し，高等裁判所の判決に不服があれば，最高裁判所に上告する。例外的に，家庭事件や少年事件については，家庭裁判所が，少額事件や軽微事件については，簡易裁判所がそれぞれ第一審となる。

軍法会議や皇室裁判所のように，通常の裁判所系列から独立し，特定の人間や事件を裁判する特別裁判所は憲法76条2項前段によって禁止され，行政機関が終審裁判を行うことも同項後段によって禁止されている。

2 司法権の概念

憲法76条1項の「司法権」とは，事実を認定し，法を適用することによって，具体的争訟を解決することをいう。さらに，裁判所法3条1項の「法律上の争訟」とは，具体的争訟を指し，より具体的には，当事者間の具体的な権利義務ないし法律関係の存否に関する紛争であること（事件性），かつ，法令の適用によって終局的に解決することができること（終局性）をいう（板まんだら事件：最判1981・4・7）。

　裁判所は，「法律上の争訟」に該当する事件については，裁判を行わなければならないのに対して，「法律上の争訟」に該当しない事件については，裁判を行うことはできない。事実の存否，不満，学問上の論争などは，権利義務ないし法律関係の存否に関しないため，憲法をはじめ法令の解釈に関する争いは，具体的な紛争ではないため，それぞれ裁判の対象とはならない。さらに，宗教上の教義や価値に関する紛争は，法令の適用によって終局的に解決することはできないため，裁判の対象とはならない。

　もっとも，「法律上の争訟」に該当する事件であっても，裁判所が裁判を行わない場合がある。第1に，国会議員の資格争訟の裁判（憲法55条）や裁判官の弾劾裁判（憲法64条）は，憲法上の例外として司法権の対象とはならない。第2に，国際法上の例外として，外交使節に対する一定の特権や特別の条約による司法権の制限が認められている。第3に，国会や内閣の自由裁量行為についても司法権は及ばない。第4に，判例によれば，日米安保条約や内閣による衆議院解散など，直接国家統治の基本に関する高度の政治性のある国家行為について，裁判所は判断しない（統治行為論）（砂川事件：最大判1959・12・16，苫米地事件：最大判1960・6・8）。最後に，判例によれば，一般市民社会とは別に自律的法規範を有する特殊な部分社会における紛争は，一般市民法秩序と直接関係しない内部問題にとどまる限り，司法権の対象とはならない（部分社会論）（富山大学単位不認定事件：最判1977・3・15）。

　さらに，「法律上の争訟」に該当しない事件についても，法律が特別な権限を付与している場合には，裁判所は裁判を行うことができる。こうした場合に該当するものとして，行政法規の正当な適用を確保する民衆訴訟や，行政機関の相互紛争を解決する機関訴訟がある。前者の例として，公職選挙法では選挙訴訟，地方自治法では住民訴訟が定められ，後者の例として，地方自治法では，地方公共団体の議会と長との間の係争や，地方公共団体に対する国や都道府県の関与に関する係争処理制度が定められている。

3　司法権の独立

　司法権の独立とは，司法権が立法権や行政権から独立していることと，司法権内部において裁判官が独立して職権を行使することをいう。憲法76条3項

は，「すべて裁判官は，その良心に従ひ独立してその職権を行ひ，この憲法及
び法律にのみ拘束される」と定め，裁判官の職権行使の独立を保障している。
ここでいう良心とは，裁判官個人の主観的良心ではなく，裁判官としての客観
的良心を意味している。

　裁判官の職権行使の独立を保障するため，裁判官の身分を保障する必要があ
る。まず憲法78条前段は「裁判官は，裁判により，心身の故障のために職務を
執ることができないと決定された場合を除いては，公の弾劾によらなければ罷
免されない」と定め，裁判官の罷免事由を，心身の故障による職務不能の場合
と，公の弾劾を受けた場合に限定している。前者については，裁判官分限法に
基づく分限裁判，後者については，裁判官弾劾法に基づく弾劾裁判によって審
査する。裁判官弾劾法 2 条は，公の弾劾を受ける場合として，「職務上の義務
に著しく違反し，又は職務を甚だしく怠ったとき」と「裁判官としての威信を
著しく失うべき非行があったとき」を定めている。

　さらに，憲法78条後段は，「裁判官の懲戒処分は，行政機関がこれを行ふこ
とはできない」と定め，裁判官の懲戒処分について裁判所が行うことを求めて
いる。そのため，立法機関に対しても，裁判官の懲戒処分を行うことは禁止さ
れている。裁判所法49条は，裁判官が職務上の義務に違反した場合，職務を懈
怠した場合，または品位を辱める行状を行った場合には，裁判により懲戒にす
ると定め，裁判官分限法 2 条は，懲戒を受けた裁判官には戒告または 1 万円以
下の過料を科すと定めている。

　最後に，憲法79条 6 号は，最高裁裁判官に対して，憲法80条 2 号は，下級審
裁判官に対して，定期の相当額の報酬を保障し，減額を禁止している。裁判官
の報酬を規定するものとして，1948年に裁判官報酬法が制定されている。

　司法権の独立が問題となった事件として，戦前では，1891年に訪日中のロシ
ア皇太子を切りつけた警察官を審理する裁判官について，政府首脳は死刑に処
すよう，大審院長は無期徒刑に処すよう強く求めた大津事件がある。戦後で
も，1953年，被告人による朝鮮戦争休戦を祝う拍手と朝鮮人犠牲者に対する黙
祷を静観した裁判長について，国会は裁判官訴追委員会にかけ，最高裁も通達
を出して批判した吹田黙祷事件，1969年，自衛隊の合憲性が問題となった長沼
ナイキ事件を担当していた裁判官に対して，地裁所長が自衛隊の違憲判断を回

避するよう示唆する書簡を送付した平賀書簡事件，1998年，組織犯罪対策法案反対集会に参加し，一般参加者席から職名を示して発言を行った判事補について，積極的な政治運動に該当することを理由にして，戒告処分とした寺西判事補事件がある。最近では，Twitterで不適切投稿を行った裁判官について，品位を辱める行状に該当することを理由にして，戒告処分とした岡口裁判官事件がある。

　特に憲法80条 1 項は，「下級裁判所の裁判官は，最高裁判所の指名した者の名簿によって，内閣でこれを任命する。その裁判官は，任期を十年とし，再任されることができる」と定めているため，最高裁が下級審裁判官を指名し，10年毎に再任することの意味が問題となる。下級審裁判官の職権行使の独立を保障するためには，最高裁の指名権と再任権を統制する必要がある。しかし最高裁は両者を自由に行使することができると解してきた。実際に，1971年の宮本判事補再任拒否事件のように，裁判官の思想信条を理由として，裁判官の再任を拒否することも行っている。そのため最高裁に対する下級審裁判官の職権行使の独立は非常に脆弱なものとなっている。

4　裁判員制度

　司法権の独立と関連するものとして，裁判員制度がある。2004年に裁判員法が制定され，2009年から裁判員制度が開始された。裁判員制度とは，司法に対する国民の理解増進と信頼向上を目的として，地方裁判所における刑事裁判について裁判官 3 名と裁判員 6 名が合議体を構成して審理するものである。一定の重大犯罪が裁判員対象事件となり，裁判員は，事件毎に18歳以上（実際の運用は，2023年から）の選挙権をもつ者から無作為に選出され，裁判官とともに事実認定と量刑判断を行い，裁判官と裁判員の各 1 名以上を含む過半数で評決を下す。

　最高裁は，裁判員は，さまざまな視点や感覚を反映させ，裁判官との協議を通して良識ある結論に達することができること，さらに，裁判官は裁判員制度の中でも職権行使の独立を侵されず，憲法が定める刑事裁判の原則を確保することができることなどを指摘し，裁判員制度は憲法に適合するとしている（最大判2011・11・16）。

　もっとも，裁判員制度には，市民感覚を反映したとしても，上級審によって
是正される場合もあること，裁判の長期化によって，市民の負担が増加し，被
告人の主張立証が制限される場合もあること，近年の裁判員の辞退率は，企業
の休暇制度の不備もあり，当初の5割程度から7割近くまで上昇しているこ
と，裁判員には過度な守秘義務が課されるため，裁判員としての経験が社会的
に共有されないことなど，さまざまな問題が山積している。

5-2 　違憲審査制

1　違憲審査制

　違憲審査権とは，国家機関の行為が憲法に適合するかを審査する権限のこと
をいい，違憲審査権を，立法機関や行政機関ではなく，司法機関に与える制度
のことを違憲審査制という。

　憲法は，人権を保障し，国家の最高法規であるため，議会の定める法律や行
政の行う処分に優位する。かつて憲法の最高法規性を確保するのは国民を代表
する議会であったが，議会であっても，少数者の人権を侵害する場合があるた
め，今日では裁判所が憲法の最高法規性を確保している。

2　違憲審査制の類型

　違憲審査制はアメリカの司法裁判所型とドイツの憲法裁判所型に大別され
る。

　アメリカでは，私人の権利保障を目的として，違憲審査権は全ての裁判所に
与えられているため，最高裁判所だけでなく下級裁判所も違憲審査を行うこと
ができる。さらに，違憲審査権は，具体的事件の解決のため付随的に行使され
る。しかも，憲法判断は判決理由の中で示され，違憲判決の効力は違憲とした
法令を事件に適用しないことを帰結する。

　それに対して，ドイツでは，憲法秩序の保障を目的として，違憲審査権は憲
法裁判所にのみ与えられているため，違憲審査を行うことができるのは憲法裁
判所に限られている。さらに，違憲審査権は，具体的事件とは関係なく抽象的
に行使される。しかも，憲法判断は判決主文において示され，違憲判決の効力

は違憲とした法令それ自体を廃止することを帰結する。

　もっとも，ドイツでも，具体的事件を解決し私人の権利を保障するため違憲審査権を行使する憲法異議制度が定められ，アメリカでも，憲法秩序を保障するため，具体的事件の要件は広く解され，法律の違憲宣言を求める訴訟も認められている。そのため，司法裁判所型と憲法裁判所型は相互に接近している。

3　日本の違憲審査制

　最高法規について定める憲法第10章は，基本的人権の尊重を定める97条，憲法の最高法規性を定める98条，憲法尊重擁護義務を定める99条を設けている。このことを前提として，憲法81条は「最高裁判所は，一切の法律，命令，規則又は処分が憲法に適合するかしないかを決定する権限を有する終審裁判所である」と定めている。

　最高裁は，違憲審査権は，憲法81条からだけでなく，憲法98条と憲法99条からも導出することができるとしたうえで（最大判1948・7・8），最高裁裁判官とともに，下級審裁判官も，憲法尊重擁護義務を負うため，違憲審査権を行使することができるとした（最大判1950・2・1）。そのうえで，現行制度上，裁判所に与えられているのは，司法権であるから，裁判所が違憲審査権を行使するのも，司法権の範囲内においてであるとして，「わが現行の制度の下においては，特定の者の具体的な法律関係につき紛争の存する場合においてのみ裁判所にその判断を求めることができるのであり，裁判所がかような具体的事件を離れて抽象的に法律命令等の合憲性を判断する権限を有するとの見解には，憲法上及び法令上何等の根拠も存しない」としている（警察予備隊違憲訴訟：最大判1952・10・8）。

　このように，日本の違憲審査制は，アメリカ型の司法裁判所型を継受したものであると理解されている。もっとも，学説では，最高裁は「法令上」や「現行の制度の下」という文言を用いているため，法整備を行えば抽象的違憲審査制を導入することもできるとの解釈も主張されている。

4　付随的違憲審査制の構造

　日本では，違憲審査は具体的事件に付随して行使されるため，具体的事件と

は関係なく法律の合憲性を審査することはできない。もっとも，個人の権利利益の保護を目的とする主観訴訟だけでなく，法規の適正な適用による公益の保護を目的とする客観訴訟においても，違憲審査権は行使されている。実際に，住民訴訟では，政教分離原則違反，選挙訴訟では，一票の格差が憲法に違反すると判断されている。

　違憲審査は，具体的事件の解決に必要な範囲で行われる。そのため，一般的に，憲法判断を行うことなく，具体的事件を解決することができる場合には，憲法判断は行われない。さらに，憲法判断を行うとしても，ある法令を狭く解すれば，合憲，広く解すれば，違憲となる場合には，狭く解し，合憲とされる。しかも，合憲限定解釈を行うことができない場合には，事件に対する法令の適用を違憲とし，適用違憲を行うことができない場合に初めて法令自体を違憲とすることができる。違憲判決の効力は，法令を失効させるものではなく，事件に対する法令の適用を排除するにとどまると理解されている。

比較6　違憲審査制

違憲審査制には，アメリカ型の付随的違憲審査制と大陸型の抽象的違憲審査制の
2つの型があるとされ，日本国憲法81条の違憲審査制はアメリカ型であるというの
が通説・判例である。しかし，運用の実態をみると，法令違憲判決が9種10件にと
どまるなど，違憲判断に過度に消極的との評価（いわゆる司法消極主義）が定着し
ている。こうした状況は，モデルとされるアメリカの運用とも大きく異なるばかり
か，違憲審査制を通した少数者の人権保障が立憲主義の標準装備となった20世紀末
以降の国際的動向とも相当の距離がある。以下では，アメリカ型・大陸型という分
類ではとらえきれない各国における違憲審査制の特徴を概観しつつ，日本における
違憲審査制のあり方を考えてみよう。

6-1　違憲審査制──アメリカとの比較

1　アメリカの違憲審査制（司法審査制）

(1)　違憲審査制の誕生

1788年発効の合衆国憲法（the Constitution of the United States. 以下，適宜「憲
法」と略する）は，連邦の司法権を最高裁判所および下級裁判所に認めるが（3
条），日本国憲法81条のような裁判所による違憲審査＝司法審査制（judicial re-
view）を明示する規定はない。しかし，合衆国最高裁判所（the Supreme Court
of the United States. 連邦最高裁とも呼ばれる。以下，「最高裁」と略する）は，1803
年のマーベリー判決（Marbury v. Madison, 5 U. S. (1 Cranch) 137 (1803)）にお
いて，合衆国憲法，連邦議会の制定する法律および条約が国の最高法規である
とする最高法規条項（憲法6条2節）などの憲法規定と成文憲法・硬性憲法の
原理を援用しつつ，自らが違憲審査権をもつことを宣言した。この事件は，
1800年大統領選挙でのジェファーソン（リパブリカン［共和派］）当選を受け，
政権を離れるフェデラリスト（連邦派）が新大統領就任前に多数の裁判官を任
命したことから生じたものであるが（判決を執筆したマーシャル長官自身，この時
の裁判官任命に国務長官として関与していた），判決は，こうした具体的事件の解
決に伴う裁判所の違憲審査権（付随的審査制）を確認し，任命の根拠となった

連邦法を違憲とした。違憲審査権がこうした政治的対立から誕生したという事情は，裁判所による違憲審査も現実政治と無縁ではありえず，その法的判断を理解する上でも政治的環境を十分考慮すべきことを示している。

(2)　最高裁による違憲審査の歴史的展開

こうして認められた最高裁による違憲審査は，その後のアメリカ憲法の歴史において重要な役割を果たすことになった。もともと憲法の修正（改正）にはかなり高いハードルがあり（5条），憲法の規定も起草過程での各種妥協を反映して大綱的条項が多く，解釈の占める比重が高い。そこから，違憲審査権の行使を通して最高裁が示す憲法解釈はきわめて重視され，かつしばしば大きな政治的インパクトを与えてもきた。たとえば，奴隷制をめぐる南部と北部との激しい政治的対立の中で奴隷制の維持・拡大を認めた1857年のドレッド・スコット判決（Dred Scott v. Sandford, 60 U. S.（19 How.）393（1857））は，北部で猛反発を生み，リンカーン大統領の当選，そして南北戦争へとつながった。この判決は，最高裁の歴史の中でも最悪の判決との評価が定着している。また，世界恐慌後，フランクリン・ローズヴェルト大統領が進めたニュー・ディール政策に対し，最高裁は多くの違憲判断を下して大統領・連邦議会との対立が激化した。ついにローズヴェルト大統領は，最高裁の裁判官を増員し，判断の変更をねらった裁判所抱え込み案を提案するに至ったが，1936年に最高裁が判例を変更し，ニュー・ディール政策を合憲としたことでこの対立は解消されることになった。

その後も最高裁は，人種別学を違憲とした1954年のブラウン判決（Brown v. Board of Education, 347 U. S. 483（1954）），人工妊娠中絶を憲法上の権利と認めた1973年のロー判決（Roe v. Wade, 410 U. S. 113（1973）），近時も銃保有の権利を認めたヘラー判決（District of Columbia v. Heller, 554 U. S. 570（2008））や同性婚を認めたオバーゲッフェル判決（Obergefell v. Hodges, 576 U. S. 644（2015））など重要な判断を示している。これらは大きな議論と強い反発をも生んでいるが，違憲審査制はアメリカの憲法体制の不可欠の一部として完全に定着しており，最高裁の判断には大きな注目が集まる。

2　最高裁の活動

　最高裁が扱う事件のほとんどは，連邦控訴裁判所・州最上級裁判所の判断に対する裁量上訴（certiorari）の申立てのうち，審理すべきものを最高裁自身が選別している（9名中4名以上の裁判官の同意による）。この選別は完全な自由裁量とされるが，憲法・連邦法の解釈に関する問題がほとんどである。近年では，年7,000〜8,000件程度の裁量上訴申立てに対し，最高裁が認容するのは一開廷期あたり70〜80件程度であり，口頭弁論を経て下される理由付き判決の数はさらに少ない（一開廷期あたり70件前後）。

　こうした最高裁自身による事件の選別は，各種の運動団体が政治的・社会的対立を伴う争点について有利な判断を引き出すことをねらって，最高裁に審理してもらえるような争点をもつ憲法訴訟をつくり出す（訴訟当事者のリクルートにも及ぶ）ことをももたらしている。また，裁量上訴が認容されると，当事者に加え，アミカス・キュリィ（amicus curiae 裁判所の友）と呼ばれる個人や各種の団体から法的論点についての主張を展開する書面（アミカス・ブリーフ）が提出され，重要な事件では数十通を超えることもある。アミカス・ブリーフの提出後，その内容もふまえて口頭弁論が開催されるが（パンデミックの影響で2020年5月から2021年4月までは法廷ではなく電話を用いて行われていた），代理人による弁論の途中でも裁判官から容赦なく質問が飛び，応答に失敗すると敗訴が待っているといわれる。

　口頭弁論後，裁判官の合議と意見の回覧・修正を経て作成された判決が言い渡される。裁判官の過半数を占めた法廷意見（opinion of the Court）のほか，理由づけを異にする結果同意意見や結論を異にする反対意見が付されることもある。法廷意見についても執筆した裁判官名が明示されるのが一般であり，裁判官の間での激しい批判の応酬もしばしばである。

3　裁判官の選任

　現行法上の最高裁判所は，長官（Chief Justice）1名と陪席裁判官（Associate Justice）8名の計9名で構成され，大統領が上院の助言と承認を得た上で裁判官を任命する（憲法2条2節2項）。任期はなく「罪科のない限り」務めることができるため（3条1節），最高裁裁判官の指名は長期にわたる影響をもたらし

うるものであり，大統領にとってもきわめて重視され，社会的にも大きな関心を呼ぶ。特に近年は，人工妊娠中絶，アファーマティブ・アクション，銃規制，同性婚など「文化戦争」をも背景とする激しい政治的・社会的対立をはらむ争点に関する最高裁の判決が，保守派・リベラル派という裁判官の一般的傾向と重なりつつ僅差で示されることも多い。たとえば，同性婚を承認したオバーゲッフェル判決では，リベラル派裁判官（いずれも民主党大統領任命）4名に中間派のケネディ裁判官（レーガン大統領任命）が加わった法廷意見に対し，保守派裁判官4名（いずれも共和党大統領任命）が反対している（もっとも，判決や意見対立が常に裁判官の傾向と一致するわけではない）。

　こうした最高裁の判断と内部での意見対立は，判決の評価も政治的対立と結びつく傾向を生むだけでなく，裁判官人事を通した判例変更（最大のターゲットはロー判決である）を目指す保守派（おおむね共和党と重なる）の動きと激しい党派的対立の中での裁判官人事をもたらしている。たとえば，2016年2月に保守派の重鎮であったスカリーア裁判官が急逝し，オバマ大統領は後任としてガーランド連邦控訴裁判事を指名したが，上院多数派の共和党は，後任裁判官はこの年予定の大統領選後に新大統領が指名すべきとしてガーランド候補の承認審理を棚ざらしにし，結局トランプ新大統領が指名したゴーサッチ裁判官が翌年4月に最高裁入りした（この間最高裁は8名で活動していた）。一方，選挙直前の2020年9月に国民的人気を博したリベラル派のギンズバーグ裁判官が死去すると，今度はトランプ大統領が指名したバレット裁判官が迅速に上院で承認され，10月に最高裁入りしている。また，上院での承認も近年は僅差となることが多く，2018年に最高裁入りしたキャヴァノー裁判官の場合は，高校時代の性的暴行疑惑が問題となったこともあり50対48というぎりぎりの票差であった。

　2021年現在在職の最高裁裁判官は，保守派6名（うちトランプ大統領任命が3名），リベラル派3名と保守派優位の状況にあり（なお，女性は3名，マイノリティに属する裁判官は2名），今後，重要な判例変更を含む保守的傾向をもつ判決が下される可能性が高くなっている（2022年1月にリベラル派のブライヤー裁判官が引退を表明したが，保守派優位の状況は継続するとみられている）。一方，最高裁の判断があまりに党派的になることへの懸念もあって，裁判官の増員や任期制の導入など最高裁改革の提案も有力になっており，2021年4月にはバイデン大

統領が有識者からなる委員会を設置した。

●比較から読み解く

　日本国憲法81条の違憲審査制は「米国憲法の解釈として樹立せられた違憲審査権を，明文をもつて規定したという点において特徴を有する」（最大判1948・7・7）とされるが，アメリカの最高裁は，激しい政治的・社会的対立を呼ぶ争点についてもときに積極的な憲法判断を示して，よかれあしかれ大きな議論の的となっており，その様相は日本とは相当異なる。これは，両国における憲法や司法の役割の違いを反映していようが，アメリカでは，裁判官人事をめぐっても，最高裁における審理（アミカス・ブリーフや口頭弁論）や判決（個別意見を含む）においても，さまざまな政治的・社会的対立が法的争点の形で可視化され，最高裁の判決もさらなる社会的議論の対象となり，新たな訴訟をも生むというプロセスがみられる。これに対し，日本では極端に少ない違憲判決など違憲審査権行使の実態に批判が強いだけでなく，最高裁判事の選任過程も最高裁の活動についても不透明な部分がきわめて多く，社会における最高裁の存在感も必ずしも大きくない。アメリカの違憲審査をめぐる議論は，違憲審査の民主的正統性や違憲審査基準など，日本の学説にも大きな影響を与えてきたが，両国の政治的・社会的状況の違いをふまえた検討があらためて求められている。

【参考文献】

阿川尚之『憲法で読むアメリカ現代史』（NTT出版，2017年）。
鵜飼信成「アメリカにおける司法的審査制の成立」同『司法審査と人権の法理』（有斐閣，1984年）。
スティーブン・ブライヤー『アメリカ最高裁判所』大久保史郎監訳（岩波書店，2016年）。

6-2　違憲審査制──ドイツとの比較

1　戦後ドイツで違憲審査制が発足するまで

　実はドイツでは第二次世界大戦以前（いわゆるワイマール共和国の時代）から違憲審査制が一応存在していた。ただし，これは憲法（いわゆるワイマール憲

法）に明文で規定されていたものではなく，憲法学説や判例によって，裁判所が違憲審査権を有することが徐々に承認されていったものである。ただし，ここでは以下の点に留意が必要である。第1に，違憲審査制の主目的として考えられていたのは，憲法秩序に従って政治が行われることの実現であって，市民の基本権（基本的人権）の保護ではなかった。第2に，判例・学説で裁判所に違憲審査権が一応認められるようになったものの，実際に違憲審査権が行使された事例はごくわずかであった。

　敗戦後，ドイツは西ドイツと東ドイツに分かれるが，本項目では西ドイツに絞って説明する（東ドイツでは違憲審査制が採用されなかった）。西ドイツでは1949年に新憲法（正式名称は，ドイツ連邦共和国基本法）が制定された。基本法ではナチス時代の反省などを踏まえ，一般の裁判所とは別に連邦憲法裁判所（Bundesverfassungsgericht）を設置し，明文で違憲審査権が与えられることになった。なお，現在のドイツは16の州（Land：「ラント」とも呼ばれる）から形成される連邦国家である。

2　ドイツの裁判所システム

　連邦憲法裁を説明するための前提知識として，ドイツの裁判所システムについて説明しておこう。その特徴としては次の3点があげられる。第1に，裁判所は主に5つの系列に分かれている。すなわち，通常裁判所（通常の民事・刑事事件を担当），行政裁判所（行政事件），財政裁判所（租税事件），労働裁判所（労働事件），そして社会裁判所（社会保障関係の事件）である。この点は，通常裁判所の1系列しか存在しない日本とは異なる。第2に，各系列の裁判所は，連邦と州それぞれに存在する。たとえば通常裁判所の系列の場合，各州には下から区裁判所，地方裁判所，上級（高等）地方裁判所が存在し，最終的な判断は最上級審である連邦通常裁判所が行うことになる。この点も，国の裁判所しか存在しない日本とは異なっている。第3に，上記の5系列とは別に憲法裁判所が各州と連邦に存在する（国の憲法である基本法とは別に，州はそれぞれ自らの憲法を有する）。

3　連邦憲法裁判所の権限

　ここでは連邦憲法裁の主な3つの権限を紹介する。第1は，抽象的規範統制（abstrakte Normenkontrolle）である（基本法93条1項2号）。これは連邦憲法裁が，連邦や州の法令などの合憲性を判断する手続である。連邦政府，州政府，あるいは連邦議会（Bundestag）議員の4分の1以上の申立てによって手続が開始される。具体的な事件の発生は申立ての要件とされていない。

　第2は，具体的規範統制（konkrete Normenkontrolle）である（基本法100条1項）。これは上述の5系列の裁判所が，自らが扱う事件内で法令などの違憲性を確信した場合，事件の手続を一時中断して，連邦憲法裁に合憲性の判断を求める手続である（連邦憲法裁以外の裁判所は違憲判断を下すことはできない）。

　第3は，憲法異議（Vefassungsbeschwerde：憲法訴願とも訳される）である。これは裁判など国内のあらゆる救済手続を利用した上でなお，自己の基本権が侵害されていると考える者が連邦憲法裁に救済を求める手続である（自治体も自らに保障された基本権に関して憲法異議を申し立てることができる）。なお当初，基本法に憲法異議の制度は規定されていなかったが，戦後しばらくして法律によって追加され，後に基本法にも規定された（基本法93条1項4a号）。この手続は基本権保護に大きな役割を果たしてきた。

　以上の他に，連邦機関の間，連邦と州の間，州の間における権限紛争を解決すること，「自由で民主的な基本秩序」（基本法21条2項）に敵対する者から基本権の保護を奪ったり，それに敵対する政党を禁止すること，連邦議会選挙の有効性を判断すること，大統領や裁判官が憲法秩序などに反した場合に責任を追及すること，なども連邦憲法裁の権限である。

4　ドイツは抽象的審査制の国なのか

　ドイツが抽象的審査制を採用しているといわれる場合，一般には抽象的規範統制のことが念頭に置かれているといってよいだろう。抽象的審査制と付随的審査制の違いは，わかりやすくいうと裁判所が違憲審査権を行使できるタイミングの違いである。たとえば，違憲の疑いがある法令が制定されたとしよう。抽象的審査制であればその時点で違憲審査が可能である。他方で付随的審査制の場合，法令が制定されただけでは駄目で，法令によって個人が具体的な権利

を侵害されるまで（たとえば，逮捕されたり，不利益処分を受けるなど）違憲審査
は実施できない。したがって，ドイツの抽象的規範統制は抽象的審査制に該当
する。その意味でドイツが抽象的審査制の典型例として紹介されることは無理
もないが，以下の点に注意が必要である。

　第1に，連邦憲法裁は抽象的規範統制だけでなく，具体的規範統制や憲法異
議も取り扱っている。したがって，ドイツには抽象的審査制だけでなく付随的
審査制も存在しているといえよう。第2に，連邦憲法裁が取り扱う事件の9割
以上を憲法異議が占めている。したがって，連邦憲法裁の現実の役割としては
付随的審査制が中心となっている。第3に，付随的審査制とされるアメリカに
おいて，個人の具体的な権利侵害が認められがたいようなケースであっても裁
判所が憲法判断を下すという，抽象的審査制のような対応が行われている点で
ある。これらの状況をとらえて，抽象的審査制と付随的審査制の「接近」や
「相対化」が指摘されてきた。

5　戦後ドイツにおける違憲審査制の特徴

　最後に，以下の3点を指摘しておきたい。第1に，連邦憲法裁は順風満帆
だったわけではなく，何度も危機を迎え，その中で悪戦苦闘してきたことであ
る。とりわけ1990年代には信仰の自由や表現の自由に関する事件で連邦憲法裁
が思い切った判断（基本的にはリベラルな方向）を下したことにより，主に保守
派から激しい反発を招いた。これは連邦憲法裁の「危機の時代」と呼ばれ，学
界だけでなく，社会においてかなり激しい議論が起こった。これを通じて連邦
憲法裁にも一定の姿勢の変化があったとも指摘されるが，次第に反発は沈静化
し，現在では世論調査などでも市民から高い信頼を獲得している。

　第2に，連邦憲法裁の判事（16名）の選任方法である。連邦議会と連邦参議
会（Bundesrat：各州政府の代表者の会議。連邦参議院とも訳される）が8名ずつ選任
するが，その手続は単純な多数決にはなっていない。おおむね保守派（CDU/
CSU：キリスト教民主同盟・社会同盟）と革新派（SPD：社会民主党）が半数ずつ選
び，それに自由民主党（FDP）や緑の党（die Grüne）といった中小政党の選ぶ
判事も若干名入る形になっている。これによって，判事の構成が偏らないよう
になっている（なお現在，連邦憲法裁判事の約半数は法学の大学教員の出身である）。

　第3に，事件数全体に占める割合は少ないものの，抽象的規範統制は独特な役割を果たしてきた。すなわち，安全保障や外交のように個人の具体的な権利侵害が発生しにくい問題について，ドイツでは主として連邦議会の野党や州政府の申立てによる抽象的規範統制によって重要な判断がなされてきた。いくら「接近」・「相対化」したといっても，付随的審査制の国ではこのような問題に関し，裁判所が真正面から対応する際のハードルは依然として高いと思われる。もちろん，連邦憲法裁もこれらの問題に対し，全面的に異議を唱えるような判断はしていない。ただし，連邦憲法裁は判断の中で，政府に説明責任を求めたり，議会の承認を求めるといった，柔軟で手続的な条件を課すことによって，民主的な政治プロセスを守ろうとする姿勢をしばしば見せている。

●比較から読み解く

　違憲審査制には付随的審査制と抽象的審査制が存在し，後者の方が前者よりも積極的で踏み込んだ憲法判断が可能であり，その典型例がドイツである──と日本で紹介されることがある。だが上述のように，ドイツで連邦憲法裁が重要な役割を果たしてきたのは，単に抽象的審査制を採用したからではない。裁判官の選任方法や判決手法における工夫，批判的な意見との対話など，試行錯誤を繰り返した結果である。これらの歴史は，日本でよりよい違憲審査制を実現するための示唆を与えるのではないだろうか。

【参考文献】

鈴木秀美「ドイツ連邦憲法裁判所」法曹時報71巻7号（2019年）1頁。
鈴木秀美＝三宅雄彦編『ガイドブック　ドイツの憲法判例』（信山社，2021年）。

6-3　違憲審査制──フランスとの比較

1　フランスの特殊性──一般意思の表明としての法律モデル

　フランスは伝統的に違憲審査制には消極的であった。なぜなら，法律は主権者たる国民の意思が反映されたものであり，それを司法機関が覆すのは背理であると考えられたからである。ルソーの『社会契約論』の影響を受けたこの思想は，「法律は一般意思の表明」であると規定する1789年人権宣言6条にも示

されている。これに対応して，フランスでは伝統的に司法機関に高い地位が与えられなかった。裁判官は法律を厳密に適用するだけの機関であり，独自の解釈を加えてはならないと考えられていたのである。ましてや裁判官が法律それ自体を無効にするなど，当時は想像もできないことであっただろう。

　一般意思の表明としての法律の優位というモデルが確立したのは，第3共和制期（1870年—1940年）である。一般意思をもつのは国民であるが，実際にそれを法律に具体化するのは議会である。したがって，フランスの伝統的な政治モデルは，一般意思の表明たる法律を制定する議会の，裁判所に対する優位であり，違憲審査制はこれに反するものとして考えられてきた。そもそも，第3共和制期において1789年人権宣言は裁判規範性をもつとは考えられておらず，「憲法」のなかに人権条項は含まれていなかったから，人権問題は憲法問題にはなりえなかったのである。人権宣言はあくまで実定法の外にある指針であり，法律による具体化を必要とするものであった（同4条，5条）。

　もっとも，だからといって当時のフランスにおいて人権保障がなされなかったわけではない。人権保障は法律によって実現されるのであるから，それは何よりも議会の任務であった。たとえば，出版の自由に関する法律，集会の自由に関する法律（1881年），結社の自由に関する法律（1901年）など，多くの人権保障が立法によって実現された。また，1905年の法律によって，現在に至るまでフランスを特徴づけているライシテ（政教分離）が定められた。

　第二次世界大戦後，多くの立憲主義国において違憲審査制が採用されるようになっても，フランスは議会中心主義の伝統を維持した。1946年フランス第4共和制憲法は，前文において，1789年人権宣言および「共和国の諸法律によって承認された基本的諸原理」，すなわち先ほど挙げたような第3共和制期の人権保護立法を「厳粛に再確認」することによって，それらの憲法的価値を承認するだけでなく，「現代に特に必要なものとして」，男女平等や労働に関する基本権，教育や家族に関するものなど，社会的・経済的な権利規定を追加している。しかし，それらの権利を保障する仕組みとして違憲審査制は採用されなかった。ここでもやはり，権利保障の任務は議会が制定する法律に委ねられたのである。

2　憲法院の成立と事前審査制

　フランスにおける違憲審査制の萌芽は，1958年の第 5 共和制憲法を待たなければならない。新憲法制定を主導したド・ゴールの基本構想に忠実に，違憲審査制と対立するものとされてきた議会中心主義の構造が抜本的に変更されたのである。議会の地位と権限は弱められ，立法権限は一定の事項に限定された（34条）。また，大統領と首相が中心となる政府権限が強化され，とりわけ1962年の憲法改正以降は，国民の直接公選によって選ばれる大統領が中心となる国政システムへと転換した。この第 5 共和制憲法によって設置されたのが憲法院（Conseil constitutionnel）である。

　憲法院は 9 名から構成される。任期は 9 年であり， 3 年ごとに 3 名が改選される。 3 名ずつを大統領，国民議会議長，元老院議長が任命するが，元大統領は自動的に終身の構成員となる。再任は認められていない。憲法院は，しかし，当初は人権保障のための司法機関ではなく，大統領選挙の適法性や国会の権限濫用を監視し，非常事態措置（憲法16条）などの諮問を受けるための政治的機関であった。

　憲法院の最大の特徴は，法律の事前審査制である。憲法典の規定を明確化または補充するための組織法律（lois organiques）や国会の議院規則は，国会が表決しても，大統領の審署前に憲法院による憲法適合性の審査を受けなければならない（61条 1 項）。また，通常法律についても，その審署前に，共和国大統領，首相，国民議会議長，元老院議長によって憲法院に付託されることが可能である（61条 2 項：後に国民議会議員または元老院議員の60名以上による付託も可能になった）。もっとも，これは国家による権利侵害を救済するためのものではなく，憲法院の任務は，国会の制定しようとする法律が，憲法の規定する権限内に収まっているかを，法律の制定前に審査することに限られていた。これが第 5 共和制憲法が当初想定していた憲法院による違憲審査制のモデルである。

　こうした状況に変化をもたらしたのが，1971年の結社の自由判決である。同判決は，1901年に制定された第 3 共和制期の結社の自由に関する法律を，憲法上の規範として承認した。そして問題となっていた法案はこの規範に反するものとして，違憲判決を下したのである。この画期的な判決を境に，憲法院は第 3 共和制期の重要な法律や人権宣言の規定を手がかりに，法律に優位する一連

の憲法規範を承認してゆくことになる。いまや「法律が一般意思を表明するの
は，憲法を尊重する限りにおいて」なのである（憲法院の1985年 8 月23日判決）。
憲法院が憲法的価値を有するものとして扱う規範の総体は，憲法ブロックと呼
ばれる。現在では，1789年人権宣言，1946年憲法前文，1958年憲法，共和国の
諸法律によって承認された基本的諸原理，2005年に憲法前文に加えられた2004
年の環境憲章がこれに含まれる。

　このような変化にもかかわらず，法律の事前審査制は維持されたままであ
り，立法過程に関与する政治的機関としての憲法院の性格は失われていなかっ
た。これは国際的にみても珍しいモデルである。この制度では，提訴権者は上
述の一部の政治アクターに限定されており，個人が法律によって権利侵害を訴
えることはできない。したがって，法律はいったん施行されると，もはや違憲
性を訴えることができなかったのである。

3　事後的違憲審査制（QPC）の導入

　サルコジ大統領が主導した2008年の大規模な憲法改正によって，憲法61条の
1 が新設され，憲法院による事後的違憲審査制が導入された。これによって，
事前の違憲審査制と並んで，最上級行政裁判所であるコンセイユ・デタ，ある
いは最上級通常裁判所である破毀院を経由して，具体的な事件における人権侵
害を訴える一般市民も違憲審査を求めることができるようになった。これを合
憲性優先問題（QPC: Questions prioritaires de constitutionnalité）と呼ぶ。

　QPC は大まかに次のような手続による。通常裁判あるいは行政裁判の事件
の審理中に，当事者が憲法で保障されている権利あるいは自由の侵害を主張し
た場合に，当該裁判所は 8 日以内に QPC として最上級裁判所に移送するかど
うかの決定を行う。移送された場合に最上級裁判所であるコンセイユ・デタあ
るいは破毀院は，3 カ月以内に，当該 QPC を憲法院に移送するかどうかを決
定する。憲法院は付託された QPC について，3 カ月以内に審理し，合憲，留
保付合憲（解釈留保），違憲の判決を下す。合憲の場合は，事件を審理していた
裁判所に返送される。違憲の場合は，当該法律の効力は判決の公表後に廃止さ
れる。憲法院は，違憲判決に基づく効力や要件，廃止の時期なども決定するこ
とができる。QPC の手続は通常の訴訟手続に優先して行われることもあり，

第一審から数えても非常に迅速に手続がなされる。

憲法院の公式サイトによれば，QPC が施行された2010年から2021年 3 月までの12年の間に，QPC は871件付託されており，そのうちの227件で違憲あるいは一部違憲の判決が下されている。事前審査も並存しており，近年では10～20件程度の判決が下されている。当初は事前審査制による国会の権限踰越を監視することを主たる任務としていた憲法院は，とりわけ2008年の憲法改正以降，次第に人権保障機関としての役割を担うようになってきたといえよう。

●**比較から読み解く**

フランスの違憲審査制は，独自の歴史的な展開に強く規定されており，人権保障機関として活動するようになったのは比較的最近である。しかし，法律案の合憲性をチェックする機能は政治的に重要な役割を果たしてきた。日本では閣法には内閣法制局の事前チェックがあるとされているが，その実際の有無や審査体制，内容などはほとんどオープンにされることはない。また，事後審査制導入後も，非常に迅速な手続に加えて，積極的に違憲判断を示すようになっており，日本が参考にすべき点が多く残されているように思われる。

【参考文献】

今関源成「フランス憲法院への事後審査制導入」早稲田法学85巻 3 号（2010年）。
辻村みよ子編集代表『フランスの憲法判例Ⅰ・Ⅱ』（信山社，2002・2013年）。
樋口陽一『現代民主主義の憲法思想』（創文社，1977年）。

6-4　違憲審査制——イギリスとの比較

1　国会主権原理

イギリスでは，庶民院・貴族院・国王の三者で構成される国会が法的に無制限の権限をもつ国会主権原理を，現在も維持している。この原理からは，次の 2 点が導かれる。

第 1 に，国会の判断は後の国会を拘束しない。国会制定法に優劣はないので，仮に憲法に相当する法律であっても，「後法は前法を覆す」の原則にしたがって，庶民院と貴族院の単純多数決で改正できる（憲法習律上，国王は法案を

拒否できない)。第2に，国会制定法は，他の諸機関によって無効とされない。そのため，裁判所は日本のような違憲立法審査権をもたず，2で述べる不適合宣言のほかには，法律の条文をコモン・ローや基本的人権に適合するように解釈することしかできない。したがって，イギリスの司法審査 (judicial review) は本質的には行政訴訟を意味し，日本やアメリカの違憲審査 (judicial review) とは異なる点に注意が必要である。

　国会主権原理の下では，総選挙で与党が庶民院の過半数の議席を占めると，貴族院は法案を一定期間引き延ばすことしかできず，国王は法案を拒否できないため，与党議員が造反しなければ，問題のある立法も最終的には制定できる。実際に，サッチャー政権下の1980年代には，法と秩序 (Law and Order) 政策の下，1984年警察及び刑事証拠法 (Police and Criminal Evidence Act 1984) や1986年公共秩序法 (Public Order Act 1986) などの自由制約立法が次々と制定された。また，1980年代以降，ヨーロッパ人権裁判所で国会制定法をヨーロッパ人権条約 (European Convention on Human Rights：以下，単に「条約」とする。条約とヨーロッパ人権裁判所につき，比較11 ヘイト・スピーチ参照) 違反とする判決が相次いだ。

　そのような要因から，公権力による人権制約を抑制するために成文憲法典を作るべきであるとする論調が高まっていった。具体的な提案として，「憲章88」やIPPR (公共政策研究協会) による「英国権利章典」が有名である。

2　1998年人権法の仕組み

　1997年に，条約を国内法化する法律の制定を公約に掲げた労働党が政権につき，翌年に1998年人権法 (Human Rights Act 1998) が成立し，条約の主要な条項がイギリス法に編入された。編入された条項は，生命権，拷問等の禁止，奴隷・強制労働の禁止，身体の自由，裁判を受ける権利，法に基づかない処罰の禁止，私生活・家族生活の尊重，思想・信教の自由，表現の自由，集会・結社の自由，婚姻の権利，差別の禁止，財産権，教育に対する権利，自由選挙に対する権利および死刑廃止であり，自由権を中心とする主要な基本的人権である。1998年人権法の最大の特徴は，国会主権原理を維持したまま違憲審査に似た仕組みを導入した点にある。

　1998年人権法の仕組みは以下の通りである。まず，上述した条約上の権利が争点となる事件が提訴された場合，裁判所は，ヨーロッパ人権裁判所判決などを考慮に入れた上で判断しなければならない（2条1項）。次に，裁判所は原則として法律を可能な限り条約上の権利と適合するよう解釈しなければならず（条約適合解釈，3条1項・2項），法律の条文が条約上の権利に適合しないと判断した場合には，不適合宣言（declaration of incompatibility）をすることができる（4条2項）。不適合宣言は事実上の違憲判決に相当するものの，不適合とされた法律の効力には影響を与えず，訴訟当事者も拘束しない（4条6項）。条約不適合とされた法律の是正は，最終的には政治判断に委ねられる。不適合宣言が出された場合にやむにやまれぬ理由があると認める場合には，国務大臣は，条約不適合を除去するために必要な修正をする救済命令（remedial order）を発することができる（10条2項，附則2）。

　さらに，法案成立前の段階でも，法案を国会で審議する際に，担当大臣が法案は条約に適合する旨の声明（適合声明，statement of compatibility）を出すか，出すことができないにもかかわらず法案の審理を進めることを望む旨の声明を出すことを義務づけている（19条1項）。なお，1998年人権法上の仕組みではないものの，2001年に国会に設置された両院合同人権委員会（Joint Committee on Human Rights）が，すべての政府提出法案が条約に抵触していないかを調査し，報告書を提出するなど，一定の役割を果たしている。

3　1998年人権法の運用

　2000年の人権法施行から2021年7月までに44件の不適合宣言が出され，上級審で判断が覆された10件を除く34件で確定した。このうち20件は法改正で（不適合宣言が出される前に法改正した5件を含む），8件は大臣による救済命令で条約不適合が是正され，1件は最低限の措置が講じられた。1件は法改正，3件は救済命令による是正が政府によって提案され，1件は是正方法を検討中である。

　このように，不適合宣言が確定した場合には，政治部門は，基本的には何らかの形で是正に応じている。長らく是正を怠ってきた2007年の Smith v Scott 判決（[2007] CSIH 9。ヨーロッパ人権裁判所のハースト判決〔Hirst v UK（No. 2）

[GC] 6 October 2005〕を考慮して，受刑者の選挙権を一律に剥奪する1983年国民代表法〔Representation of the People Act 1983〕3 条 1 項が条約第 1 議定書 3 条〔自由選挙に対する権利〕に不適合であるとした）に対しても，2018年にごく一部の受刑者に選挙権を行使できる状態にすることで，最低限の対応を行った。

4　1998年人権法の今後

　イギリスでは，反 EU 感情と並んでヨーロッパ人権裁判所に対する反感も強い。すなわち，イギリス国民が直接選出しない国外の機関が，直接的（ヨーロッパ人権裁判所がイギリス法を条約違反とする判決を下す）・間接的（ヨーロッパ人権裁判所判決などを考慮したイギリスの裁判所が不適合宣言を出す）に，イギリス法の改正を求めることに対するメディアや世論の反発である。

　2010年代には，この文脈で，1998年人権法に代わるイギリス独自の権利章典制定論が主張されるようになる（いわば，イギリス版押しつけ憲法論）。2015年の総選挙で政権党である保守党は1998年人権法の廃止など欧州との大幅な関係見直しを公約に掲げ，選挙に勝利した後の 5 月の女王演説でも，1998年人権法を廃止して新たな権利章典を制定する方針を示した。また，2013年の保守党のパンフレットは，第二次世界大戦後に各国が最低限遵守すべき人権を保障しようとした条約制定当初の目的を大きく逸脱して積極的な判決を下すようになったヨーロッパ人権裁判所の具体例として，受刑者と重大犯罪を行った外国人に関する事例を挙げた。ヨーロッパ人権裁判所には民主的正当性が欠けているとする主張には一理あるとしても，ヨーロッパ人権裁判所に対する批判が，社会的に強い非難にさらされやすいカテゴリーに属するマイノリティの権利・自由に親和的な立場を示した判決に対してより強く向けられている点には，留意が必要である。

　2020年12月には，独立人権法審査会（Independent Human Rights Act Review）が設置された。同審査会は，第 1 に，裁判所に対してヨーロッパ人権裁判所判決等を考慮して判断することを求める1998年人権法 2 条 1 項の是非など，イギリスの裁判所とヨーロッパ人権裁判所との関係，第 2 に，条約適合解釈（同法3 条）や不適合宣言（同法 4 条）の枠組みと効力の是非など，イギリス国内の裁判所と政治部門（行政・立法）との関係を中心に，1998年人権法の審査をする

とした。翌年12月の報告書では，ヨーロッパ人権裁判所の影響力を弱め，国会の役割を強める方向で1998年人権法を改正することが提示された。

●比較から読み解く

　違憲審査やそれに類似した仕組みは，人権保障を重要な任務の1つとする裁判所にとって，重要な権限である。イギリスは，現在も国会主権原理を採用しているため，裁判所が国会制定法を無効にすることはできないという点では，日本よりも裁判所の権限が限られている。しかしそのような制約がありながらも，1998年人権法施行から21年間で34件の不適合宣言が確定するなど，1998年人権法によって裁判所が一定の役割を果たしている点は注目すべきである。たとえメディアや世論受けが悪いとしても，裁判所が国会制定法自体に介入することのできる枠組みは，人権制約立法に歯止めをかける上で一定の意義がある。

【参考文献】
上田健介「人権法による「法」と「政治」の関係の変容——不適合宣言・適合解釈・対話理論」川﨑政司ほか編『現代統治構造の動態と展望——法形成をめぐる政治と法』（尚学社，2016年）。
江島晶子「人権実現における議会の新たな役割——ヨーロッパ人権条約・1998年人権法とイギリス人権合同委員会の関係から」工藤達朗ほか編『戸波江二先生古稀記念　憲法学の創造的展開　下巻』（信山社，2017年）。

6-5　違憲審査制——イタリアとの比較

1　イタリアの違憲審査制

　イタリアでは，1947年に制定された憲法によって違憲審査制が導入された。その時点で，違憲審査制には，司法裁判所による付随的違憲審査制と憲法裁判所による抽象的違憲審査制が存在した。前者は1803年からアメリカにおいて形成されたのに対して，後者は1920年にオーストリア憲法によって導入されたものである。このうちイタリア憲法は両者の折衷型を採用し，憲法裁判所を設立するとともに，憲法裁判所に対する提訴方法として付随的性格をもつ前提問題型と抽象的性格をもつ主要問題型を導入した。

　イタリアでは，1848年から1946年まで存続したアルベルト憲章のもと，立法手続と改憲手続を同視する軟性憲法が持続したこと，議会を万能の主権者とする議会主権の観念が強力であったこと，裁判官は行政との関係において独立を保つことができなかったことが大きな問題となっていた。そのため，違憲審査制を導入した時点で，憲法裁判所を支える確固たる基盤は存在しなかった。

　しかし，憲法裁判所は，ファシズム期に制定された法令を違憲と判断することを通して，強固な正当性を獲得した。さらに，戦後に制定された法令についても積極的に違憲審査権を行使する中で，他の国家機関や裁判機関との関係について重要な知見を提供してきた。以下では，日本国憲法との関係に留意しつつ，このことを検討することにしたい。

2　憲法裁判所の設立

　憲法裁判所は1948年に憲法が施行されることによって設立された。もっとも，冷戦激化を背景に，憲法制定に参加したキリスト教民主党，共産党，社会党のうち社共は閣外に追放され，キリスト教民主党は憲法の実施を妨害した。憲法の凍結が解除されたのは，キリスト教民主党が左への解放路線に転じ，社会党が入閣するようになった1950年代後半である。そのため，憲法裁判所に対する提訴方法は1948年憲法的法律1号によって定められたが，憲法裁判所裁判官の選任方法は1953年法律87号まで定められなかった。実際に憲法裁判所裁判官が選任され，憲法裁判所が活動を開始したのは，1956年であった。

3　憲法裁判所の構成

　憲法裁判所は15名の裁判官で構成し，そのうち5名は共和国大統領が，5名は国会が合同会議で，5名は最高通常裁判機関と最高行政裁判機関が任命する（憲法135条1項）。憲法裁判所裁判官は，上級通常裁判機関と上級行政裁判機関の裁判官（退職者含む），大学の法律学の正教授，20年の経歴を有する弁護士から選出する（同条2項）。憲法裁判所裁判官の任期は，宣誓日から9年であり，再任は認められない（同条3項）。

　近年の運用では，憲法裁判所裁判官は，大学の法律学の正教授から10名，上級通常裁判機関と上級行政裁判機関の裁判官から5名選出することが定着して

いる。このうち大学の法律学の正教授は，共和国大統領と国会によって，公法学だけでなく，民事法学や刑事法学とともに，基礎法学からも選出されている。それに対して，上級通常裁判機関と上級行政裁判機関の裁判官は，最高通常裁判機関と最高行政裁判機関によって，破毀院から3名，国務院から1名，会計院から1名選出されている。

4　憲法裁判所の権限

　憲法裁判所は，国・州の法律および法律の効力を有する行為の合憲性に関する争い（合憲性の裁判権），国の諸権力の間の権限争議ならびに国と州の間および各州間の権限争議（権限争議の裁判権），憲法の定めにより共和国大統領に対して提起された弾劾（大統領の弾劾裁判権）（憲法134条），国の法律および法律の効力を有する行為の廃止に係る国民投票の適法性（国民投票の裁判権）（1953年憲法的法律1号2条）について裁判を行う。

　このうち，合憲性の裁判権は，前提問題型と主要問題型に分かれる。前提問題型の合憲性の裁判権は，通常裁判所や行政裁判所において裁判が進行する中で，法令の合憲性の問題について，裁判官が職権により指摘した場合，または当事者の一方が提起した場合に，憲法裁判所が移送を受け裁判を行うものをいう（1948年憲法的法律1号1条）。それに対して，主要問題型の合憲性の裁判権は，国が州憲章の合憲性の問題について公布から30日以内に憲法裁判所に提起するもの（憲法123条2項），州が国の法令の合憲性の問題について公布から30日以内に憲法裁判所に提起するもの（1948年憲法的法律1号2条1項），州が他州の法令の合憲性の問題について公布から60日以内に憲法裁判所に提起するもの（同条2項）をいう。

5　前提問題型の合憲性の裁判権

　合憲性の裁判権は，国家に対し市民の人権を保障する前提問題型と，国と州の間の権限配分を保障する主要問題型を通して，憲法秩序を保障している。このうち，従来は前提問題型が重視されてきたが，2001年憲法改正による州の立法権の拡充を受け，国と州の間の争いが大幅に増加したため，近年では主要問題型が重視されている。そのため，近年の憲法裁判所の役割は，権利の保障か

ら争議の裁定へと変化している。しかし，以下では，日本国憲法との関係から
前提問題型の合憲性の裁判権を検討する。

　前提問題型の合憲性の裁判権では，具体的事件が通常裁判所や行政裁判所に
係属することが前提となる。そのうえで，憲法裁判所に合憲性の問題を移送す
ることができるのは，裁判官に限られる。裁判官は，移送の決定において，合
憲性の問題が具体的事件の解決に必要であること，および合憲性の問題が明白
に理由を欠くものではないことを示さなければならない。もっとも，合憲性の
問題は，裁判官が職権で指摘することもできるが，訴訟当事者が提起すること
もできる。この場合には，裁判官は，訴訟当事者の主張を検討し，憲法裁判所
に対する移送の可否を決定する。

　憲法裁判所は，当初から合憲性の問題を積極的に受理してきたが，合憲性の
問題の受理が増加の一途を辿ったため，1990年代を境にして合憲性の問題の受
理を抑制するようになった。今日，憲法裁判所は，原裁判の裁判官に対して，
合憲性が問題となる法令について，複数の解釈が可能な場合には，憲法に適合
する解釈を選択するよう要請している。そのため，憲法裁判所が合憲性の問題
を受理するのは，法令の憲法適合的解釈が不可能な場合に限られる。このこと
を受け，通常裁判所や行政裁判所は，法令の憲法適合的解釈を多用している。
憲法裁判所は，通常裁判所や行政裁判所と協働して，法秩序における憲法価値
の浸透を確保しているということができる。

6　前提問題型の合憲性の判決手法

　憲法裁判所は，合憲性の問題の移送に根拠がある場合には，認容判決を下
し，根拠がない場合には，棄却判決を下す。移送に根拠があることは法令の違
憲性を意味するため，認容判決は法令の効力を喪失させる一般的効力を有する
のに対して，移送に根拠がないことは法令の合憲性までは意味しないため，棄
却判決は原裁判の当事者間に妥当する個別的効力を有するに止まる。

　憲法裁判所は合憲性の問題についてさまざまな判決手法を発展させてきた。
このうち解釈的判決と操作的判決が重要である。解釈的判決には解釈的棄却判
決と解釈的認容判決がある。解釈的棄却判決は，法令を憲法適合的に解釈した
うえで，原裁判の裁判官に対し適切な法令解釈を提示するものをいう。それに

対して，解釈的認容判決は，法令の文言と解釈を区別したうえで，原裁判の裁判官による法令解釈を違憲と判断するものをいう。

　操作的判決には，除去的判決，追加的判決，代替的判決がある。除去的判決は，法令がある事項を規定することを違憲とすることによって，法令からある事項を除去するものをいう。追加的判決は，法令がある事項を規定しないことを違憲とすることによって，法令にある事項を追加するものをいう。代替的判決は，法令がある事項を規定するが，別の事項を規定しないことを違憲とすることによって，法令からある事項を除去し，別の事項を追加するものをいう。

　憲法裁判所は，解釈的判決では，法令を存続させつつ，法令の解釈に憲法判断の対象を限定し，操作的判決では，法令を違憲としつつ，立法者の判断を尊重して，法令の規定の除去，追加，代替に違憲判断の対象を限定している。このことは，違憲判決が大きな影響を与えることに鑑み，憲法裁判所が他の国家機関との間で真摯な対話を展開していることを示している。

●比較から読み解く

　イタリア憲法裁判所は，反ファシズムの理念を共有し，他の裁判機関との協働と他の国家機関との対話によって，憲法秩序を保障してきた。このことは，人権保障の理念を共有せず，下級裁判所に対する統制と他の国家機関に対する忖度によって，最高裁判所が違憲審査を抑制してきた日本の違憲審査制に対して，本来の違憲審査制のあり方を示しているように思われる。

【参考文献】

田近肇「イタリア憲法裁判所の制度と運用」岡山大学法学会雑誌62巻4号（2013年）。

Vittoria Barsotti/Paolo G. Carozza/Marta Cartabia/Andrea Simoncini, Italian Constitutional Justice in Global Context, Oxford University Press, Oxford, 2017.

Vittoria Barsotti/Paolo G. Carozza/Marta Cartabia/Andrea Simoncin (ed.), Dialogues on Italian Constitutional Justice, Routledge, Oxford, 2021.

Gustavo Zagrebelsky/Valeria Marcenò, Giustizia costituzionale. Oggetti, procedimenti, decisioni, Il Mulino, Bologna, 2018.

第3部

人　　権

第6章　人権の保障

6-1　人権の観念，人権享有主体

1　人権の観念──普遍性と不可侵性

　人権とは，すべての人が人であることによって当然に有する権利を意味する。歴史上，こうした思想がはじめて明確に現れたのが，アメリカ独立宣言（1776）やフランス人権宣言（1789）である。この人権思想は，国家が成立する前の自然状態において，人間は生まれながらの権利すなわち自然権をもっており，その権利の保障を確実にするために，人々の契約によって国家を成立させたのだという自然権思想および社会契約論に多くを負っている。日本国憲法も，国政が国民の「厳粛な信託」（前文）によって成立するものであり，人権は「現在及び将来の国民に与へられる」（11条）と規定している。また，人権が「人類の多年にわたる自由獲得の努力の成果」（97条）であると，その歴史性を確認している。

　また，人権は「侵すことのできない永久の権利」（97条）である。したがって，人権は原則として公権力によって侵害されない。もっとも，これは人権が絶対無制限であることを意味するわけではない。日本国憲法は「公共の福祉」によって人権が制約される場合を認めている。

　フランス人権宣言などで保障された権利は，表現の自由や人身の自由，財産権といった古典的な自由権であった。しかし，資本主義の発達に伴い社会の矛盾や貧富の格差が拡大するにつれ，こうした人権観は変容を迫られ，1919年のワイマール憲法は生存権などの社会権を保障するに至った。第二次世界大戦後の諸憲法もこの考え方を採用している。現代では環境問題や科学技術の発展に伴い，いわゆる「新しい人権」が唱えられている。また，国際的なレベルで人権保障の枠組みが構築されるなど，現代的な展開をみせている。

2　人権の分類

　人権にはさまざまな性質をもつものがあるため，一定の特徴にしたがって，自由権，社会権，参政権に分類されることが一般的である。自由権は，個人の行動に対する国家の介入を排除するものであり，「国家からの自由」とも呼ばれる。また，自然権思想に基づくと，国家が成立する以前から人が有している権利であるため，前国家的権利といわれることもある。表現の自由などの精神的自由権や経済的自由権，人身の自由がこれにあたる。社会権は，単なる自由権の保障のみでは，特に社会的・経済的弱者にとっては人間らしい尊厳ある生活を送ることが困難になるため，国家に対して積極的な配慮を求めるものであり，「国家による自由」とも呼ばれる。生存権や教育を受ける権利，労働基本権がこれにあたる。参政権は国民が国政に参加する権利であり，典型的には選挙権である。「国家への自由」とも呼ばれる。社会権と参政権は国家の存立を前提にしているため，後国家的権利といわれることもある。そのほか，プライバシー権や人格権など，時代の変遷に伴って保障されるべきと認められたものを新しい人権と呼ぶことがある。

　もっとも，この分類はあくまで便宜的なものである点には注意が必要である。権利には複数の性質をもつものがある。たとえば憲法21条で保障されている「知る権利」は，情報の受領を国家によって妨げられないという自由権の性質とともに，国家に対して積極的に情報の公開を請求するという社会権的な性質も有している。したがって，権利の性質は具体的な問題に応じて柔軟に考える必要がある。

3　人権享有主体性

　人権の普遍性からすれば，人間であれば誰もが人権を享受できるはずである。しかし，現実の日本国憲法は，第3章で「国民」の権利を定めている。日本国籍を有する自然人がこれに該当するのは自明であるが，他の主体にも人権は認められるのだろうか。これが人権の享有主体性の問題である。ここでは特に問題となる外国人（日本国籍を有しない者）と法人について取り上げる。

⑴　外国人

　人権は人間が人間であることによって当然に与えられるものであり，また，

日本国憲法が国際協調主義をとっていること（98条）からすれば，程度はともかくとして，外国人も人権を享有すると考えるのが自然である。現在では，権利の性質ごとに判断するという権利性質説が主流である。最高裁もこの立場をとる。アメリカ国籍をもつ原告が，日本での在留期間の更新を法務大臣に申請したところ，在留期間中の原告の政治活動を理由に更新不許可処分がなされたことについて，その取消しを求めたマクリーン事件判決（最大判1978・10・4）は，「基本的人権の保障は，権利の性質上日本国民のみをその対象としていると解されるものを除き，わが国に在留する外国人に対しても等しく及ぶ」と述べ，外国人による一定の政治活動の自由を認めた。この権利性質説によれば，たとえば精神的自由権や人身の自由など，多くの自由権は外国人にも認められるべきことになろう。

　もっとも，同判決は，外国人には日本に入国する自由や在留の権利は存在せず，在留期間の更新については法務大臣の広範な裁量が認められるため，外国人の人権は「外国人在留制度のわく内で与えられているにすぎ」ず，「在留期間中の憲法の基本的人権の保障を受ける行為を在留期間の更新の際に消極的な事情として斟酌されないことまでの保障が与えられているものと解することはできない」としており，憲法上保障されている権利行使を理由とする在留制度上の不利益な処分を容認した。これでは実質的に外国人の権利を保障しているとはいえないとして多くの批判がある。入国および在留の権利が認められないことの帰結として，判例は外国人の一時的な出国（再入国）の権利も認めていない（最判1992・11・16）。

　参政権については，判例は，マクリーン事件判決の権利性質説に照らし，国会議員選挙について外国人に投票権を認めていない公職選挙法9条1項を合憲であるとしている（最判1993・2・26）。地方公共団体の選挙についても，国民主権原理および憲法15条に照らし，日本国籍を有する者に選挙権を限定していることは合憲とされた（最判1995・2・28）。もっとも，後者の判決は，憲法上の地方自治の意義に鑑みて，立法によって一定の外国人に選挙権を与えることも憲法上禁止されていないとの判断を示している。したがって，権利の性質から，いかなる参政権も外国人には認められないかどうかについては議論があるが，判例の立場によれば，外国人に選挙権を付与することが憲法上要請されて

いるとまではいえない。

　また，外国人の公務就任権も問題になる。東京都に保健師として雇用されていた原告が，日本国籍を有しないことを理由に管理職試験の受験資格を認められなかった事例について，最高裁は，管理職のように公権力を行使する一定の公務員は住民生活に大きな影響を及ぼすため，国民主権原理などに照らし，外国人がこれに就任することは「本来我が国の法体系の想定するところではない」と判断し，憲法14条1項の禁止する差別的取扱いにはあたらないとした（最大判2005・1・26）。これに対しては，管理職であるという理由で一律に外国人を排除することは妥当ではなく，職務の内容や地位に応じて個別具体的に判断すべきであるとの批判が有力である。

　社会権については，伝統的に国籍国の責務であり，外国人には認められないと考えられてきた。しかし，特別永住者など，定住しており社会の構成員となっている外国人にまで社会権の享有主体性を否定することは権利性質説からいっても当然のことではない。塩見訴訟（最判1989・3・2）で，最高裁は，「社会保障上の施策において在留外国人をどのように処遇するかについては，国は，特別の条約の存しない限り……その政治的判断によりこれを決定することができるのであり，その限られた財源の下で福祉的給付を行うに当たり，自国民を在留外国人よりも優先的に扱うことも，許される」と述べた。もっとも，社会権規約や難民の地位に関する条約の批准に伴い，1981年には，社会保障関係法令において国籍要件は原則として撤廃されている。また，生活保護についても，実務上は日本国籍を有する者に準じて外国人も扱われている（1954年5月8日厚生省社会局長通知）。

(2)　団　体

　人権は歴史的には自然人にのみ認められる権利であったが，経済の発展に伴い，法人が重要な地位を占めるようになったことで，法人の人権享有主体性が問題となった。最高裁は，八幡製鉄事件において，「憲法第三章に定める国民の権利および義務の各条項は，性質上可能なかぎり内国の法人にも適用されるものと解すべきである」と，外国人と同様に権利の性質によって法人にも権利の享有主体性を認め，「会社は，自然人たる国民と同様……政治的行為をなす自由を有する」ものであり「政治資金の寄附もまさにその自由の一環」である

と判示した（最大判1970・6・24）。

　もっとも，法人をどこまで自然人と同様に扱い，権利を認めるべきかは問題である。法人は一定の目的に基づき組織され，その目的の範囲内で活動を行う。その目的および活動の意義や人権の性質を考える必要がある。たとえば報道機関の報道の自由や，宗教団体の信教の自由は当然に法人にも認められるべきである。しかし，営利を目的とし膨大な資金を調達することも可能な企業に，政治献金などの政治活動を行う自由を，自然人のものと全く同じ「人権」として認めることが人権の理念に適合的かどうかには検討の余地がある。

6-2　人権制約事由と私人間効力

1　公共の福祉

　日本国憲法によれば，人権は「常に公共の福祉のために」利用しなければならず（12条），また，「公共の福祉に反しない限り」最大の尊重を必要とする（13条）とされている。これらの一般的な規定のほかに，居住・移転および職業選択の自由を保障する22条1項と財産権を保障する29条2項も公共の福祉の規定をもっている。つまり，日本国憲法は公共の福祉によって権利が制約される場合を想定していると考えられる。公共の福祉がどのような概念かについては学説上の対立がある。

　日本国憲法制定直後は，外在的一元制約説が唱えられた。12条，13条の公共の福祉によって，権利の種別にかかわらず一般的に人権は制約されうるという考え方である。しかし，公共の福祉の内容が曖昧であることに加え，法律は通常何らかの意味で公共の福祉のために制定されるといえるため，人権に法律の留保を認めていた明治憲法と大差がなくなってしまう危険があると批判を受けた。この問題点を克服するために，内在・外在二元的制約説は，12条，13条は法的な意味をもたない規定であるとし，公共の福祉による制約が許されるのは明文規定がある22条，29条の保障する経済的自由と，社会権などの国家の積極的政策を求める権利のみであり，その他の人権には，権利に内在する制約のみが許される。しかし，この説に対しても，13条の法的意味を否定することでプライバシー権などのいわゆる「新しい人権」を基礎づけられないことなどが問

題点として指摘されてきた。

　そこで新たに唱えられたのが一元的内在制約説である。この説は，公共の福祉を人権相互間に生じる矛盾・衝突を調整するための実質的公平の原理として理解する。人権が制約されるのは，他者の人権との衝突を解消する場合に限られるというのである。この説は，全ての人権に内在する制約原理として公共の福祉概念を明確化し，13条の法規範性も認めるため，長く通説的な地位を占めている。

　もっとも，以上の学説の対立にもかかわらず，結局，ある人権が制約されるかどうかは，人権の性質や法律の規定などの具体的な状況に依存するところが大きい。したがって，現代の学説は，具体的な人権についてどのような場合であればそれが制約されうるかを，より細分化して考えようとしている。

2　特別な法律関係

　特別な法律関係に基づき，一般的には許されない人権制約が一定の限度で正当化される場合がある。代表的な例が刑事収容施設被収容者である（公務員の人権は「8 - 3　表現の自由」と「11 - 3　労働に関する権利」で扱う）。

　刑事収容施設被収容者は移動の自由など多くの人権を制限される。有力な学説は，その正当化根拠を憲法31条などが刑事収容施設への収用を予定していることに求める。しかし，だからといっていかなる人権制約も正当化されるわけではなく，刑罰や未決拘禁の目的に照らして判断する必要がある。よど号ハイジャック記事抹消事件（最大判1983・6・22）において，最高裁は新聞を読む自由が表現の自由で保障されることを認めながらも，一定の条件下ではそれを制限することも合憲であるとした。

3　私人間効力

　伝統的に，憲法は，何よりもまず国家権力を制限し，人権を保障するために存在すると考えられてきた。しかし現代社会において，人権は国家だけではなく，大きな力をもつ企業やメディアなどの社会的権力によっても脅かされるようになり，私人による人権侵害をも憲法によって統制しようとする考え方が生まれた。これが憲法の私人間効力の問題である。

　憲法上の権利は私人間には適用されないとする無適用説や，直接適用できると主張する直接適用説が主張されたが，現在の通説的見解は間接効力説である。これは，民法90条のような一般条項を解釈，適用する際に人権規定を取り込むことで私人間の行為を規律しようとする。この立場は三菱樹脂事件（最大判1973・12・12）によって最高裁にも採用されたといわれている。すなわち，憲法の自由権，平等権は「もっぱら国または公共団体と個人との関係を規律するものであり，私人相互の関係を直接規律することを予定するものではな」く，対立の調整は「原則として私的自治に委ねられ」る。そのうえで，私人間での人権侵害については「その態様，程度が社会的に許容しうる限度を超えるときには」立法措置によって，あるいは民法1条，90条の一般的規定または不法行為に関する規定によって「適切な調整」を図ることができるという。もっとも，学説の対立にもかかわらず，重要なことは，個別具体的な事案についてどのように「適切な調整」を行うかということだろう。

比較7　外国人・移民の人権——イタリアとの比較

　　近年のイタリアでは，移民は大きな政治問題となっている。2010年に始まる「ア
ラブの春」によって，チュニジアやリビアでは独裁政権が崩壊した。これ以降，イ
タリアには，北アフリカを立ち，地中海を渡って，EU入域を目指す大量の移民が
流入した。このことを背景にして，2017年に成立した左派政権も，2018年に成立し
た右派政権も，移民に対する規制を強化している。
　　もっとも，イタリアは，伝統的に移民送出国であった。実際に，19世紀後半に
は，北イタリアから他の欧州諸国へ，20世紀前半には，南イタリアから南北アメリ
カへ，大量の移民が流出している。イタリアが移民受入国へ転換したのは，1970年
代からである。この背景には，1960年代には，イタリアが奇跡の経済によって急速
な経済成長を経験したこと，1970年代には，欧州諸国が経済の低迷によって移民流
入を厳格に統制したことがある。
　　かつては移民送出国であった日本も，現在では移民受入国に転じつつある。以下
では，イタリア憲法が移民をどのように保護しているのかについて，憲法裁判所の
判例を素材として検討する。

1　移民に関する憲法上の規定

　まず，移民に関する憲法上の規定を確認する（イタリア憲法の邦訳は，田近肇
「イタリア共和国」初宿正典＝辻村みよ子編『新解説世界憲法集〔第5版〕』（三省堂，
2020年）による）。1947年に制定されたイタリア憲法は，イタリアが移民送出国で
あったことを前提としている。憲法35条4項は，「共和国は，公共の利益の
ために法律で定める義務のある場合を除き，移民（emigrazione）の自由を承認
し，外国におけるイタリア人の勤労を保護する」と定め，イタリア人が他国へ
移民する自由と，外国で勤労するイタリア人の保護を定めている。さらに，同
条3項は，「共和国は，勤労の権利を確立し，規律することを目的とする国際
協定および国際組織を促進し，助成する」と定め，外国で勤労するイタリア人
を保護する手段として国際協定や国際組織の促進と助成を定めている。もっと
も，移民受入国への転換を受け，2001年10月18日憲法的法律3号によって憲法
117条が改正された。その結果として，外国からイタリアへの「移民（immi-
grazione）」は国の専属的立法事項に位置づけられている（憲法117条2項e）号）。

　さらに，イタリア憲法は，イタリア国籍を有する市民（cittadino）とイタリア国籍を有しない外国人（straniero）を区別している。外国人について，憲法10条2項は「外国人の法的地位は，国際法規範および国際条約に従い，法律で規律する」，同条3項は「イタリア憲法が保障する民主的な自由の実効的な行使を自国において妨げられている外国人は，法律が定める条件に従って，共和国の領土内に庇護を求める権利を有する」，同条4項は「政治犯罪を理由とする外国人の引渡しは，これを認めない」と定めている。さらに，憲法10条2項と関連して，憲法117条1項は「立法権は，憲法ならびに欧州連合の法秩序および国際的義務に由来する拘束を遵守して，国と州により行使される」と定めている。

　それに対して，イタリア憲法は，第1部「市民の権利および義務」を中心に市民の権利を保障している。そのため，外国人がどのような権利をどれほど享有するのかが問題となる。実際に，憲法2条は，「共和国は，個人としての人間（uomo）の不可侵の権利および人格発展の場としての社会組織における人間の不可侵の権利を承認および保障し，政治的，経済的および社会的な連帯という背くことのできない義務を満たすよう要求する」と定め，人間の不可侵の権利を保障しつつ，憲法3条は，「すべての市民は，同等な社会的尊厳を有し，性別，人種，言語，宗教，政治的意見，人的および社会的な条件による区別なく，法の前に平等である」と定め，市民の法の前の平等を保障している。

　さらに，憲法16条1項は，「すべての市民は，衛生上または治安上の理由により法律が一般的に定める制限の場合を除き，国の領土のいずれの部分でも自由に通行し，滞在することができる」と定め，市民の通行と滞在の自由を，同条2項は，「すべての市民は，法律上の義務がある場合を除き，自由に共和国の領土外に出ることができ，再び共和国の領土内に入ることができる」と定め，市民の出国と再入国の自由を保障している。もっとも，憲法32条1項は，「共和国は，個人（individuo）の基本的権利および社会全体の利益として健康を保護し，困窮者に対しては無料の医療を保障する」と定め，個人の健康への権利を保障している。

2　法の前の平等

　憲法10条2項によれば，外国人の法的地位は，立法者が法律によって規律する。しかし，その際には，国際法とEU法を遵守しなければならない。さらに，外国人が憲法上の権利を享有するかによって，外国人の法的地位に関する規律は大きく左右される。そのため，以下では，憲法裁判所の判例を取り上げることにしたい。

　まず，憲法裁判所は，移民の権利について，憲法2条と3条の関連に着目してきた。実際に，保釈金の支払まで外国人の拘禁を定める1940年関税法139条を合憲とした1967年120号判決は，市民の法の前の平等を定める憲法3条は，人間の不可侵の権利を定める憲法2条と関連するから，人間の不可侵の権利が問題となる場合には，法の前の平等は，市民だけでなく，外国人にも保障されると述べている。もっとも，こうした論理からすれば，人間の不可侵の権利が問題とならない場合には，法の前の平等は外国人には保障されない。

　さらに，外国人宿泊者の身分を警察に届け出なかった者を処罰する1948年立法命令50号1条と2条を合憲とした1969年104号判決は，外国人は市民と同様に人間の不可侵の権利を享有すると述べつつ，その享有の程度は市民とは異なる場合があると述べたうえで，立法者は，外国人と市民の間に存在する事実上の相違に着目して，外国人に対して市民とは異なる取扱いを行うことができると述べている。そのため，人間の不可侵の権利が問題となる場合であっても，法の前の平等は市民と外国人に平等に保障されるわけではない。

3　入国と滞在の自由

　憲法裁判所は，以上の論理に基づき，イタリアが移民受入国であったことを反映して，イタリアに入国していない移民に対しては，移民の権利よりも国家の利益を優位させつつ，イタリアが移民送出国となったことを反映して，イタリアに入国している移民に対しては，国家の利益よりも移民の権利を優位させてきた。前者については，移民の入国と滞在の自由が，後者については，移民の健康への権利が問題となる。まず，移民の入国と滞在の自由を検討する。

　裁判官に対して特定の犯罪に係る未決勾留にあるEU域外出身外国人を出身国に即時追放することを認める1989年立法命令416号7条12項の2と3を合憲

とした1994年62号判決は，市民は国家との間で特別な関係にあるため，市民の入国と滞在は人間の不可侵の権利として保障されるのに対して，外国人は国家との間で特別な関係にはないため，外国人の入国と滞在は人間の不可侵の権利としては保障されないと述べている。さらに，外国人の入国と滞在については，公共の安全，公衆衛生，公序，国際的制約，移民政策など，さまざまな利益が関連するため，立法者は，明らかに不合理なものとならない限り，さまざまな規律を選択する広範な裁量を有していると述べている。そのため，外国人の入国と滞在は，人間の不可侵の権利ではなく，さまざまな国家的利益とも関連するため，立法者は，明白な合理性の審査を満たす限り，自由に規律することができる。

4　健康への権利

　それに対して，州に居住する障害者のうち，イタリア国籍をもつ者に対して，公共交通機関の無償利用を認める2002年ロンバルディア州法1号8条を違憲とした2005年432号判決は，人間の不可侵の権利が問題となる場合には，外国人にも法の前の平等が保障されるため，市民とは異なる取扱いを行ってはならないと述べたうえで，健康への権利は，人間の不可侵の権利であるから，入国や滞在に関する地位の内容に拘らず，外国人にも保障されると述べている。さらに，立法者は，財政事情を考慮して，外国人に対して，市民とは異なる取扱いを行うことができると述べつつ，そのような場合であっても，外国人の別異取扱いは，合理的根拠に基づかなければならないと述べている。その結果として，公共交通機関の無償利用を認める要件として，障害をもつことだけでなく，国籍をもつことを求めることには，合理的根拠はないと述べている。

　さらに，外国人に対し労働不能に係る介添手当を支給する要件として，滞在許可証を有し，所定の収入を得ていることを求める2000年法律388号80条19項と1998年立法命令286号9条1項を違憲とした2008年306号判決は，本件で問題となる介添手当は，健康への権利を保障するものであるから，支給対象を選別する際には，合理的根拠がなければならないと述べたうえで，介添手当を支給する外国人の中で，所定の収入を有する者と所定の収入を有しない者を区別することによってEU域外出身外国人を排除することは，明らかに合理的ではな

いと述べている。もっとも，その際には，立法者は，明らかに不合理なもので
はなく，国際法規範と国際条約を遵守する限り，EU 域外出身外国人の入国と
滞在を規律することができると述べつつ，入国と滞在の自由ではなく，人間の
不可侵の権利が問題となる場合には，EU 域外出身外国人を不当に差別するこ
とは許されないと述べている。

●比較から読み解く

　憲法裁判所は，人間の不可侵の権利が問題となる場合には，外国人にも法の
前の平等が保障されるのに対して，人間の不可侵の権利が問題とならない場合
には，外国人には法の前の平等は保障されないという判断枠組に基づき，外国
人の入国と在留は人間の不可侵の権利ではないから，外国人の入国と在留を規
律する法律の合憲性は緩かに審査するのに対して，外国人の健康への権利は人
間の不可侵の権利であるから，外国人の健康への権利を規律する法律の合憲性
は厳しく審査してきた。

　もっとも，憲法10条 2 項と117条 1 項によれば，立法者は，外国人の入国と
在留を規律する場合であっても，国際法と EU 法を遵守する必要がある。その
ため，外国人の入国については，1951年難民条約33条の定めるノン・ルフール
マン原則によって，人道的理由に基づく外国人の入国が保障されるとともに，
2008年 EC 指令115号12条と13条によって，経済的理由に基づく外国人の入国
であっても，退去，再入国禁止，送還の際には，適正手続を保障しなければな
らない。さらに，外国人の在留については，特に1950年ヨーロッパ人権条約 8
条 1 項によって，私生活とともに家族生活の尊重を受ける権利が保障されてい
るため，長期に滞在する移民を追放することはできない。

　国際法と EU 法の枠内において，移民の流入に対峙するイタリアの状況は，
国家主権に依拠し，移民の流入を拒絶する日本の状況とは大きく異なってい
る。しかし，イタリア国籍を有しない外国人に対しても，イタリアに居住する
限り，積極的に健康への権利を保障することによって，イタリア人との不平等
を是正し，社会連帯を促進してきたイタリアは，外国人の入国と在留の自由
（マクリーン事件：最大判1978・10・ 4 ）だけでなく，外国人の社会権（大分外国人
生活保護訴訟：最判2014・ 7 ・18）をも否定してきた日本に対して，外国人の人

権享有主体性を考察する際には，内外人の平等を通して社会連帯を促進すると
いう視角が重要であることを示しているように思われる。

【参考文献】

北川眞也「グローバリゼーションと移民」土肥秀行＝山手昌樹編『教養のイタリア近現
　代史』（ミネルヴァ書房，2017年）。

北村暁夫「移民と外国人労働者」馬場康雄＝奥島孝康編『イタリアの社会』（早稲田大
　学出版部，1999年）。

栗原俊秀「移民問題」和田忠彦編『イタリア文化　55のキーワード』（ミネルヴァ書房，
　2015年）。

マリオ・フォルトゥナート＝サラーハ・メスナーニ『イタリアの外国人労働者』関口英
　子訳（明石書店，1994年）。

Mario Savino, La corte costituzionale e l'immigrazione. Quale Paradigma ?, in Corte
　Costituzionale, Per i sessanta anni della corte costituzionale. Convegno scientifico
　19-20 maggio 2016, Giuffrè, Milano, 2017, 165ss.

Monia Giovannetti/Nazzarena Zorzella (a cura di), Ius migrandi. Trent'anni di
　politiche e legislazione sull'immigrazione in Italia, FrancoAngelo, Milano, 2020.

第7章　包括的基本権

7-1　幸福追求権・新しい人権

1　幸福追求権の意義と法的性格

(1)　憲法13条の意義

憲法13条前段は，「すべて国民は，個人として尊重される」と定める。この「個人の尊重」は，1人ひとりの人間をかけがえのない存在として等しく尊重すべきことを憲法と国政の基本原理として宣言したものであり，日本国憲法が近代立憲主義の正統な系譜に属することを示している。これを受けて，13条後段は「生命，自由及び幸福追求に対する国民の権利については，公共の福祉に反しない限り，立法その他の国政の上で，最大の尊重を必要とする」と定め，さらに14条以下で個別的人権を保障している。

(2)　法的性格

13条後段の「生命，自由及び幸福追求に対する国民の権利」（幸福追求権）は，当初，14条以下の個別的人権を総称したもので独自の法的意味はないとされていた。しかし，もともと憲法の人権規定は特定の歴史的時点で憲法に明記すべきと考えられたものであり，その後の社会の変化に伴って，憲法には明記されていないが保障されるべき人権（新しい人権）の存在が認められるようになった。現在では，幸福追求権は，憲法に列挙されていない権利をも包括する具体的な法的権利（包括的基本権）であり，14条以下の個別的規定で保障されない部分について13条後段が適用される（補充的保障説）と考えられている。

2　幸福追求権の保障内容

幸福追求権の保障内容については，ⓐ個人の人格的生存に不可欠な権利・自由を包括すると理解する人格的利益説と，ⓑ人の生活領域全般に関する一般的行為の自由と理解する一般的自由説がある。ⓑは，服装，喫煙，散歩，バイク

の運転などの行為にも広く憲法の保障が及ぶとするが，「人権のインフレ」を招くのではないか，憲法上保障される自由について「公共の福祉」等を理由とする制約を認めることにならないかといった懸念もあり，@が通説的である。

3　新しい人権

これまで学説・判例上認められてきた新しい人権には，以下のものがある。

(1)　人格権

生命，身体，健康，名誉など個人の人格的価値と不可分と考えられる利益の総体は，人格権として民法や刑法上保護されてきたが，現在では13条に基礎を置くものと理解されている。最高裁は，名誉権が憲法上保護されるとしたが（北方ジャーナル事件：最大判1986・6・11），婚姻の際に「氏の変更を強制されない自由」は憲法上保障される人格権の一内容とはいえないとしている（夫婦同氏制違憲訴訟：最大判2015・12・16）。

(2)　プライバシー

①意義　プライバシーの権利は，もともと，アメリカの判例において新聞等による私生活上の秘密の暴露に対して「ひとりで放っておいてもらう権利」として認められたものであり，日本でも「私生活をみだりに公開されない法的保障ないし権利」（「宴のあと」事件：東京地判1964・9・28）として私法上保護されるようになった。さらに，情報技術の進展に伴い，個人に関するさまざまな情報が公権力や民間企業によって大量に収集・蓄積・利用されるようになると，自己に関する情報をいつ，どのように，どの程度まで他者に伝えるかを自らコントロールすることが個人の人格的生存にとって不可欠であると考えられるようになった。これは，個人が自己に関する情報を他者にどのように伝えるかは，他者との関係の取り結び方にかかわり，特に公権力との関係では自らの行動を監視・制約されず自由に生活するためにもきわめて重要な意義をもつからである。こうして，現在ではプライバシーの権利を自己情報コントロール権と理解するのが一般的である。

②裁判例　最高裁は，13条が公権力の行使に対して保護する「国民の私生活上の自由」として，「その承諾なしに，みだりにその容ぼう・姿態を撮影されない自由」（京都府学連事件：最大判1969・12・24），「みだりに指紋の押なつを

強制されない自由」（指紋押捺拒否事件：最判1995・12・15），「個人に関する情報をみだりに第三者に開示又は公表されない自由」（住基ネット訴訟：最判2008・3・6）を認めてきた。また，13条には言及しないものの，前科や犯罪歴をみだりに公開されない利益（前科照会事件：最判1981・4・14）や，個人の行動を継続的，網羅的に把握する GPS 捜査が個人のプライバシーを侵害しうることも認めている（GPS 捜査事件：最大判2017・3・15）。

　また，私人間での情報の公表・開示についても，最高裁は「個人のプライバシーに属する事実をみだりに公表されない利益」（グーグル検索結果削除事件：最決2017・1・31。「逆転」事件：最判1994・2・8も参照）を法的保護の対象としており，早稲田大学江沢民主席講演会事件では，学籍番号・氏名・住所・電話番号のような個人情報についてもプライバシーにかかる情報として同意なしでの警察への開示は不法行為にあたるとした（最判2003・9・12）。

(3)　自己決定権

　個人の人格的生存にかかわる重要な私的事項について，公権力の干渉なく自ら決定できる権利を自己決定権という。これは公権力による私的領域への干渉を排除する点ではプライバシーの権利と共通するが，自己情報コントロール権とは区別される独自の憲法上の権利と理解されている。具体的には，ⓐ生命，身体の処分，ⓑ家族の形成，維持（24条参照），ⓒリプロダクション（性と生殖），ⓓライフスタイルにかかわる事柄などが含まれる。ⓐについては，宗教上の信念から輸血を伴う医療行為を強く拒否していた患者に対して，手術中に輸血を行った病院側の損害賠償責任を認めた判決（「エホバの証人」輸血拒否事件：最判2000・2・29）があり，ⓒについては，性別変更要件の1つである生殖不能要件（性同一性障害特例法3条1項4号）は現時点では憲法に違反しないとした例（最決2019・1・23）がある。なお，旧優生保護法の下で実施された障害等を理由とする強制不妊手術につき，違憲としながら損害賠償を認めなかった事例がある（仙台地判2019・5・28など）。

7-2　法の下の平等

1　平等の意味

　平等は，各種の人権宣言や憲法にも示されているように，自由と共に人権思想の中核であり続けてきた。もっとも，平等は自由とどのような関係に立つか，平等とはそもそもどのような状態かに答えることは簡単ではない。19世紀から20世紀には，平等は各人を一律に取り扱う形式的平等とみなされ，「自由」な競争が重視されたため，結果として個人の実質的な不平等や自由の喪失をもたらした。そのため20世紀以降の福祉国家の理念のもとでは，生存権とともに，自由競争から脱落した社会的・経済的弱者に対して保障を与えることで，実質的平等を実現することも平等の内容として観念されるようになっている。すなわち，形式的には不均等な取扱いをしてでも，機会の平等や結果の平等を実現しようとするのである。アファーマティブ・アクション（積極的差別是正措置）はその例とされる。

2　憲法14条における平等の意味

　大日本帝国憲法は平等についての一般的規定をもたなかった。しかし，日本国憲法14条1項は「すべて国民は，法の下に平等」であると定め，2項で華族などの貴族制度を廃し，3項で栄典の授与による特権を禁止している。また，15条3項，44条は選挙に関する平等，24条は家族生活における両性の平等，26条は教育の機会均等を規定している。天皇制は平等原則の例外である。

　特に重要なのは14条1項である。これによって，法が平等に適用されるだけでなく，法の内容も平等原則に従って制定されることが求められる。ただし，ここでいう平等とは，絶対的な意味の平等ではない。累進課税や女性に産休を認めることなど，一定の合理的な理由があれば区別を設けることも許容される。判例も「事柄の性質に即応した合理的な根拠に基づくものでないかぎり，差別的な取扱いをすることを禁止する趣旨」であると述べている（最大判1964・5・27）。

3　列挙事由の意味

　14条 1 項は「人種，信条，性別，社会的身分又は門地」によって差別されないと規定している。判例は，これらの列挙事由はあくまで例示であって，特別の意味はないと解している（例示説）。これに対して学説の多数は，あえて憲法が特定の事由を列挙していることには特別な意味があるとする（特別意味説）。列挙された事由は，個人の自律的な生き方にとって重要であり，かつ，自己の意思で変更することが困難か不可能な事がらであるため，それらに基づく差別は違憲の疑いが特に強いものであると考えられる。したがって，これに該当する区別は原則として違憲性が推定され，立法目的や区別の合理性をより厳格に審査すべきとされるのである。もっとも，判例はこれを採用していない。以下，列挙事由をそれぞれ概説する。

　⑴　人　　種

　人種は，科学的な根拠にかかわらず一般的に，皮膚や目，体型などの特徴に基づいて区別されるカテゴリーである。日本では琉球民族，アイヌ民族を先住民族として認めるかどうか，その権利保障が問題となっている。厳密には人種と区別されるが，在日韓国・朝鮮人に対する差別も根強い。近年では，特定の人種，国籍に対するヘイト・スピーチが表現の自由との関係で問題になっている。

　⑵　信　　条

　信条は，歴史的には宗教的なものを意味したが，今日では世俗的な思想・世界観も含むと解される。判例も同旨と考えられる（最判1955・11・22）。信条による差別はしばしば雇用関係で問題になる。そのため，国家公務員法27条は「政治的意見若しくは政治的所属関係」による差別を禁止し，労働基準法 3 条は，採用後の労働者について「信条」などによる労働条件の差別を禁止している。

　⑶　性　　別

　性別は一般的には生物学的なものを指すが，近年では性的指向や性自認による差別も含まれるとする学説もある。大日本帝国憲法下において顕著であった女性差別は，1945年の女性参政権の付与をはじめ，日本国憲法下で，刑法の姦通罪の廃止や妻の無能力などを規定した民法改正など，少なくとも法的には大

幅に改められた。もっとも，未だ女性差別は残っており，両性の本質的平等を定める憲法24条とあわせて，近年の重要判例でもしばしば援用される条項である。

(4)　社会的身分・門地

　社会的身分の定義については大きく３つに議論がわかれる。出生によって決定され，自己の意思で変えられない社会的地位とする説（狭義説）と，広く社会においてある程度継続的に占めている地位とする説（広義説）および「人が社会において一時的ではなく占めている地位で，自分の力ではそれから脱却できず，それについて事実上ある種の社会的評価が伴っているものとする説（中間説）」である。日本で問題になってきたのは部落差別や非嫡出子（この語は差別的な意味合いを含むことがあるため，必ずしも好ましいものではないが，ここでは法律上の用語としてこの語を用いる）の地位による差別であった。判例は広義説をとるが，高齢であること，親子関係，暴力団員であることは社会的身分に当たらないとする。もっとも，判例は列挙事由を単なる例示と解するため，特に結論には影響しない。門地は家系や血統といった家柄のことを指すが，狭義説に基づくと社会的身分とほぼ同義となる。

4　裁判例

　近年，平等に関して違憲判断がしばしば下されている。それらは家族や性別に関する事案であり，その関連で憲法14条だけでなく，24条の家族生活における両性の本質的平等規定も注目を集めている。

(1)　尊属殺重罰規定違憲判決

　本件は平等に関するリーディング・ケースである。尊属殺人について普通殺人よりも刑罰を重くする刑法200条（1995年に削除）の合憲性が問われた事件で，最高裁は，尊属に対する尊重報恩という基本的道義を保護するという立法目的およびそれを類型化して尊属殺規定を制定し，法定刑を一定程度重くすること自体には合理性があるとしたが，その目的を達成するための手段としての刑の過重の程度が死刑または無期懲役に限定している点で著しく均衡を失しているため，不合理な差別にあたり憲法14条に反するとした（最大判1973・4・4）。これに対して，田中二郎裁判官らの意見は，尊属を尊属であるがゆえに

特別扱いし，差別的取扱いを設けることそれ自体が一種の身分制道徳の見地に立つものであり，違憲であると主張した。本件は日本で初の法令違憲判決となっただけでなく，14条 1 項に関して，立法目的の合理性および当該目的とそれを達成するための手段の関連性の 2 段階の審査を行った点で重要である。

(2) 国籍法違憲判決

国籍法 3 条 1 項（2008年改正前）は，日本国籍をもつ父と外国籍の母の間に出生した後に認知された子について，父母の婚姻によって嫡出子の身分を取得した場合（準正）にのみ届出による日本国籍取得を認めていたが，最高裁はこの規定を違憲と判断した（最大判2008・6・4）。最高裁は，日本国籍が「重要な法的地位」であること，また，準正が「子にとっては自らの意思や努力によっては変えることのできない父母の身分行為に係わる事柄」であることから，「慎重な検討」を要するとした。そして国籍法が法律上の親子関係に加えて，「我が国の密接な結び付きの指標」として準正を要求したことについて，立法目的および当該区別には当初合理性があったけれども，その後の社会の家族生活や親子関係の変化などに照らすと，父母の婚姻のみをもって我が国との結び付きを測ることはできず，もはや本件区別に立法目的との合理的関連性は失われたと判断した。

(3) 非嫡出子法定相続分差別規定違憲決定

非嫡出子の法定相続分を嫡出子の 2 分の 1 と定めていた民法900条 4 号ただし書（2013年改正前）の合憲性が争われた事件で，最高裁は違憲判断を下した（最大決2013・9・4）。最高裁は1995年に同様の事件で合憲の判断をしていたが，家族形態の多様化など，社会の変化を総合的に考慮すれば，家族の中における個人の尊重が明確に認識されるようになり，父母が婚姻関係になかったという子にとっては選択，修正する余地のない事柄によって不利益を及ぼすことは許されないという考え方が確立してきたと述べて，遅くとも本件で問題になった相続開始時時点では憲法14条 1 項に違反していたと結論づけた。

(4) 再婚禁止期間違憲判決

女性にのみ 6 カ月の再婚禁止期間を定める民法733条について，最高裁は，父性の推定の重複防止という立法目的は合理的であるものの，これを達成するためには100日間で足りるため，100日を超える期間について憲法14条 1 項およ

び両性の本質的平等を定める24条 2 項に違反すると判断した（最大判2015・12・16）。

(5)　夫婦同氏制

　夫婦同氏制を定める民法750条について，最高裁は，同条の文言上，男女の区別が存在しないため憲法14条 1 項には違反せず，また，13条，24条にも違反しないと判断した。もっとも，夫の氏を選択する夫婦が圧倒的多数を占めている状況を踏まえると，夫婦間に実質的な平等が保たれるように図ることが14条 1 項の趣旨に沿うものであると述べている（最大判2015・12・16）。2021年 6 月23日，最高裁大法廷は，再び夫婦同氏制の合憲性につき，2015年判決の判断を変更するほどの社会の変化は生じていないとして合憲判断を維持した（最大決2021・ 6 ・23）。

比較8　ジェンダー──フランス・ドイツとの比較

　日本国憲法は14条 1 項で「性別」による差別を禁止している。また，24条 2 項では，夫婦や家族に関する事項は「両性の本質的平等」に立脚して定めなければならないと規定している。しかし，世界経済フォーラムが発表した2021年版のジェンダー・ギャップ指数において，日本は156カ国中120位と評価されている。その中身に分け入りながら，16位のフランスと比較しつつ日本の現状と課題を明らかにしたい。

　また，ジェンダー問題は伝統的な男女間の差異だけにとどまらない。近年は，法的な性別は女性（または男性）であっても，自らのアイデンティティとしては男性（または女性）であるという，いわゆるトランスジェンダーの人権が問題になっている。ここでは，この問題に憲法裁判所が積極的に取り組んできたドイツとの比較で日本の現状と課題を明らかにしたい。

1　ジェンダー不平等の内実

　ジェンダーとは，社会的・文化的に構築された性についての規範や考え方のことである。いわゆる「生物学的」な性を含むこともあれば，区別されることもある。ジェンダー・ギャップ指数における日本の120位という順位は，いわゆる先進国の中でも圧倒的に低い。もっとも，単に順位だけをみて一喜一憂するだけでは意味がない。その内実が重要である。日本は出生率，平均寿命などの分野では比較的高いジェンダー平等の評価を受けている。問題は経済と政治の分野である。ここでは政治の分野に注目したい。

　内閣府がまとめた2020年度の男女共同参画白書によれば，2020年 6 月時点で国会議員に女性が占める割合は，衆議院で9.9％（46人），参議院で22.9％（56人）である。日本で初めて女性参政権が認められた1946年の衆議院議員選挙で誕生した女性議員の比率は8.4％であるから，70年以上かけて1.5％しか増えていないことになる。国際的な議院交流団体 IPU（Inter Parliament Union）によれば，下院の女性比率において日本は全世界で166位である。また，内閣総理大臣に女性が就任したことはなく，閣僚も女性が極めて少ない。2021年11月時点で，21名の閣僚のうち，女性は 3 名であり，世界平均の21.3％を大きく下

回っている（IPU による）。国の中枢を担う国家公務員の管理職においても，女性は 5 ％程度にとどまっている。要するに，日本の政治権力はほとんど男性によって握られているのである。これは少なくとも先進国においてはあまり見られない現象である。

　日本に対して，フランスは政治分野で女性が活躍している比率が高い。下院にあたる国民議会で女性議員の占める割合は39.5％である。大統領に女性が就任したことはないが，1991年には初めて女性の首相エディット・クレッソンが任命された。2021年 5 月時点のカステックス内閣の閣僚では16人中 8 人と，50％の比率になっている。しかし，そのフランスも，1997年の段階では国民議会において女性は10.9％しかおらず，ヨーロッパ最低レベルであり，現在の日本とさほど変わらない状況であった。もっとも，フランスは「自然に」今のような状況に変化したわけではない。政治分野におけるジェンダー平等を実現しようという明確な意思のもとで行われたさまざまな取組みの成果なのである。

2　クォータ制違憲判決からパリテへ

　まずフランスが取り組んだのは地方選挙におけるクォータ（割当）制である。1982年にミッテラン政権は，人口3,500人以上の市町村における議会議員選挙では「候補者名簿において同じ性別の候補者が75％を越えてはならない」旨の法案を可決した。25％以上を女性にしなければならないわけである。一般的にこうした措置はアファーマティブ・アクションやポジティブ・アクションと呼ばれる。フランスでは，一般的に，不平等な状況に対して積極的に法律によって介入し，是正することは必要であると考えられている。しかしこの法案は，男女平等や国民主権の一体性に反するとして憲法院に付託されることとなった。

　1789年人権宣言を生み出した国であるフランスは，伝統的に，普遍的な人権という理念を重要視してきた。ここでいう「人（homme）」の権利とは，男性や女性，人種や国籍といったカテゴリーをもたない普遍的な「人」である。もっとも，現実にはこの「人」は男性（homme）のみを意味し，女性（femme）の権利を含んでいなかったことは，フランス人権宣言制定当時にオランプ・ド・グージュが鋭く批判していた通りである。

　憲法院は，主権者の単一不可分性（第5共和制憲法3条）とすべての市民の立法参加権（1789年人権宣言6条）に反すると判断し，クォータ制を違憲とした。要するに，クォータ制は性別によるカテゴリー化であり，「男性の主権者」「女性の主権者」という区分を生み出すもので，普遍的なフランス市民概念に反するのである。人権宣言の建前を重視した判決であった。

　しかし，フランスの取組みはこれで終わることはなかった。政治分野でのジェンダー平等を求める世論の声は高まる一方であったため，社会党政権は1999年7月8日の憲法改正によって，国民主権を規定する憲法3条5項に「法律は，選挙によって選出される議員職と公職への男女の平等なアクセスを促進する」，政党について定める4条2項に「政党および政治団体は，法律の定める要件にしたがって，第3条5項で表明された原則の実施に貢献する」という文言を追加した。選挙における男女平等を明確に書き込むことによって，憲法院の違憲判決を乗り越えようとしたのである。

　この憲法改正を受けて2000年に通称パリテ法が制定された。パリテ（parité）とは男女の同一性を意味する語であったが，現在では一般的に男女平等のスローガンとして用いられている。この法律は，原則として，上院議員選挙などの比例代表制では候補者名簿の順位を男女交互にすること，下院議員選挙などの小選挙区制では候補者の男女割合の差が2％を超えた政党への公的助成金を減額することなどを定めていた。憲法院もこれに合憲の判決を下した。その結果，2001年の市町村議会選挙では女性議員の比率が25.7％から47.5％に，同年の上院議員選挙では改選議席の女性比率が6.9％から21.6％となった。しかし，下院の国民議会議員選挙では候補者の女性比率が38.9％，当選した女性議員比率が12.3％にとどまり，パリテの実効性には課題が残された。これを解決するため，政府はパリテ法を改正し，公的助成金の減額率を引き上げることで対応した結果，女性議員比率はさらに上昇することになった。2017年の国民議会選挙では，マクロンの率いる政党，共和国前進は完全な候補者のパリテを達成し，社会党が49.4％，共和党が39％の女性候補者を擁立している。

　フランスでは，上記のような政治領域でのパリテが一定の成果を挙げたことをみて，その思想を経済や社会の領域にも押し広げようとする運動が広まった。ここでも男女の賃金格差是正や大企業の取締役会での40％のクォータ制な

どの積極的な差別是正が立法によって試みられた。政治領域と同様にクォータ制などの規定について憲法院は違憲判決を下したため，ここでも違憲判決を乗り越えるために2008年に憲法改正が行われた。憲法 3 条 5 項の政治におけるパリテも含んだ「選挙によって選出される議員職と公職，ならびに職業的および社会的責任ある地位への男女の均等なアクセスを保障する」という文言が，共和国の基本原則である 1 条 2 項に追加された。これによって法律によって企業の取締役へのクォータ制などが可能になり，現在では取締役の女性比率は45％を超えているという。

3　トランスジェンダーの問題

　トランスジェンダーをめぐる法的問題は多様である。たとえば労働環境，トイレなどの男女別に分かれている公共施設の利用や学校，刑事収容施設での処遇，婚姻などのパートナーシップの問題，証明書における性別表記問題である。ここでは性別取扱いの変更について取り上げよう。

　日本ではトランスジェンダーの問題は長らく放置されていたが，2004年に議員立法によって性同一性障害者特例法が制定された（もっとも，医学の領域では性同一性障害という言葉は，法的性別と性自認の不一致は障害ではないとして見直しが進んでおり，性別違和などと呼ばれることが多い。ここでは法律論であることに鑑み，法律上の名称を用いる）。

　本法によると，性同一性障害者は，以下の 5 つの要件を満たすと，家庭裁判所に性別取扱いの変更の審判を求めることができる。すなわち(1)20歳以上であること（民法上の成人年齢の変更により2022年より18歳），(2)現に婚姻をしていないこと，(3)現に未成年の子がいないこと（2008年改正前は「現に子がいないこと」と規定）(4)生殖腺がないこと又は生殖腺の機能を永続的に欠く状態にあること，(5)その身体について他の性別に係る身体の性器に係る部分に近似する外観を備えていることである。この法律によって，これまで10,000名以上が性別取扱いの変更を受けたとされる。各要件につき問題が指摘されているが，ここでは(4)と(5)に注目したい。これらの要件は，性別取扱いを変更するためには，外科手術を行い，生殖能力を喪失させ，性器の外観を変更することを要求している。しかし，高額な，しかも身体に非常に負荷のかかる手術の強要によって，生殖

能力を喪失させることは憲法13条の人格権や身体に侵襲を受けない権利，リプロダクティブ・ライツを侵害するものであり，違憲ではないかとの強い疑いがある。

　2019年の決定で，最高裁は，この 4 号要件につき，「当該審判を受けた者について変更前の性別の生殖機能により子が生まれることがあれば，親子関係等に関わる問題が生じ，社会に混乱を生じさせかねないことや，長きにわたって生物学的な性別に基づき男女の区別がされてきた中で急激な形での変化を避ける等の配慮に基づくもの」であるとのみ述べてそれ以上の検討は行わずに，「現時点では」憲法に違反するものではないと判断した（最決2019・ 1 ・23）。ただし，違憲性を疑う鬼丸かおる，三浦守裁判官の補足意見も付されている。

　しかし，比較法の見地からすると，ヨーロッパでは，トランスジェンダーの性別取扱いの変更に際して，生殖能力の喪失や外科手術を要求する国は現在ほとんど存在しない。ここではドイツを取り上げよう。

　ドイツは1980年にいわゆるトランスセクシュアル法（Transsexuellengesetz）を制定した。日本の特例法に相当するものである。当時のトランスセクシュアル法でも，日本の特例法のように生殖能力喪失要件のほか，性別適合手術要件，年齢要件や非婚要件を設けていた。しかしドイツ連邦憲法裁判所は，人間の尊厳を保障する基本法 1 条と結びついた基本法 2 条 1 項の「人格の自由な発展」条項によって，自己のジェンダー・アイデンティティ（geschlechtlichen Identität）が保障されると判断し，国籍条項，年齢要件，非婚要件を次々に違憲とした。連邦憲法裁によれば，ジェンダー・アイデンティティは本人に固有のものであり，それが憲法上保障される以上，性別取扱いの変更に過剰な要件を設けることは不当な権利制約である。むしろ法的性別が自己の認識する性に一致すべきなのである。そして2011年には生殖能力喪失要件および性別適合手術要件をも違憲と判断した（BVerGE. 128, 109）。

●比較から読み解く

　積極的な差別是正措置を図るパリテの思想は，確かに憲法理論上，簡単に正当化されるわけではない。パリテは普遍主義的な平等の理念に反するという当初の憲法院の判決も，歴史や理論に鑑みて一定の正当性をもっている。しか

し，フランスは男女平等を積極的に推し進めるべきであるという明確な意思の
もと，パリテ法を制定し，憲法院の違憲判断に対して憲法改正まで行ってきた
のである。

　日本では2018年に「政治分野における男女共同参画の推進に関する法律」が
制定され，候補者の男女比率をできる限り均等にすることを目指すという原則
が規定された。しかし，制定後初めての国政選挙である2019年の参院選では，
女性候補者は全体の28％にとどまった。政党別にみると立憲民主党が45％，共
産党が55％だったのに対し，自民党は15％，公明党は8％であった。比較的女
性比率の高い参議院議員選挙でこの程度であるから，衆議院議員選挙ではさら
に低いことが予想される。少なくとも政治領域において男女平等を実現すべき
である，という政治的な意思が，特に国政を担う与党には欠けているようであ
る。クォータ制導入の議論はもちろんだが，日本では何よりもまず，そもそも
ジェンダー平等という理念を特に男性の政治家に受け入れさせなければならな
いということになろう。

　トランスジェンダーの問題についても，特にヨーロッパと比較した場合，日
本は取り残されているといわざるをえない。紹介したドイツだけでなく，ヨー
ロッパ人権裁判所も，2017年にフランスの同様の要件につきヨーロッパ人権条
約違反を認定している。このように裁判所によるにせよ，あるいは立法的に解
決されるにせよ，生殖能力喪失要件や性別適合手術要件は諸国で撤廃されてい
る。日本の最高裁の判断は，比較法の観点からみると説得的とはいえない。日
本はいまだ1980年のドイツと同じ地点にとどまっているのである。

【参考文献】
オリヴィエ・ブラン『オランプ・ドゥ・グージュ——フランス革命と女性の権利宣言』
　　辻村みよ子ほか訳（信山社，2010年）。
辻村みよ子『ポジティブ・アクション』（岩波新書，2011年）。
糖塚康江『パリテの論理』（信山社，2005年）。
春山習「基本権としてのジェンダー・アイデンティティ」早稲田法学96巻1号（2020
　　年）。
前田健太郎『女性のいない民主主義』（岩波新書，2019年）。

第8章　精神的自由権

8-1　思想・良心の自由

1　憲法19条が保障する内容

人が真に自由であるためにはまずは内心が自由であるべきであり，内面的な精神作用が広く保障される必要がある。これが憲法19条が保障する思想・良心の自由である。具体的には，次の事柄が保障される。

第1に，公権力が特定の思想をもつことを禁じたり，逆に強いることは禁止される。第2に，公権力が，個人の思想を理由として不利あるいは有利に扱うことは禁じられる。日本国憲法は，「自由の敵に自由なし」といった「たたかう民主制」とは異なり，どのような思想の持ち主に対してもさしあたり寛容の精神をとる発想をもっている。第3に，公権力が個人に対して思想を明らかにするよう求めることは禁じられ，沈黙の自由が保障される。第4に，公権力が内心に反する行為を強制することは禁じられる。

2　裁判例

ここでは，憲法19条に関する3つのリーディングケースを紹介する。

第1は，総選挙で対立候補の汚職を指摘した候補者が訴えられ，裁判所から，「右放送及び記事は真相に相違して居り，貴下の名誉を傷け御迷惑をおかけいたしました。ここに陳謝の意を表します」という謝罪広告の新聞紙への掲載を命じられたことを不服とした候補者が争った事件である。最高裁は，「単に事態の真相を告白し陳謝の意を表明するに止まる程度」であれば，候補者の「倫理的な意思，良心の自由を侵害」しないとした（謝罪広告事件：最大判1956・7・4）。この謝罪広告は，事実誤認による名誉毀損という事実の表明にとどまらず，非を認めて「陳謝」する文面である。一定の倫理的意味があってこそ謝罪と呼べることからすると，最高裁判決は思想・良心の意義を軽視してい

る。

　第 2 は，「文化祭の際，文化祭粉砕を叫んで他校生徒と共に校内に乱入し，ビラまきを行った。大学生 ML 派の集会に参加している。学校側の指導説得をきかないで，ビラを配ったり，落書をした」などと書かれた内申書の内容が争点となった事件である。最高裁は，内申書には元中学生の「思想，信条そのものを記載したものでないことは明らかであり，右の記載に係る外部的行為によっては上告人の思想，信条を了知し得るものではない」として，違憲の主張を退けた（麹町中学内申書事件：最判1988・7・15）。しかし，内申書からは，本人の思想・信条が容易に想像できる。多くの高校は文化祭の粉砕を叫ぶ中学生を入学させたくはないであろうから，内申書が本人に不利に作用したことは想像に難くない。

　第 3 に，都立学校の卒業式で，日の丸に向かって起立して君が代を歌う旨の職務命令を拒否して処分された教員が提訴した事件で，2011年の最高裁判決は，教員への起立斉唱の義務づけは憲法19条に違反しないものの，起立斉唱は「国旗及び国歌に対する敬意の表明の要素を含む」ため，嫌がる教職員に起立斉唱を強いることは思想・良心の自由への「間接的な制約」となるとした（最判2011・5・30など）。上述の2012年の最高裁判決は，2011年の最高裁判決を前提としつつ，不起立の動機は「個人の歴史観ないし世界観」に基づいており，式の進行も妨げていないことなどから，減給以上の処分を行う場合は「事案の性質等を踏まえた慎重な考慮が必要」であるとして，一部の教員の処分を取り消した（最判2012・1・16など）。この判決を受け，不起立を理由とした減給・停職処分を取り消す下級審判決が見られる。国旗・国歌と思想・良心をめぐる問題を，国旗・国歌一般にあてはまる事柄と日の丸・君が代にあてはまる事柄を分けて考えてみる。国旗・国歌はその国家や国家権力を象徴するため，皆の前で国旗に向かって国歌斉唱を求めることは，たとえ人々が特に意識をしなくても，実はその時々の国家（権力）に対する態度表明をせまることを意味する点が重要である。国歌斉唱の強制が憲法問題となる理由はここにある。次に，日の丸に向かって起立して君が代を歌わない人の中には，日の丸・君が代が，かつての日本の帝国主義の旗印として用いられた歴史や，宗教上の理由，民族的出自を理由として斉唱を拒む人もいる。

　思想・良心の自由は，内面にとどまる限りは絶対的に保障される。しかし，君が代の斉唱をめぐる問題が示すように，現在の日本では内心のみが保障されても実はあまり意味がなく，思想・良心の核心が外部的行為に現れる場面においていかに保護するかが重要である。思想・良心の自由を実質的に保障するためには，思想・良心の核心部分に反する行為を強制されない自由を可能な限り手厚く保護することが求められる。

8-2　信教の自由と政教分離原則

1　憲法と宗教

　日本国憲法は信教の自由と政教分離を定めている。信教の自由と政教分離は，16世紀から17世紀のヨーロッパで展開した宗教戦争の中から成立した。宗教戦争では，カトリックとプロテスタントが相互に対立するだけでなく，国家との結合を前提として，国家権力を利用し，対立宗派を排除していた。そのため，宗派間の対立は，凄惨を極めるものとなった。

　このことを背景にして，異なる信仰をもつ人であっても，人として承認するという宗教的寛容，宗教は私的空間に限定するという宗教の私事化，宗教は公的空間にはもち込まないという国家の世俗化が生まれた。国家と宗教を分離することによって，個人の信教の自由を保障し，国家と結合した宗教が宗教的に堕落することを防止し，宗教に基づく政治的分断を防止することができる。特に民主主義国家では，民主過程における理性的討議や利害調整を確保するため，国家と宗教を分離する必要性が高い。

　しかし，第二次世界大戦前の日本では，国家と神道が結合し，信教の自由も制約されていた。大日本帝国憲法は，神道は宗教にあらずという考え方に基づき，万世一系の天皇に国家の統治権を与えていた。もっとも，大日本帝国憲法も信教の自由を保障していたが，安寧秩序と臣民義務によって信教の自由を制約することを認めていた（28条）。実際に，国家神道が制度的に整備され，神道以外の宗教については多くの弾圧が行われた。

　戦後は，国家神道を解体するため，「神道指令」や「人間宣言」が発せられた。もっとも，宗教が国家権力を利用したヨーロッパとは異なり，日本では宗

教が脆弱であるため，国家権力によって利用される危険性が高い。さらに，多くの日本人は複数の宗教を同時に信仰している。こうした宗教的雑居性のもとでは，宗教が広範に浸透し，国家が宗教と接触する機会が多くなるが，潔癖な信仰心が欠如し，宗教と習俗が混在しているため，政教分離の徹底が困難となっている。

2　信教の自由

　憲法20条1項前段は信教の自由を保障し，同条2項は宗教上の行為・祝典・儀式・行事に対する参加の強制を禁止している。信教の自由は，信仰の自由，宗教的行為の自由，宗教的結社の自由を保護している。

(1)　信仰の自由

　信仰の自由は，特定の宗教を信仰する自由，信仰する宗教を改宗または棄教する自由を保護している。信仰の自由を規制するものとして，信仰告白の強制，信仰に反する行為の強制，信仰を理由とする不利益取扱いを挙げることができる。信仰は個人の人格の核心であり，内心に留まる限り他者の権利と衝突しないため，信仰の自由に対する規制は一切の例外なく許されない。

(2)　宗教的行為の自由

　宗教的行為の自由は，礼拝や儀式のように宗教的行為をする自由と，布教や伝道のように宗教を宣伝する自由を保護している。宗教的行為は，内心の信仰を外部に表出し，他者の権利と衝突する場合があるため，宗教的行為の自由に対する規制は，一定の場合に許容することができる。もっとも，宗教的行為が信仰と密接に関連し，他者の権利を重大に侵害しない場合には，宗教的行為の自由を尊重する必要がある。

　最高裁は，僧侶が，加持祈祷中に，精神に異常を来した女性を暴行し死亡させたことを刑法205条の傷害致死罪によって処罰することを合憲とした。その際には，宗教的行為が著しく反社会的であり，精神異常に対する治療行為として医療上一般に認められない場合には，公共の福祉によって信教の自由を制約することができるとしたうえで，本件行為は治療目的をもたず，治療方法も今日の医学的見地に合致しないため，著しく反社会的であり，信教の自由の保障を逸脱しているとしている（加持祈祷事件：最大判1963・5・15）。

　それに対して，神戸簡裁は，牧師が，学園紛争中に高校校舎の封鎖を試みたため，警察から捜査を受けていた学生を隠匿し，説得のうえ，自首させたことを，刑法103条の犯人隠匿罪によって処罰することはできないとした。その際には，牧師は個人の魂の救済を通して公共の福祉に奉仕する牧会活動を行ったとし，牧会活動は宗教的行為の自由によって保護されるとしたうえで，牧会活動が同様に公共の福祉を追求する刑罰法規と補完関係にある場合には，両者は相互に調整する必要があるため，刑罰法規が常に牧会活動に優位するわけではないとしている（牧会活動事件：神戸簡裁1975・2・20）。

(3)　宗教的結社の自由

　宗教的結社の自由は，宗教団体を結成する自由，宗教団体が活動する自由，宗教団体に参加する自由を保護している。宗教法人法は，財産の維持運用を容易にするため，教義を広げ，儀式を行い，信者を教化育成し，礼拝施設を有する宗教団体に対し法人格を付与している。もっとも，宗教法人が，法令に違反し，著しく公共の福祉を害することが明らかな行為や，宗教団体の目的を著しく逸脱する行為を行った場合には，裁判所に解散命令を請求することができる。

　検察官と東京都知事は，1995年の地下鉄サリン事件を受け，大量殺人のためのサリン生成は殺人予備行為にあたると主張し，宗教法人オウム真理教に対する解散命令を請求した。最高裁は，宗教法人に対する解散命令は信者の宗教的行為について法的制約を課すものではないとしつつ，清算手続を通して一定の支障を与える危険性があるとし，解散命令の合憲性については慎重に吟味する必要があるとした。そのうえで，解散命令制度は世俗目的を追求する合理的なものであること，本件解散命令は極めて違法性の高い行為に対処するため必要かつ適切であること，解散命令によって制約される利益は間接的で事実上のものにすぎないこと，解散命令は裁判所が判断することを指摘し，本件解散命令を合憲とした（宗教法人オウム真理教解散命令事件：最判1996・1・30）。

3　政教分離原則

　憲法20条1項後段は宗教団体に対する特権付与と宗教団体による政治権力の行使を禁止し，同条3項は国家による宗教的活動を禁止し，89条前段は宗教上

の組織や団体に対する公金の支出を禁止している。

　国家と宗教の関係については，国家と宗教が結合する国教制度と，国家と宗教を分離する政教分離を大別したうえで，国教制度については，国教以外の宗教を抑圧する場合と，国教以外の宗教も承認する場合を区別し，政教分離については，国家と宗教が相互を承認する場合と，国家と宗教を厳格に分離する場合を区別することができる。日本国憲法は厳格な政教分離を想定している。

　しかし，最高裁は，政教分離原則を緩やかに解し，政教分離原則は，国家が宗教と関係をもつことを前提に，さまざまな宗教に中立であることを要請し，国家と宗教の分離を通して，信教の自由を間接的に保障するものであると解釈してきた。さらに，国家と宗教の関係が相当な限度を超えるかを判断する基準として，国家行為の目的が宗教的意義を有し，その効果が宗教に対する援助・助長・促進または圧迫・干渉となるかを審査する目的効果基準を提示してきた。

　最高裁は，こうした理解に基づき，市長が市体育館建設に伴い挙行された地鎮祭に公金を支出したことを合憲としている。地鎮祭はすでに宗教的意義を失い，関係者にとっては世俗的行事として認識されていたこと，さらに，日本では宗教的意識が雑居し，神道は祭祀儀礼に専念するため，地鎮祭は参列者や一般人の宗教的関心を高めるものではないことが，その理由である（津地鎮祭訴訟：最大判1977・7・13）。

　しかし，学説では，政教分離原則を厳格に解し，政教分離原則は国家が宗教と関係をもつこと自体を禁止していると主張されてきた。最高裁も，愛媛県が，1981年から1986年にかけて，靖国神社に対して例大祭の玉串料とみたま祭の献灯料を，愛媛県護国神社に対して慰霊大祭の供物料を公金で支出したことを違憲とした。本件祭祀は，時代の推移により慣習化した社会的儀礼ではなく，一般人や奉納者にとっては，宗教的意義を有すること，さらに，愛媛県は，他の宗教団体には公金を支出していないため，特定の宗教団体を特別に支援し，他の宗教団体とは異なるとの印象を与え，特定の宗教に対する関心を呼び起こすことが，その理由である（愛媛玉串料訴訟：最大判1997・4・2）。

　もっとも，最高裁の使用する目的効果基準については，目的や効果の認定が不明確であると批判されてきた。近年，最高裁は，目的効果基準を適用するこ

となく，市が町内会に無償提供していた市有地に神社が設置管理されていたことを違憲としている。最高裁は，憲法89条前段に着目し，宗教施設の敷地として土地を無償提供することは，宗教団体に対する便宜供与となるため，原則的に違憲となるとしつつ，例外的に合憲となるかは社会通念により総合的に判断するとした。そのうえで，施設の性格，無償提供の態様，一般人の評価，無償提供の経緯に照らし，本件土地の無償提供は89条後段に違反すると結論づけている（空知太神社訴訟：最大判2010・1・20）。さらに，最高裁は，総合判断の手法を用いて，那覇市が社団法人久米崇聖会の所有する久米至聖廟に関する公園使用料を全額免除したことを違憲としている（最大判2021・2・24）。

8-3　表現の自由

1　表現の自由保障の意義

　憲法21条1項は，「集会，結社及び言論，出版その他一切の表現の自由は，これを保障する」と定める。これは，表現の自由が専制政治への抵抗の重要な手段とされてきたことに加え，大日本帝国憲法29条が「法律ノ範囲内」で「言論著作印行集会及結社ノ自由」を保障したものの，実際にはきわめて広汎な思想・言論統制が行われたという歴史による。

　こうした歴史的理由に加え，表現の自由が保障されるべき理論的根拠としては，自由な表現と他者との交流が個人の人格形成・発展にとって重要であること（個人の自己実現），国民主権原理のもと，主権者である国民による自由な意見表明と討議が民主政の存立と機能にとって不可欠であること（国民の自己統治）があげられる。

2　保障の内容

　「言論」「出版」は古くから用いられてきた思想・事実などの伝達手段であるが，インターネットなど現在用いられる伝達手段すべてが保障の対象となる。また，集会の自由，結社の自由も集団・団体を通した表現活動としての意義を色濃くもち，21条はこれらを含め広く表現の自由を保障している。

　ところで，21条1項の文言はもっぱら表現する側の自由のみを保障している

ようにみえるが，もともと表現行為は表現の受け手が存在しなければ実質的に
意味をもたず，表現の送り手と受け手の相互のコミュニケーションの連鎖が保
障されなければならない。このことを受け手の権利という観点からとらえたも
のが「知る自由」「知る権利」である。最高裁も，新聞紙，図書等の「閲読の
自由」が憲法上保障されるとし（よど号記事抹消事件：最大判1983・6・22），報
道機関による事実の報道の自由が国民の知る権利に奉仕するものとして21条に
よって保障されることも認めている（博多駅テレビフィルム提出命令事件：最大決
1969・11・26）。

　また，マス・メディアによる報道の自由が真に国民の知る権利を充足させる
ためには，報道のための取材活動の自由も保障されなければならない。最高裁
は博多駅テレビフィルム提出命令事件において取材の自由も「21条の精神に照
らし，十分尊重に値いする」としたが，報道の自由より弱い保護にとどまるこ
とを示唆している（法廷メモ事件：最大判1989・3・8も参照）。

3　表現の自由の制約

(1)　萎縮効果

　表現の自由は他者とのコミュニケーションに直接かかわる権利であることか
らすれば，表現行為によって名誉・プライバシーなど他者の重要な権利を害す
る場合や，集会のための会場利用希望が競合するなど他者の権利行使との調整
が必要になる場合には必要最小限度の制約を受けざるをえない。しかし，表現
行為の制約は，単にその表現を行う主体の自由制限にとどまらず，規制のおそ
れゆえに規制されないはずの表現までも手控えるという萎縮効果をもつことに
よって，民主政における討議に大きな歪みをもたらしうる。それゆえ，表現の
自由の制約が認められるかを判断する際にも，規制が萎縮効果をもたらさない
かを十分考慮しなければならない。

(2)　制約の類型

　表現の自由の制約には，いくつかの類型がある。

　①事前抑制と事後規制　　規制の時点に着目すると，表現行為が行われる前
の事前抑制と表現行為後の事後規制とを区分できる。公権力による事前抑制
は，送り手の表現行為を抑止するだけでなく，受け手がその表現に接し，判断

する機会をも奪うものであり，恣意的・広範囲な規制になるおそれも高いため，原則として禁止され，きわめて厳格な要件を満たした場合にのみ許容される余地がある。一方，刑事罰や民事責任などが問われる事後規制についても，表現行為が重大かつ実質的な害悪を現にもたらす場合にのみ必要最小限度の制約が認められる。

②内容に基づく規制と内容中立規制　規制の対象に着目すると，表現の内容に基づく規制（内容規制）と表現内容にはかかわりのない時・所・態様（手段）の規制（内容中立規制）とを区分できる。表現内容がもたらす害悪を理由とする内容規制は，公権力が思想など表現内容に立ち入るものであるのに対し，表現の時・所・態様がもたらす害悪に着目する内容中立規制は，別の時・所・態様であれば表現行為は自由であるとされ，一般に内容規制の方がより危険な規制とされる。

③検閲　21条2項前段は，強力な表現規制手段として歴史上用いられてきた検閲を禁止する。検閲の中核的要素は公権力による事前の表現内容審査と発表禁止であるが，最高裁は，検閲を「行政権が主体となつて，思想内容等の表現物を対象とし，その全部又は一部の発表の禁止を目的として，対象とされる一定の表現物につき網羅的一般的に，発表前にその内容を審査した上，不適当と認めるものの発表を禁止することを，その特質として備えるもの」と定義し，公共の福祉による例外も認められず絶対的に禁止されるとした（税関検査事件：最大判1984・12・12）。この定義は一見厳密だが，これに該当するものを想定しがたいほどきわめて限定されたものである。なお，検閲が2項により絶対的に禁止されるのに対し，事前抑制については1項により原則的に禁止され，名誉やプライバシー保護のためごく例外的な場合に限り許容される。

(3)　違憲審査のあり方と基準

①基本的考え方　裁判所が表現の自由制約の合憲性を判断するにあたっては，経済的自由の制約を審査するときよりも厳格な基準が用いられなければならない（「二重の基準論」）。この考え方の主要な根拠として，表現の自由と民主政との密接な結びつきゆえに表現制約は民主政の機能不全をもたらすため，裁判所こそが表現制約の合憲性を厳格に審査することで民主政の機能回復を図らなければならないとするものがある。この基本的考え方と具体的な規制の態様

を考慮しつつ，厳格な基準の具体化が求められる。最高裁も一般論としては
「二重の基準論」を採用しているかのような言い回しをすることがあるが（薬
事法違憲判決：最大判1975・4・30，泉佐野市民会館事件：最判1995・3・7），近時
は比較衡量による判断を多用するなど厳格な基準を明確に示さず，かつ表現の
自由規制を違憲とした事例もない。

　②審査の手法　　具体的な審査の手法には，まず，法律などの規制の文面自
体に着目する文面審査がある。これは萎縮効果を発生させる危険に着目しつ
つ，規制立法の文言が不明確であって規制対象を特定できない場合や，文言は
明確でも規制対象が過度に広汎である場合にはそれだけで違憲とする手法であ
る（前者は明確性の原則，後者は過度の広汎性ゆえに無効の法理と呼ばれる）。最高裁
は，しばしば不明確性・過度の広汎性が疑われる法令を限定解釈した上で合憲
と判断しているが（合憲限定解釈。徳島市公安条例事件：最大判1975・9・10，前
出・税関検査事件，広島市暴走族追放条例事件：最判2007・9・18），安易な限定解
釈の採用による事後的合憲判断はかえって萎縮を招きかねない。

　また，内容規制については，規制の目的がやむにやまれぬほど必要不可欠で
あり，かつ規制手段がその目的を達成するため厳密に作られているかを審査す
る厳格な基準（やむにやまれぬ政府利益基準），内容中立規制については，表現内
容とはかかわらない十分重要な規制目的を達成するために表現の自由を規制す
る度合いのより少ない手段が存在しないかを審査する基準（より制限的でない他
の選びうる手段（LRA）基準）などが用いられるべきとされる。もっとも，内容
中立規制を装いつつ特定内容の表現がねらい撃ち的に規制されることも多く，
その点も含めた審査が求められる。

(4)　具体的問題――政治的表現の制約

　表現の自由の制約はさまざまな場面で問題となるが，表現の自由保障の意義
に照らせば，政治的表現（特に時の権力者・政策に批判的なもの）が十分保障され
ているかは，民主政の健全な運用にとってもきわめて重要である。しばしば権
力者の側は，目障りな批判を抑え込むために，表現内容中立規制の形で実際に
は特定の内容の表現を規制しようと試みたり，萎縮させるために規制をちらつ
かせるなどの手法を用いるが，こうした手法での規制が許されるかを厳格に検
証しなければならない。

　①ビラ・ポスターの配付・掲示　　最高裁は，ビラやポスターの配布・掲示など一般市民も容易に利用できる表現手段の規制について，都市の美観風致維持や他人の財産権・管理権侵害を理由として合憲とするが（大阪市屋外広告物条例事件：最大判1968・12・18，吉祥寺駅事件：最判1984・12・18，立川テント村事件：最判2008・4・11など），表現活動の場の性質や権利侵害の程度に十分な配慮が必要であり，処罰の合憲性には批判が強い。

　②選挙運動の規制　　公職選挙法は，選挙期間中の選挙運動についてきわめて煩雑な規制を設けており（「べからず選挙法」），中でも戸別訪問の全面禁止（同法138条・239条1項3号）は，候補者等と有権者との直接的なコミュニケーションを阻害するものとしてその合憲性が問題とされてきた。最高裁は，戸別訪問は不正行為の温床となりやすく，有権者の私生活の平穏を害するなどの弊害があるとか，禁止は意見表明の自由の間接的，付随的な制約にすぎないなどとして禁止を合憲としているが（最大判1950・9・27，最判1981・6・15など），いずれも全面禁止を合憲とする理由としては不十分である。

　③国家公務員の政治的行為　　国家公務員法は，一般職の国家公務員に対し，広範囲の政治的行為を罰則付きで禁止しているが（同法102条1項・110条1項19号。「政治的行為」の内容は人事院規則14-7が定める），職階や職務内容との関連を一切問わない包括的禁止は，過度に広汎な規制として批判されてきた。最高裁は，行政の中立的運営とこれに対する国民の信頼確保のための合理的規制として全面的に合憲としたが（猿払事件：最大判1974・11・6），この判決は学説からのきわめて強い批判を浴び，後に最高裁は禁止対象を限定的に解した上であらためて禁止を合憲としつつ，具体的事件については無罪とした（堀越事件：最判2012・12・7）。

4　集会の自由

(1)　保障の意義

　多数の人が政治・経済・芸術など共通の目的で同一の場所（公園・広場など屋外の場合も公会堂・会議室など屋内の場合もある）に集う集会（集団行進や集団示威運動［デモ行進］も含まれる）は，他者と協力することで個人が自らの見解をより効果的に伝えることを可能とするだけでなく，相互の交流を通して自らの思

想や人格を形成, 発展させる重要な契機でもある (成田新法事件: 最大判1992・7・1参照)。21条が集会の自由を保障したのはこうした集会の意義に基づく。集会は, 一般市民も利用できる表現手段であり, 東日本大震災後の脱原発首相官邸前行動や2015年の「安保法制」反対運動など, 近年その意義があらためて確認されている。

(2) 集会の自由の制約

①基本的考え方　憲法が集会の自由を保障することから, 集会の開催禁止, 解散命令, 集会への参加の禁止など, 公権力による介入・干渉は禁止される。もっとも, 集会を行うための場所の確保にあたって別の集会のための利用希望と競合する場合やその場所を利用しようとする他者の重要な権利・利益との調整が必要な場合などには, 必要最小限度の制約がありうる。しかし, 会場の確保は事の性質上事前抑制となるし, 内容中立規制の形をとっていても実質的には集会の内容に基づく規制ではないかと疑われることも多い。したがって, 制約が許容されるかは, 制約の根拠となる規定が明確であるか, 集会の場所が公園や公会堂など伝統的に表現活動に利用されてきた施設・場 (パブリック・フォーラムと呼ばれ, 特に内容に基づく表現規制は許されないと考えられている) であるかなどの観点をふまえて厳格に判断されなければならない。

②施設管理権　集会の自由の制約は, しばしば公園, 公会堂, 道路などの施設管理権に基づく使用不許可をめぐって争われるが, 現在の最高裁は, 集会の自由とこれに制約を加える必要性・制約の程度との比較衡量によって制約の可否を判断している (前出・成田新法事件)。公の施設 (地方自治法244条) である市民会館の使用不許可が問題となった事件では, 集会開催によって人の生命, 身体, 財産が侵害され, 公共の安全が損なわれる明らかな差し迫った危険が具体的に予見される場合でなければ使用不許可は許されないとして, 集会の自由制約を限定しようとする姿勢を示した (前出・泉佐野市民会館事件)。

③公安条例　集会やデモ行進のために道路や公園を使用する際にしばしば問題となるのが, 事前に公安委員会の許可を必要とするなどの公安条例に基づく規制である。この公安条例は, 集会やデモ行進が活発に行われた占領期に占領軍の強い指導のもと各地で制定されたものであるが, 制定の経緯からも反政府的・反体制的運動を取り締まるための治安立法的性格が濃厚であり, その合

憲性が激しく争われた。最高裁は，使用許可を公安委員会の裁量に委ねるような一般的な許可制は違憲としつつ，合理的かつ明確な基準のもと「公共の安全に対し明らかな差迫つた危険」がある場合には不許可・禁止もできるとしたが（新潟県公安条例事件：最大判1954・11・24），新日米安保条約反対運動が最高潮を迎えた直後の判決では，平穏な集団であっても「一瞬にして暴徒と化し」警察力をもっても対応できない異常な事態に発展する危険があるという悪名高い集団観を示して，規制を全面的に合憲とした（東京都公安条例事件：最大判1960・7・20）。さらに，道路使用の許可制（道路交通法77条）についても，最高裁は道交法と公安条例の規制の併存を認め（前出・徳島市公安条例事件），同法の許可制自体も合憲としている（佐世保エンタープライズ闘争事件：最判1982・11・16）。

5　結社の自由

(1)　保障の意義と内容

①保障の意義　　結社とは，共通の目的のために複数人が継続的に結合すること，およびそうして結合した団体である。一時的なつながりである集会とは一応区別されるが，団体の活動には集会を伴うことも多く，集会と同様に個人同士のつながりを通して形成される特定の主張を外部に表明するものでもあり，21条が結社の自由を保障したのもこうした意義による。なお，21条は一般的に結社の自由を保障するが，宗教団体については20条，営利的団体については22条1項も適用される。また，労働組合については28条が使用者に対する労働者の団結権を保障することから，結社一般とは異なった考慮が求められる。政党も結社の1つだが，一方で国民主権原理・国民代表と密接に関連し，民主政の重要な構成要素であるとともに（八幡製鉄事件：最大判1970・6・24），他方で自発的結社の一形態であるという両面性を理解する必要がある。

②保障の内容　　結社の自由の保障は，第1に，個人による団体の結成・不結成，既存団体への加入・不加入，加入した団体からの脱退について，第2に，団体による意思の形成，団体の活動について，公権力からの干渉を受けないことを意味する（団体として行う活動が憲法上の権利の保障を受けるかについては，法人・団体の人権享有主体性の問題として論じられる）。また，とかく集団主義的とされる日本社会においては，団体の活動に伴って団体を構成する個人の自

由が抑圧される危険にも十分な配慮が必要である。

(2)　結社の自由の制約

　結社の自由の制約についても，必要最小限度であるかが厳格に検証されなければならない。政治資金規正法は，政治団体一般に対して綱領・党則・規約等の提出を義務づけるが（同法 6 条 2 項），政治資金の収支の公開・授受の規正という同法の目的（同法 1 条）との関係でも過度に広汎な規制との疑いが強い。

　占領終結直後の1952年に社会主義・共産主義的団体を取り締まるため制定された破壊活動防止法は，「団体の活動として暴力主義的破壊活動を行った団体」による集団示威運動・集団行進・公開の集会の禁止，機関紙等の印刷・頒布の禁止等の処分（同法 5 条 1 項各号），さらには解散指定処分を行うことができると定める（7 条）。団体に対する死刑宣告ともいえる解散指定にまで及ぶこれらの強力な規制には，定義の不明確性と恣意的な運用のおそれ，裁判所でなく行政機関（公安審査委員会）による規制であることなど多くの問題があるが，現在までのところこれらの処分がなされた事例はない（1997年に公安審査委員会は，もともと同法の対象とは想定されていなかった宗教団体［オウム真理教］に対する解散指定請求を棄却した）。なお，1999年には事実上オウム真理教のみを対象として，無差別大量殺人を行った団体の規制に関する法律（団体規制法）が制定され，無差別大量殺人を行った団体に対する観察処分（同法 5 条）に基づき，役職員・構成員の氏名等や団体の活動状況等を定期的に公安調査庁長官に報告する義務が課されている。これについても法文の明確性・濫用の危険の厳格な検証が必要である。

6　通信の秘密

　21条 2 項後段は，「通信の秘密は，これを侵してはならない」と定める。特定人の間で行われる双方向的コミュニケーション行為である通信は，それ自体表現行為としての性格をもち，かつ通信の秘密の侵害は検閲とも共通する形態をとることが，通信の秘密を表現の自由と同じ21条で保障した理由である。現在では，通信の秘密保護はプライバシーの権利の観点からも重要な意義をもち，公権力は，通信（郵便，電話，電子メール等すべての手段が対象となる）の内容および通信にかかわる事実を知得してはならず，職務上知りえた場合もそれ

らの事実を他に漏らしてはならない。

　通信の秘密の制約としては，被疑者・被告人の郵便物等の押収（刑訴法100条
1項・222条），刑事収容施設被収容者の信書の検査・発受禁止（刑事収容施設
126条以下）などがあるが，必要最小限度の制約にとどまるものかの検証が必要
である。特に，犯罪捜査のための通信傍受（当事者が知らないまま行われるので，
実態としては盗聴）については，事前に傍受対象を特定することがきわめて困難
であり（令状主義［35条］との関係でも問題がある），かつ犯罪に無関係な通信ま
で傍受することが避けられないため，その合憲性が問題とされてきた。重大犯
罪に限定し，かつ通信傍受によるべき例外的事情がある場合に限り許されると
するのが学説の大勢であるが，現行の通信傍受法（1999年制定。2016年改正で対
象犯罪が拡大され，手続も緩和された）がこうした厳格な要件を満たしているかに
は強い疑問がある。

8-4　学問の自由

1　憲法23条の意義と保障する内容

　学問研究は，真理探究を目的として行われる精神的営みである。真理の探究
には，常識や支配的な考えに正面から挑戦する局面もあるため，公権力や社会
的権力から圧力を受けずに自由な議論や研究ができる空間を確保することが肝
心である。学問の自由を保障した憲法23条からは，自由な研究活動を行うこと
（学問研究の自由），研究成果を学会などで自由に発表すること（研究発表の自
由），大学の講義内容は自由に組み立てて自由に話すこと（教授の自由）および
大学の自治が導かれる（通説）。間接的なものであっても，高等教育機関（大学
や高専など）での研究内容や講義内容，人事について公権力が干渉することは，
憲法23条の精神を大きく歪める。

2　研究の自由・研究発表の自由の限界

　他方で，人の生命の操作に関係する先端科学技術研究や大量破壊兵器の製作
など，人間の尊厳などの観点から一定の規制をすべきことが主張される研究領
域もある。

　たとえば，一定期間内に廃棄するとはいえ，ヒト胚は遺伝的形質が備わった人の萌芽段階にある。伝統的な通説は，たとえヒト胚を用いた研究であっても研究者自身や研究者集団，研究機関の自主規制にとどめることを求める。しかし，研究成果が悪用される可能性がないとは言えないため，ヒト胚を用いた研究に対しては，規制の必要性や合理性，規制によって達成されうる利益についてはっきりとした根拠を示した上で，法律による規制が許されるとする見解が有力である。

　次に，防衛装備庁が将来の防衛分野の研究開発に役立ちうる基礎研究を委託し，資金提供する安全保障技術研究推進制度への応募を禁じる研究機関は少なくない。表面的には研究者の自由を制約しているし，軍事転用が可能な基礎研究や民生技術もあり，必ずしも明確に軍事研究／非軍事研究を峻別できない領域もある。しかし，軍事研究には人間の殺傷を目的とする内容も内包するため，軍事研究につながりうる研究の推進を警戒すること自体には妥当性がある。また，同制度は防衛省の予算で行われ，防衛装備庁所属のプログラムオフィサーが研究中の進捗を管理することなどが想定されている点で公権力による介入を招きやすい。学術研究を公権力から独立させ学問の自由を実質的に保障する観点からすると問題がある。

　さらに，2020年10月には，研究者の立場から政策を提言する機関である日本学術会議が推薦した新任会員候補者6名の任命を首相が拒否した。日本学術会議法は，学術会議自身が「優れた研究又は業績がある科学者のうちから会員の候補者を選考」し（17条），その「推薦に基づいて」首相が任命する（7条2項）と規定している。学問の自由の精神にてらせば，日本学術会議法は，研究者集団の政権から独立した自由な活動を確保できる解釈をする必要があり，7条2項は，従来通り，首相は学術会議の推薦を拒むことはできないと解するべきである。

3　大学の自治

　大学の研究者が公権力や世間の動向を気にすることなく自由に研究活動を行えるようにするため，大学には大学の自治が保障される。通説では，大学の自治は学問の自由を保障するための制度的保障（一定の制度を保障し，その核心部

分は法律でも制限することができないとする理論）であると考えられている。大学の自治は，学長や教授などの研究者の人事の自治と，施設・学生の管理の自治を内容とする。加えて，予算管理の自治と，研究・教育の内容と方法などの自治（もっとも，教員個人の研究や教授の自由と対立する可能性がある）を含める考え方もある。

　公権力による干渉は，間接的なものであっても自由な学問研究に対する脅威となる。リーディングケースが，大学内における学生団体の公演に潜入した私服警官が逃走しようとしたため，暴行を加えた学生が起訴された事件である。1・2審は，学生の行為は大学の自治を守るための正当防衛であるとして無罪とした。しかし最高裁は，「学生の集会が真に学問的な研究またはその結果の発表のためのものでなく，（本件のように）実社会の政治的社会的活動に当る行為をする場合には，大学の有する特別の学問の自由と自治は享有しない」として，警察官の立入りは大学の自治と学問の自由を侵害しないとした（東大ポポロ事件：最大判1963・5・22）。最高裁判決には，警察が長期間にわたって大学構内で情報収集を行っていたという大学の自治の根源にかかわる問題に対する考慮が欠けている。

　また，国立大学は2004年に独立行政法人化されたことで，形式的には国からの独立性が強まった。しかし，同年以降，国立大学予算の大きな割合を占める運営費交付金が毎年1％ずつ削減された時期が続き，正規の教職員や研究費が減少している。予算の削減は，少なくない学問分野で研究活動の制約につながる。不足した研究費を期限付きの競争的資金で獲得しようとするために，短期間で成果が出やすい研究テーマを申請する傾向が指摘されて久しい。学問研究の目的にてらして，研究者の自由闊達な研究活動が確保できる制度設計が求められる。

比較9　政教分離──フランスとの比較

　日本国憲法は政教分離を定めている。国家と宗教の分離は立憲主義諸国の中でもスタンダードな原理である。日本国憲法はフランスやアメリカと同様に，「厳格分離型」とされるが，しかし，国家によってその具体的なあり方は相当に異なっている。また，政教分離によって対処しようとした問題も同じではない。ここでは同じ類型に属するとされるフランスと，その歴史と現代的展開を比較することによって，両者の特質と課題を明らかにしたい。

1　ライシテの成立

　現行のフランス第5共和制憲法は，1条で，フランスが「非宗教的」な共和国であると宣言している。ここで非宗教的とさしあたり訳したライック（laïque）の名詞形である「ライシテ（laïcité）」という語が，フランスの政教分離を表すことばとして定着している。ライシテの歴史的起源の1つは，1789年のフランス革命である。王権神授説に基づく絶対王政に代わり，主権者たる市民から構成される世俗的な国家権力が樹立されたことによって，宗教的権威ではなく主権国家が公共領域を支配することになる。もっとも，そこからすぐにライシテが確立されたわけではない。フランスは極めてカトリックの伝統が強い国であり，婚姻や葬儀，教育といった社会の諸領域において教会の影響力は大きいものだったことに加え，そもそも「ライシテ」という言葉が具体的に何を意味するのかさえ明らかではなかったからである。

　国家と宗教の関係性は，フランスの政治状況の不安定さに対応して，一貫したものではなかった。たとえば，革命期の混乱を経て，一方でナポレオン・ボナパルトは教皇庁と1801年にコンコルダート（政教条約）を締結し，カトリックのほかプロテスタント，ユダヤ教を公認することで，革命によって悪化した教会との関係を修復している。他方で，ボナパルトは民法典を制定し，従来は教会が司っていた婚姻や家族といった領域を世俗的な法によって規律した。また，秩序だった教育組織を整備し，宗教的権威に依存しない教育の基礎を築いた。このように，ライシテは整然としたものではなく，さまざまな領域におい

て複雑な過程を経て展開した。

2　ライシテの確立

　ライシテが制度として確立するのは第3共和制期（1870年—1940年）である。第3共和制は，当初，フランス革命の原理を重視し，世俗的な共和国を実現しようとする共和派と，かつての王政を復活しようとするカトリック保守派が対立していた。しかし19世紀後半には反教権派の共和派が議会の多数派を占めるようになった。さらに，1894年のドレフュス事件を機に，共和主義を徹底しようとする急進社会党がクレマンソーの指導のもとで急速に支持を伸ばした。現在のライシテの原型となる1905年法が成立するのはこうした背景においてである。その前年にフランスは，反教権主義者のエミール・コンブ首相のもと，ヴァチカンと国交断絶にまで至っており，1905年法はフランスの新たな政教関係を法的に規律する意義ももっていた。

　1905年法の1条は「共和国は良心の自由（liberté de conscience）を保障する。共和国は，公共の秩序のために以下に定める制限のみを設けて，自由な礼拝の実践（libre exercice des cultes）を保護する」と規定し，第2条で「共和国はいかなる宗派も公認せず，俸給の支払い，補助金の交付を行わない」としている。ここからわかるように，1905年法は，「信教の自由は，何人に対してもこれを保障する。」と1項で規定し，3項で「国及びその機関は，宗教教育その他いかなる宗教的活動もしてはならない。」とする日本国憲法20条と似た構造を有している。すなわち，信教の自由を十全に保障するために，国家は宗教とのかかわり合いをもたないようにするのである。この1905年法1条，2条は現在に至るまでライシテの基本原則として妥当している。

　1905年法以前にも，すでに1880年代から，特に初等教育におけるライシテが立法によって進められていた。従来のフランスにおける初等教育は，修道会系の学校が大きな役割を果たしてきた。しかし，近代国家として，女子も含む公教育を広く整備していく過程において，フランス国家は世俗的な共和国を担う市民を要請する必要から，公立学校の授業内容を世俗化し（フェリー法），学校からも聖職者を追放する（ゴブレ法）などして修道会の影響力を排除する方向へと向かったのである。1905年法はこれを確認し，一般化したものということ

ができる。

1905年法で最大の争点となったのは，公認宗教を民間組織である信徒団体に再編することである。これによって国家は宗教と分離され，信仰は各個人の自由に委ねられる。それに伴って教会財産も移転する必要があったが，カトリックが財産調査のための教会の立入りに反対するなどした結果，多くの教会財産が没収された。他方で，カトリックの抵抗も強かったため，妥協が行われ，教会が市町村の所有になるかわりに，その維持修繕につき市町村が公費を支出できるようになった。また，信徒団体の地位につき紛争になった場合には，最上級行政裁判所であるコンセイユ・デタは，カトリックおよびプロテスタント教会の自律性を尊重し，また，宗教的自由を広く認めるようになった。このように，当初のライシテは単なる反‐宗教的なものではなく，あくまで信教の自由にも配慮する非‐宗教的，脱‐宗教的なものであったという評価が現在では有力である。

3 イスラム・スカーフ事件

上述のように，1905年法に基づくライシテは基本的には国家とカトリック，プロテスタントなどの教会との分離を念頭に置いたものである。その中心的課題は，公教育から宗教の影響を排除して共和国に参画する市民を育成すること，そして，各人の信仰の自由に配慮しつつ，礼拝施設に原則として国家援助を行わないようにすることであった。その後，1946年第4共和制憲法は，この基本原則を，はじめて「ライシテ」という言葉を用いて憲法に取り込んだ（1条）。ここではライシテは宗教的自由の保障と結びついた国家の宗教的中立性のことであるとして理解されていた。

現代のフランスにおいてライシテがもっとも問題になるのは，イスラム教，とりわけ女性のかぶるヴェールとの関係である。この点は日本と最も異なる部分といえよう。アルジェリアやモロッコなど，マグレブ諸国がフランスの旧植民地であったことにより，第二次世界大戦後にイスラム教徒の移民が急増した。しかし，1905年法はカトリック，プロテスタント，ユダヤ教のみを念頭に置いていたため，こうした新たな状況によって問題が生じることになる。

代表的な事件として，スカーフ事件がある。1989年，パリのコレージュ（公

立中学校に相当）に，3人の女子生徒がスカーフをかぶって登校したところ，学校側はライシテに抵触するとしてスカーフを外さないかぎり登校を禁止した。この事件を契機に，ライシテは公教育の現場において信仰の表れである宗教的シンボルを一切禁止するような法規範なのかについて，国を二分するような論争が繰り広げられた。一方で，レジス・ドゥブレやエリザベート・バダンデールらの知識人は，「教師たちよ，妥協するな」という文書を発表し，共和国の学校とは，宗教からいったん解放され，普遍的な理性のみに基づく教育によって市民を育成するものであり，スカーフを容認することは共和主義の核心に抵触すると主張した。他方で，アラン・トゥレーヌら別の知識人たちは「開かれたライシテのために」という文書を発表し，普遍主義が排除の口実になってはならず，生徒各人の信仰の自由に配慮した「開かれたライシテ」が必要だと主張した。フランスの共和主義とはいかなるものかという理解の相違を背景に，2つの「ライシテ」が対立しているとみることができる。

　事件は裁判所にもち込まれた。コンセイユ・デタは，宗教的標章を着用すること自体は，信仰の自由の行使である限り，ライシテとは矛盾しないと結論づけたが，それが他者の尊厳や自由，あるいは教育活動を妨げるような「これみよがし（ostentatoire）」なものであってはならないと留保をつけた。条件付きのスカーフ容認論であるが，現実的には「これみよがし」なものかどうか，ケース・バイ・ケースの判断が必要となる。判断はまず教育現場に委ねられることになるが，それは容易ではなく，校長の判断が裁判で覆されることも稀ではなかった。したがって，教育現場からは，より明確な判断基準を制定することを求める声が高まっていった。

　このような経緯から，2004年に，いわゆるスカーフ禁止法が制定された。公立学校における「これみよがし」な宗教的標章の着用が禁じられたのであるが，本法を実施するための通達において，イスラムのスカーフやユダヤ教徒のキッパ，過度に大きな十字架のような，着用によって即座に宗教への所属が見分けられるような標章が禁止されると明確化されたのである。こうして公教育の場におけるスカーフの着用は明確にライシテに抵触するものとして原則的に禁止された。

4　ライシテ原理の変容

　スカーフ事件および2004年法が意味しているのは，ライシテが，フランスの共和主義と不可分のものとして捉えられているということである。すなわち，単なる政教分離の法というだけではなく，レジス・ドゥブレらの議論にもあるように，ライシテは自由・平等といったフランスの普遍的な理念を実現するための重要な原理としてみなされているのである。この事件が起こったのが公立学校であったという点も見逃してはならないだろう。歴史的経緯からもわかるように，公立学校は，共和国の理念を伝えることを使命とするから，ライシテが厳格に適用されることにはそれなりの理由があると考えられるからである。

　他方で，この事件はムスリム系移民の社会への統合という側面からもみる必要がある。とりわけ2001年の9.11同時多発テロ以降，フランスにおいてもイスラム原理主義との対決が強調され，ひいてはムスリム一般に対する敵対心が膨らんでいった。その結果として，ライシテは反イスラム原理主義という意味合いを強く帯びるようになり，排外的な右派のスローガンとしても用いられるようになる。事実上ムスリムを狙いうちにしている2004年法は，信仰の自由との両立を目指した1905年法とは異質なものであるという評価にも理由がある。

　2007年に大統領に就任したサルコジは，2010年にいわゆるブルカ禁止法を成立させた。これは，「何人も，公の場においては，その顔を隠すための衣服を着用することはできない。」とするもので，全身を覆うヴェールであるブルカを念頭に置いたものである。テロリズムとヴェールに象徴されるイスラム教を結び付けていることは明らかである。これはライシテのための法律ではなく，治安維持を根拠にするが，ライシテも含む「共和国の価値」なるものが正当化の根拠に用いられるなど，公共空間から宗教を排除するのがライシテであるという社会通念は広がっており，規制推進派の政治家もこれを利用しているようである。また，男女平等という文脈からもヴェールの着用はフランス的な価値観と相容れないという主張も盛んであり，議論は錯綜している。

　2015年のシャルル・エブド事件，パリ同時多発テロ，2016年のニースでのトラックテロはこうした状況に拍車をかけた。「ライシテ」はテロを繰り返す「イスラム原理主義」に対峙するフランス共和国の誇るべき価値である，との言説が政治家たちによって繰り返され，大統領選挙においてもライシテの名の

もとにヴェール禁止の範囲の拡張が議論された。共和主義というフランスのアイデンティティと結びつくことで，ライシテ概念は拡張し，ほとんど反イスラム教の原理であるかのような様相を呈しているのである。

●比較から読み解く

　以上のようなライシテ概念の安易な拡張およびヴェール着用規制には多くの批判が寄せられている。1905年法1条が規定するように，信教の自由の保障がライシテの第1の目的であり，その手段が国家の宗教的中立性である。本来は自由に信仰の自由を行使することができるはずの公共空間において，ライシテがヴェールの着用を禁止する根拠になるとは考えがたい。公立学校も公共空間ではあるが，学校は，共和国の担い手たる市民を育成する場であり，だからこそライシテが歴史的に問題になってきたのである。強大な教会権力と対峙するための武器であったライシテが，マイノリティの宗教的自由を抑圧するための口実になっていないか，注視する必要がある。日本でいえば神戸高専事件（最判1996・3・8）が格好の素材となるだろう。

　フランスのライシテは，公教育を中心とした公的領域からの教会の分離という目的を一定程度達成した後に，共和主義のシンボルとして，イスラムと無差別テロという現代的な問題の前に変容しつつある。他方で，日本の政教分離は，天皇を頂点とし，靖国神社が中心となる国家神道体制の解体を意味するものであった。しかし，首相や閣僚は靖国神社への公式参拝をいまだ断続的に行っており，司法も国家と神道の関係性を厳しく判断しているようにはみえない。日本の政教分離の課題はいまだ国家と神道の分離にあるというべきであろう。

【参考文献】
小泉洋一『政教分離の法』（法律文化社，2005年）。
ジャン・ボベロ『フランスにおける脱宗教性の歴史』三浦信孝・伊達聖伸訳（白水社，2016年）。
谷川稔『十字架と三色旗』（岩波現代文庫，2015年）。
伊達聖伸『ライシテから読む現代フランス』（岩波新書，2018年）。
村田尚紀「公共空間におけるマイノリティの自由――いわゆるブルカ禁止法をめぐって」関西大学法学論集60巻6号（2009年）。

比較 *10*　放送・通信メディア── EU とドイツとの比較

　日本国憲法21条は，表現の自由を保障している。放送は，国民の知る権利を充足し，健全な民主主義の発達に寄与することができる。放送法は，このことを確保するため，公共放送と民間放送からなる二元秩序を採用した。ここでは，受信料に基づく公共放送が全ての国民の要望を満たし，広告料に基づく民間放送が個人の創意と工夫を活かすことで，両者が相互に長所を発揮し，お互いを啓蒙し，相互の欠点を補完することが期待されている。

　従来，NHK は，民間放送との間で，視聴率や広告料を競う経済競争ではなく，番組の質の向上を競う言論競争を展開してきた。しかし，2019年放送法改正により，全番組を放送と同時にインターネット上で配信することが認められたため，2020年4月から「NHK プラス」を通して常時同時配信を開始している。インターネット上では，民間放送だけでなく，新聞社や出版社，さらには，インターネット事業者も活動しているため，NHK はこうした主体とも競争することになる。もっとも，NHK は受信料に依拠するため，常時同時配信を通して，インターネット上の公正な競争を阻害する危険性がある。

　以下では，EU とドイツを素材として取り上げ，インターネット社会における公共放送の位置づけについて検討する。

1　2007年欧州委員会決定

(1)　経済統合の推進と国家援助の禁止

　2000年代初め，ドイツの民間放送局は，欧州委員会に対して，公共放送のインターネット上の活動に受信料収入を充てることは，EU 法に違反するとの異議を提起した。欧州委員会は，2007年4月24日決定において，この異議を認めた。まず，この決定を検討する前提として，EU 法における放送の位置づけについて触れておきたい。

　EU は，共同市場の形成を通して，経済統合を推進してきた。EU は，経済政策において，自由競争を伴い，資源の効率的な配分を促す開放市場経済原則を遵守し（EU 運営条約110条），権利保障において，経済的自由，特に人，商品，資本，サービスの移動の自由を重視している（EU 運営条約2編および4編）。そのうえで，EU は，公正な競争を確保するため，国家援助を原則的に禁止し，ある企業に便益を与えることで，競争を歪曲する国家援助は，域内の

貿易に影響を及ぼす限り，共同市場とは両立しないとしている（EU 運営条約107条1項）。もっとも，国家援助が当該規定に該当するとしても，例外的に違法とはならない場合も認め，一般の経済的利益サービスを委託された企業に対して，当該任務の遂行を阻害する競争規定は，貿易の発展を著しく阻害する場合を除き，適用されないとしている（EU 運営条約106条2項）。

公共放送の受信料制度は，国家援助に該当し，公正な競争を歪曲すると批判されてきた。もっとも，EU は，放送を規律する権限を有していない。視聴覚分野を含む文化的領域について，EU の権限は，構成国間の協力を奨励し，構成国の活動を支援および補足することに限られるからである（EU 運営条約167条2項）。そのため放送の規律権限は構成国に属する。しかし放送は文化だけでなく経済とも関連している。そのため，経済統合を図る EU の規律権限は，放送の経済的側面に及ぶことになる。実際に，EU は，サービスの自由から放送を理解したうえで，1989年の「国境なきテレビ指令」や，2007年の「視聴覚メディアサービス指令」に代表されるように，放送規律に関する重要な役割を果たしてきた。

(2)　公共放送のインターネット・サービスの違法性

しかし，放送を経済的に把握する EU と，放送を文化的に理解する構成国は，放送と競争の関係をめぐり対立してきた。実際に，構成国は，1997年の「放送議定書」に象徴されるように，EU による放送規律については懐疑的であった。こうした対立が鋭く問われたのが，欧州委員会の2007年決定である。以下では，この内容を検討する。

欧州委員会は，受信料は国家援助に該当し，公正な競争を歪曲すると述べる。特に公共放送が提供するインターネット・サービスは，民間放送との競争，特に視聴率や広告料をめぐる経済競争に影響を与えるとしている。もっとも，EU 運営条約107条1項（当時は EC 条約87条1項）にあたる場合であっても，EU 運営条約106条2項（当時は EC 条約86条2項）を満たすことができれば，違法とはならない。このことについて，欧州委員会は，2001年の「放送通達」に基づき，次の3点を審査している。第1に，構成国は一般の経済的利益サービスを明確に定義しているか，第2に，構成国は当該企業に一般の経済的利益サービスの遂行を委託しているか，第3に，競争規定を免除することは，

貿易の発展を著しく阻害しないかである。

　この審査では，特にドイツ放送州際協定11条1項2文が重要となった。当該条文は，「公共放送は，番組に付随して，番組に関連する内容の（…）テレメディアを提供することができる」と定めていた。欧州委員会は，当該規定は，上記各点のうち，第1点と第2点を満たさないとする。

　第1点について，欧州委員会は，公共放送が新たな技術発展に参加し，新たな情報基盤を利用する権利をもつことを認めつつ，公共放送がインターネット上で提供するサービスには，すでに私的主体が市場で提供しているものと類似し，一般の経済的利益とは関連しないものも含まれているとする。その例として，イーコマース，商業広告，スポンサリング，マーチャンダイジング，ペイテレビ，ペイパービューを挙げている。その結果として，番組に付随し，番組に関連するテレメディアという定式からは，その中のどのサービスが，一般の経済的利益，特に社会の民主的，社会的，文化的な需要を満たすのかを読み取ることはできないと結論づけている。

　第2点について，欧州委員会は，当該規定を放送州際協定19条と対比させながら，後者の規定では，公共放送は，総合編成番組を提供しなければならないとされるが，前者の規定では，テレメディアを提供することができるとされていることに注目する。その上で，このように義務を課すのではなく，単に授権を行うのに止まる規定は，一般の経済的利益サービスの遂行を委託するものとして十分でないと結論づけている。

2　2009年第12次放送州際協定

(1)　放送の自由の理論

　以上の理由から，公共放送のインターネット・サービスは違法とされた。もっとも，その理由づけからすれば，放送の任務を明確に定義したうえで，法的根拠に基づき，公共放送に委託することができれば，適法となる余地も残されている。しかし，放送をサービスの自由から把握し，公共放送と民間放送の経済競争に注目したうえで，公共放送の受信料を違法な国家援助と認定することは，ドイツで形成された放送の自由論とは相容れないものであった。EUとの対立を懸念したドイツは，2007年に「国家援助に関する妥協」を締結し，

2009年に第12次放送州際協定を制定している。まず，この協定を検討する前提として，ドイツにおける放送の自由論について触れておきたい。

　ドイツ基本法5条1項は1文において個人の表現の自由を保障したうえで，2文においてマスメディアの自由を保障している。そこでは，新聞の自由と並び，放送の自由が明記されている。連邦憲法裁判所は，放送の自由を意見形成に奉仕する自由として理解したうえで，国家に対して，放送の政治的利用を禁止するだけでなく，意見の多様性確保を義務づけている。さらに，公共放送と民間放送の関係について，基本的供給の理論を採用し，公共放送は国民全体に多様な意見を反映する番組を提供し，放送の民主的で文化的な機能を果たすことができるため，公共放送が最低限度の言論伝達を確保する限り，民間放送に過度な規制を課す必要はないとしている。

　もっとも，実際に基本的供給を確保するためには，公共放送が民間放送と対等な条件下で競争し，放送環境の急速な変化に対応する必要がある。連邦憲法裁判所も，基本的供給の範囲を動態的に理解し，特に新規の放送技術も，放送の任務にとって重要となる場合には，基本的供給に含まれるとしている。さらに，公共放送の活動を制約することで，民間放送の発展を保護することは，経済的自由の問題とはなるが，放送の自由の問題ではないとしている。

⑵　テレメディア任務と三段階審査

　連邦憲法裁判所は，意見形成の自由を重視し，公共放送を二元秩序の中核に位置づけたうえで，民間放送との言論競争に着目し，公共放送の活動範囲も放送の技術発展に適合するよう理解してきた。もっとも，公共放送のインターネット・サービスについては，2007年欧州委員会決定を受け，2009年に第12次放送州際協定が制定されている。以下では，この内容を概観する。

　同協定では，テレメディアは，ストリーミングを除くオンライン・コンテンツとして定義され（2条1項），テレビやラジオと並ぶ公共放送の任務に位置づけられた（11a条）。もっとも，オンライン・コンテンツがテレメディアとなるためには，編集組織がジャーナリズム上の原則に基づき決定し制作する必要がある（11d条1項）。こうしたオンライン・コンテンツのみが，社会の民主的，社会的，文化的な需要を満たすことができるからである（11条1項）。さらに，テレメディアには，情報社会への参加を可能とし，インターネット空間での指

針を提供し，メディア・リテラシーを向上させることが求められる（11 d 条 3
項）。

　さらに，同協定は，テレメディアを，すでに法律によって委託されているも
のと，そうでないものに分けたうえで（11 d 条 2 項），後者には特別な審査を設
けている。前者には，放送から 7 日未満で提供される番組コンテンツと，放送
から 7 日未満で提供される番組に関連する内容のコンテンツなどがある。後者
には，放送から 7 日を超えて提供される番組コンテンツ，放送から 7 日を超え
て提供される番組に関連する内容のコンテンツ，番組に関連しない内容のコン
テンツ，アーカイブなどがある。

　後者のテレメディアは，特別な審査を通過しない限り，提供することはでき
ない（11 f 条 4 項）。この審査は，次の 3 点を審査するため，三段階審査と呼ば
れる。第 1 に，コンテンツは，どの程度，社会の民主的，社会的，文化的な需
要を満たすのか，第 2 に，コンテンツは，質的観点からみて，どの範囲で言論
競争に寄与するのか，第 3 に，コンテンツは，どれほどの財政的費用を必要と
するのかである。特に第 2 点では，すでに自由に入手可能なコンテンツは，ど
れほどの量や質を有しているのか，計画されているコンテンツは，市場に対し
て，どれほどの影響力を有するのか，既存の比較可能なコンテンツに照らし
て，どれほどの意見形成機能を有するのかも考慮される。

　三段階審査を行うのは，公共放送内部に設置された放送委員会である。放送
委員会は社会の多様性を代表する団体によって組織され，社会の多様な意見を
反映するため，公共放送のテレメディア任務についても，社会の意見を踏まえ
た評価を行うことができる。

●比較から読み解く

　公共放送のインターネット上の活動は，サービスの自由の観点から民間放送
の経済競争を保護する EU からすれば，構成国によって厳格に統制しなければ
ならないのに対して，放送の自由の観点から公共放送の言論競争を保護するド
イツからすれば，公共放送の自律的判断に委ねなければならない。第12次放送
州際協定は，欧州委員会の決定と連邦憲法裁判所の判例を調整し，公共放送の
インターネット・サービスを定めたものであるため，テレメディア任務を詳細

に定めた点は，公共放送の自律的判断を制約していると批判され，三段階審査を放送委員会に委ねた点は，公共放送の広範な活動を追認していると批判されてきた。最後に，日本への示唆について述べておきたい。

　日本国憲法は，EUとは異なり，経済統合を目的とせず，経済的自由に対する制約を予定している。そのため，表現主体の行う経済競争は，それ自体としてではなく，言論競争に寄与する限りで保護されると考えるべきである。その一方で，日本国憲法は，ドイツとも異なり，意見の多様性確保を国家に義務づけず，公共放送を二元秩序の中核に位置づけてもいない。実際に，放送法も，公共放送と民間放送の対等な関係を前提としてきた。そのため，公共放送のインターネット上の活動を保障する場合には，放送領域だけでなく，表現空間全体を含めた慎重な検討が必要である。その際には，多数の主体が競争することで，多様な意見が表明されること，さらに，公正な経済競争を前提として，良質な言論競争も成立することを前提とするべきである。

　さらに，日本では，1952年に電波監理委員会が廃止されたことを受け，NHKのインターネット上の活動も総務大臣から認可を受けることが前提となる。その際には，インターネット上の活動がNHKの目的達成に資すること，種類・内容・実施方法が適正かつ明確に定められていること，種類・内容・実施方法および提供条件が受信料制度に照らし不適切でないこと，業務の実施費用が過大でないことなどが審査される。このことによって，NHKの肥大化や民業圧迫を防止することができる反面，総務大臣がNHKに対して過剰に介入することも可能となっている。そのため，日本では，インターネット社会における公共放送の位置づけについて，表現空間全体における公正な競争を確保することだけでなく，NHKに対する過剰な行政介入を防止することも問われている。

【参考文献】

鈴木秀美『放送の自由〔増補第2版〕』（信山社，2017年）。
西土彰一郎『放送の自由の基層』（信山社，2011年）。
Boris P. Paal, Medienvielfalt und Wettbewerbsrecht, Mohr Siebeck, Tübingen, 2010.
Thorsten Held, Online-Angebote öffentlich-rechtlicher Rundfunkanstalten, Nomos, Baden-Baden, 2008.

比較 *11*　ヘイト・スピーチ
──ヨーロッパ人権条約との比較

　ヘイト・スピーチは，一定の属性をもつ集団に向けられる差別的・誹謗的な表現を指す。特定の個人や団体に対する同様の表現であれば，刑事では名誉毀損罪（刑法230条）や侮辱罪（刑法231条）が成立する可能性がある。しかし，これらは被害者が特定される必要があり，「九州人」など漠然とした集団は含まないとされる（大判1926・3・24）。民事でも，従来は，「個人に具体的な損害が生じていない」限り責任は問えないとされていた（たとえば，京都朝鮮学校事件：京都地判2013・10・7）。

　しかし，日本でもヘイト・スピーチに対する何らかの法的な規制を作るべきだという声が高まり，ヘイト・スピーチ解消法（正式名称は「本邦外出身者に対する不当な差別的言動の解消に向けた取組の推進に関する法律」）が2016年5月に成立し，翌月に施行された。同法は，「本邦の域外にある国又は地域の出身であることを理由として，本邦外出身者を地域社会から排除することを煽動する不当な差別的言動」（本邦外出身者に対する不当な差別的言動）を対象としている（2条）。罰則規定はなく，「人権教育と人権啓発などを通じて，国民に周知を図り，その理解と協力を得つつ，不当な差別的言動の解消に向けた取組を推進」すること（前文3段）をうたう理念法である。

1　ヘイト・スピーチ規制──慎重論と賛成論

　日本の憲法学説の多くは，ヘイト・スピーチ規制に慎重な立場をとっている。その理由は，主に以下の4点である。第1に，何がヘイト・スピーチにあたるかを明確に定めることは実は難しく，積極的に被害を救済しようとすると，規制対象が際限なく広がる可能性がある。特に，刑罰付きで規制すると表現の自由に対して強い萎縮効果をもたらすおそれがある。第2に，何がヘイト・スピーチにあたるかを実際に判断するのは行政や警察であるため，公権力にとって好ましくない表現がヘイト・スピーチとして規制の対象とされる可能性がある。第3に，現実にヘイトデモに対するカウンターデモなどのように，ヘイト・スピーチには言論によって対抗することが可能であり（対抗言論），表現の自由に対するリスクを負ってまで法律で規制することは行きすぎである。第4に，商店の前で行うなど特定の個人や団体に向けたヘイト・スピーチであれば，脅迫罪（刑法222条）や名誉毀損罪（刑法230条），業務妨害・威力業務妨

害罪（刑法233・234条）などの現行法を適用できる場合もあり，新たな規制法を作る必要はない。

　他方で，ヘイト・スピーチ規制を要請する声もある。その理由は，第1に，店先や家の前で，自分たちの属する集団に対する暴言を大音量で絶叫し続ける相手に対して冷静に話し合いを求めることは相当な勇気がいるように，ヘイト・スピーチは攻撃にさらされる集団に恐怖を与え，反論する表現の自由を実質的に制限する可能性がある（在特会事件：高松高判2016・4・25）。第2に，ヘイト・スピーチは，攻撃対象とされる集団からすれば特定の個人や団体に対する名誉毀損や侮辱と同じである。第3に，ヘイト・スピーチは悪質な言葉の暴力であり，さまざまな生まれや考え方をもつ人が共存する自由で民主的な社会における最低限の公序に反しているなどである。

2　ヨーロッパ人権裁判所

　ここでは，欧州の47カ国が締約国であるヨーロッパ人権裁判所（European Court of Human Rights）の判例法理から，ヘイト・スピーチ規制を考えてみる。同裁判所判例法理は自由権規約（国際人権B規約）を解釈する際に参考にされており，日本においても参照する意義がある。

(1)　ヨーロッパ人権条約の基本的発想

　ヨーロッパ評議会（Council of Europe）は，民主主義・人権・法の支配を擁護するために西欧10カ国で1949年に設立された。ヨーロッパ評議会の中でヨーロッパ人権条約（European Convention on Human Rights：以下，単に「条約」とする）が1950年に調印され（1953年発効），現在では欧州の47カ国が締約している。条約は欧州の地域人権条約であり，1948年の世界人権宣言をベースとして，自由権を中心とした権利・自由（生命権，身体的自由，私生活・家族生活の尊重，精神的自由，差別の禁止など）を保障している。

　ヘイト・スピーチ規制との関係では，条約10条1項が表現の自由を保障した上で，2項で「法律で定める（prescribed by law）手続，条件，制限又は刑罰であって，国の安全，領土保全若しくは公共の安全のため，無秩序若しくは犯罪の防止のため，健康若しくは道徳の保護のため，他の者の信用若しくは権利の保護のため，秘密に受けた情報の暴露を防止するため，又は司法機関の権威

及び公平性を維持するため民主的社会において必要な（necessary in a demo-
cratic society）ものを課すことができる」と規定している。集会・結社の自由
を保障した条約11条も，1項と2項で類似の規定を定めている。また，条約17
条は条約上の権利の濫用を禁じている。

　ヨーロッパ評議会は，加盟国に対してある程度積極的なヘイト・スピーチ規
制を行うことを求めている。1993年に設立され，加盟国の人種差別などの状況
をチェックし，各国が人種差別等に関する政策決定をする際のガイドライン
（一般的政策提言）の作成などを任務とする ECRI（European Commission against
Racism and Intolerance，人種主義と不寛容に反対するヨーロッパ委員会）は，2002
年の「人種主義と人種差別に対抗する国内法に関する一般的政策勧告7」（CRI
(2003) 8 REV，2017年改正）で，各国に対して以下の提言をしている。憲法に
は，表現・集会・結社の自由は人種差別との関係で制約に服しうることを明記
すること。民法・行政法分野では，直接および間接的な人種差別の禁止規定を
設けた上で私人間にも適用し，公的機関は契約や賃貸等の差別を禁ずる諸政策
を推進すること。刑事分野では，故意によるさまざまな類型のヘイト・スピー
チを犯罪化することを求めている。

(2)　ヨーロッパ人権裁判所の判例法理

　ヨーロッパ人権裁判所は，国内で救済の途がたたれるなど一定の要件を満た
した個人が提訴した場合などに，条約に基づいて判断を行う司法機関である。
条約違反判決が出ると，敗訴した国は判決を何らかの形で履行する義務を負う
（条約46条）。ヨーロッパ人権裁判所は，国際人権機関の中でも係属案件が豊富
で判例法理が体系化されている。2010年代以降，判例法理の発展に対するゆり
もどしが見られるものの，各国の人権保障に一定の影響を与えている。

　条約10条2項や11条2項，17条だけを見ると，条約は表現の自由に対して広
範な制約を認めているように思える。しかしヨーロッパ人権裁判所は，表現の
自由を民主的社会の本質的基礎であるとした上で（ハンディサイド判決（Handy-
side v UK, 7 December 1976)），表現の自由を制約するには法律上の根拠があり
（合法性），条約上に示された正当な規制目的であり（正当性），「民主的社会に
おいて必要な」規制（比例性）であることを求めている。「民主的社会において
必要な」規制の中には，ヘイト・スピーチから被害者を保護する国家の積極的

義務を履行するための規制も含まれうる。

　制約の正当性については，条約10条２項が多くの規制目的を列挙していることから分かるように，容易に認定される傾向がある。しかし，合法性要件は，「法律」（国会制定法である必要はない）が公表されていることや文言が明確であることが求められる。また，比例性要件は，「急迫する社会的必要性（pressing social need）」があるか，規制手段（人権制約）が規制目的と釣り合っているか，規制目的と規制手段（人権制約）との間には関連性があり十分か（relevant and sufficient）が厳格に審査される（サンデータイムズ判決（Sunday Times v UK（No. 1), 26 April 1979))。

　ヨーロッパ人権裁判所には各国のヘイト・スピーチ規制をめぐる事件も係属し，規制を認めたり，規制しないことを条約違反とする判決が下されている。たとえば，同性愛が道徳を破壊し，HIV や AIDS の流行に寄与したなどとする約100部のリーフレットを高校で配布したことが民族または種族集団に対する扇動罪に問われ，有罪となったことが争われた事件がある。ヨーロッパ人権裁判所は，高校に侵入して配布したことや実刑判決が下されていないことを考慮しつつ，リーフレットの内容が同性愛者への深刻な損害をもたらすとして，有罪判決は条約10条（表現の自由）に違反しないとした（Vejdeland and Others v Sweden, 9 February 2012)。

　また，自身と同性のパートナーがキスをしている写真を掲げた公開の Facebook への多数のヘイトコメントに対して，検察が刑法の構成要件該当性を否定して捜査しなかったことが争われた事件がある。ヨーロッパ人権裁判所は，本件 Facebook は公共空間であり，刑法の補充性はヘイト・スピーチに対しても適用されるものの，本件コメントは申立人や同性愛者コミュニティ一般に対する憎悪を公然と発しており，彼らを保護する積極的義務を怠った当局の姿勢の核心には差別的な姿勢があるとして，捜査しなかったことは条約８条（私生活の尊重）と結びついた14条（差別の禁止）に違反するとした（Beizaras and Levickas v Lithuania, 14 January 2020)。

　他方で，各国がヘイト・スピーチ規制をしなかったことが条約に違反しないとしたり，規制が行きすぎである（比例性を満たさない）とするとする判決もある。「ジプシーは窃盗などの違法な活動に従事している」旨が記述された著書

などの差止が認められなかったことなどが争われた事件がある。ヨーロッパ人権裁判所は，著書は学術的知見に基づいているほか，ロマ一般に対して否定的な記述をしたりすべてのロマが違法な活動に従事しているとは述べていないとして，差止などによって申立人を保護する条約8条（私生活の尊重）上の国家の積極的義務に違反しないとした（Aksu v Turkey［GC］, 15 March 2012）。

　また，スイスで第一次世界大戦中のアルメニア人虐殺のジェノサイド該当性を否定したトルコ労働者党（極左系の小政党）の議長に対して国内裁判所が罰金刑を科したことが争われた事件がある。ヨーロッパ人権裁判所は，議長の発言はアルメニア人ではなくイギリスやフランス，ロシアの帝国主義に向けたものであり，本件でアルメニア人コミュニティに属する人々の尊厳を保護するために刑事罰を科すことは比例原則を満たさないなどとして，条約10条（表現の自由）に違反するとした（Perinçek v. Switzerland［GC］, 15 October 2015）。

●比較から読み解く

　日本が加入する人種差別撤廃条約2条1項は，締約国に対して「あらゆる形態の人種差別を撤廃する政策及びあらゆる人種間の理解を促進する政策をすべての適当な方法により遅滞なくとる」ことを定めている（ただし日本は，ヘイト・スピーチの犯罪化を求める4条a・bについては，憲法が保障する表現の自由などに反しない限度で行うとしている）。日本の憲法学の通説である憲法優位説を前提としても，憲法の枠内でヘイト・スピーチを規制するための何らかの法整備を進めることが求められる（憲法98条2項）。

　他方で，不快に思う人がいるからという理由で表現行為を規制すれば，あたりさわりのない内容しか発することができなくなるおそれがある。ヘイト・スピーチ規制のあり方を検討する際には，次の点を考慮する必要がある。第1に，ヘイト・スピーチ規制法制が比例性に反して用いられる可能性に留意する必要性がある。第2に，積極的な規制を打ち出すECRIですら，対抗言論の重要性を指摘している（「ヘイトスピーチに対する闘いに関する一般政策勧告第15号」CRI（2016）15，パラグラフ98）。第3に，ヘイト・スピーチ規制法制がマイノリティの抑圧に用いられる可能性もある（ただし，日本の差別的言動解消法は本邦外出身者に対する不当な差別的言動のみを対象としており，この問題は生じにくい）。

　ヘイト・スピーチ規制は，人々に意識改革を促すようなソフトな手法によって対応することが望ましい。刑事法を用いたハードな規制法が制定されれば，日本社会に対してヘイト・スピーチは許されないという規範を強力に示すことができるし，露骨なヘイト・スピーチに対する抑制がより実効的に作用する。しかし，1で述べた通り，多くのヘイト・スピーチを取り締まることを可能にするためにヘイト・スピーチの定義を曖昧にしたり規制対象を広げるほど，表現の自由に対する萎縮効果が強まることに加えて，実際には公権力にとって都合の悪い表現が規制の対象となりやすい可能性に留意する必要があるからである。

【参考文献】

市川正人『表現の自由の法理』（日本評論社，2003年）。

河合正雄「表現の自由とヘイトスピーチ」弘前大学出版会編『弘前大学レクチャーコレクション　学びの世界へようこそ』（弘前大学出版会，2020年）。

金尚均『差別表現の法的規制』（法律文化社，2017年）。

小谷順子「表現の自由の限界」・「言論規制消極論の意義と課題」金尚均編『ヘイト・スピーチの法的研究』（法律文化社，2014年）。

見平典「表現の自由」曽我部真裕＝見平典編著『古典で読む憲法』（有斐閣，2016年）。

比較*12*　芸術活動への公的助成──アメリカとの比較

> 　伝統的には，公権力は表現の自由を刑事罰などで規制する主体と考えられてきた（規制者としての公権力）。しかし，現代においては，公権力が自ら発信主体となったり（政府広報など），私人の表現活動に対して援助するなど多様な形でのかかわりがみられる（給付者／助成者としての公権力）。とりわけ，しばしば挑発的な政治的メッセージを含みうる現代アートに対する公的助成をめぐっては，私人の表現活動と公権力による助成との緊張関係が露わになり，日本でも「あいちトリエンナーレ2019」をめぐって大きな議論となった。こうした事態を憲法からはどのように考えるべきか，アメリカを参照しつつみてみよう。

1　アメリカにおける芸術活動への公的助成

(1)　全米芸術基金（NEA）

　アメリカでは，伝統的に文化や芸術分野に対する支援は資産家や財団等の民間による助成を基本とすべきとされてきたが，民間からの資金調達が容易と考えられる商業芸術に対し，民間からの資金調達が困難な非営利芸術については公的部門（連邦政府，州政府，地方自治体）による助成の意義があると考えられている。

　連邦政府直轄の芸術支援機関である全米芸術基金（National Endowment for the Arts（NEA））が設立されたのは1965年である（同時に全米人文科学基金（National Endowment for the Humanities（NEH））も設立）。NEAは，アメリカ国内における文化芸術の創作活動の支援，芸術に対する市民のアクセスと理解の増進などを目的とするが，同時にその設立は，冷戦下において文化芸術分野での外交的優位を確保する「国策」の反映でもあった。NEAは連邦予算からの拠出によって運営され，主な活動には文化政策に関する調査，州政府や文化団体への助言，助成金による芸術活動の支援がある。NEAの予算規模は2020年会計年度で約1億6,230万ドル（約180億円）である。州政府・地方政府レヴェルを含む公的助成は2020年度で約14億7,000万ドル（約1,625億円），民間の財団等による文化芸術支援は大規模な1,000の財団による1万ドル以上の助成金だけでも約30億ドル（約3,300億円）（2018年）なので，NEAの規模は相当小さく（日

本の文化庁予算は2021年度で1,075億円，都道府県・市区町村の芸術文化経費は2018年度で約3,825億円），公的助成の割合も限定的である。

　NEA による助成の決定は，大統領が上院の助言と承認により任命する議長（Chairperson）が行うが，政治的・党派的影響を排除するため専門職による判断を組み込んでいる。すなわち，NEA への助成申請は，まず，多様な芸術的・文化的見解を反映し，広範な地域・民族・マイノリティを代表するよう構成された諮問委員会（advisory panel）が審査し，さらに連邦議会両院議員と芸術についての専門性をもつ私人からなる全国芸術評議会（National Council on the Arts 現在の定員は24名）による勧告を経て，最終的に議長が助成を決定する（議長は，評議会が拒否の勧告をした申請を認めてはならない）。

(2)　「文化戦争」と NEA の危機

　NEA に対する連邦予算の支出は1970年代以降拡充され，優れた芸術活動への NEA の助成は，マッチング・グラント方式（NEA による助成と同額以上の助成を受けること）を通して民間や州による助成を引き出す触媒としての役割を確立するに至った。連邦財政支出削減を進めた1980年代のレーガン大統領期には NEA も予算削減を蒙ったが，その後は予算規模も回復傾向にあった。

　NEA にとっての最大の危機は，1980年代末から90年代に訪れた。この危機は，1989年に写真家アンドレス・セラーノによる "Piss Christ" という作品（自身の尿で満たしたグラスに入れたキリストの十字架像を撮影したもの）が神に対する冒瀆だとして宗教右派や共和党保守派議員の憤激を買ったことをきっかけとする。この作品はある芸術展で受賞していたが，芸術展を主催した機関が NEA から補助金を受けていたため，作品への攻撃が NEA へも向かうことになった。第 2 のきっかけは，やはり1989年にワシントン D. C.のコーコラン美術館で開催が予定されていた写真家ロバート・メイプルソープ（同性愛やサドマゾなどをモチーフにした作品も多い）の回顧展が直前に中止された事件である。同美術館は回顧展について NEA の助成を受けていなかったが，回顧展を企画した機関が NEA から展覧会支援目的での助成金を受けていた。NEA 批判を強めていた保守派はメイプルソープの回顧展にも批判を向けたが，開催中止は保守派の批判を恐れた NEA が美術館に圧力をかけたためではないかとの疑いも生じ，中止に反発するアーティストらからの美術館や NEA 批判も含む大き

な論議に発展した。

　これらの事件では，セラーノやメイプルソープの作品のような伝統的価値観
とは相容れないと保守派が考える「不道徳」「下品」な作品への攻撃を超えて，
NEA を中心とする芸術への公的助成自体への批判が巻き起こったが，その背
景には1980年代以降現在にまで続く「文化戦争」と呼ばれる政治的・社会的対
立状況がある。この時期，アメリカでは第二次世界大戦後の価値観の多様化と
伝統的価値観の相対化・動揺を背景としつつ，宗教的・倫理的・道徳的な観点
にもかかわる人工妊娠中絶，銃規制，移民政策，同性愛などの争点についての
激しい対立が生じており，これらはしばしば宗教右派を含む共和党保守派に
よって政治問題化されていた。現代アートはしばしばこれらの争点についての
挑発的な問題提起として受け取られることもあり，こうした文脈の中でNEA
のあり方も問題とされることとなったのである。

2　品位条項と合衆国最高裁判決

　こうした NEA 攻撃は共和党保守派議員によって連邦議会にももち込まれ，
NEA 予算削減案や NEA 廃止法案も提出されたが，1990年度歳出法（P. L. 101
-121）には，セラーノとメイプルソープの作品にかかる助成額相当分の NEA
予算カットに加え，NEA の基金は「NEA の判断において，サドマゾヒズム，
同性愛，児童の性的搾取もしくは性行為を行う個人の描写を含むがそれらには
限られない，わいせつと判断される作品および全体として真摯な文学的，芸術
的，政治的または科学的価値を持たない作品の促進，普及または制作のために
用いられてはならない」との規定が盛り込まれた。これは NEA の裁量を認め
るものの，作品内容に基づき助成を阻止しうる初めての連邦法となった。さら
に，穏健派を中心とする妥協の結果，補助金申請の審査手続を NEA 議長が定
めるにあたり芸術的卓越性と芸術的価値を基準とすべきこととしていた連邦法
に，「品位についての一般的な基準およびアメリカ大衆の多様な信念と諸価値
の尊重を考慮」すべきとする条項（以下，「品位条項」という）が追加された（20
U. S. C. §954(d)(1)）。政治的文脈からすれば，この品位条項も，セラーノやメ
イプルソープのような物議を醸す作品への NEA による助成を禁じる効果，す
なわち特定の作品を助成対象から排除する効果をもちうるものであり，表現の

自由を保障する合衆国憲法第 1 修正に違反するのではないかが問題となった。

　そして，セクシュアリティや暴力をテーマにしたパフォーマンス・アーティストであるカレン・フィンリー（女性が貶められる状況を想起して，自らの裸体にチョコレートを塗りつけるなどのパフォーマンスなどで知られる）ら，NEA への助成申請を拒否されたアーティストが品位条項は第 1 修正に違反するとして提訴した。連邦地裁・控訴裁は過度に広汎ゆえに違憲と判断したが，合衆国最高裁判所は 8 対 1 で合憲と判断した（National Endowment for the Arts v. Finley, 524 U. S. 569 (1998)）。法廷意見は，品位条項は NEA の助成プログラムのように多数の申請から内容に基づく選択を行わざるをえない場面でこれに反する作品への助成を排除するものではなく，考慮すべき事項を定めるだけであり，政府が私人の表現を支援する場合には刑事規制の際のような規定の厳密さは求められないなどとして，品位条項は文面上第 1 修正に違反しないとした。この判断は，品位条項を制定した連邦議会の意図には沿わない解釈ともいえるが，逆に品位条項が特定の作品を排除する直接の法的根拠たりうると認めれば，助成の文脈ではあれ，政府による特定の見解に基づく規制（一般に表現の自由にとってもっとも危険であり，ほとんどの場合違憲とされる）を許容することになってしまうとの懸念が反映してもいる。その後の最高裁判例も，政府による助成であれば表現内容（特にその見解）に基づく規制は許されるという単純な考え方は取っておらず，それが認められるのは，政府が自らの見解を促進するために公的助成を用いる政府言論（government speech）と呼ばれる例外的カテゴリーに該当する場合に限られ，かつ政府言論該当性についてもかなり厳しく判断する傾向がある（*see, e. g.,* Rust v. Sullivan, 500 U. S. 173 (1991); Legal Service Corporation v. Velazquez, 531 U. S. 533 (2001); Pleasant Grove City v. Summun, 555 U. S. 460 (2009); Walker v. Texas Division, Son of Confederate Veterans, Inc., 576 U. S. 200 (2015)）。個別事案での判断は微妙かつ困難な場合もあろうが，私人の芸術活動への助成という場面においても，助成の許否が恣意的・差別的に行われてはならないことが憲法上の要請であることは前提とされている。

　一方，「文化戦争」は対立を増幅させながらなお継続しており，トランプ前大統領は就任早々 NEA と NEH の段階的廃止を打ち出すなど，NEA もその渦中にある（が，予算もほぼ維持されつつ存続している）。こうした NEA 攻撃は，現

代アートを支援するエリートやエスタブリッシュメントに対する反感にも支えられており，なお止みそうにない。

3　「あいちトリエンナーレ2019」事件

　このようにアメリカでは芸術活動への公的助成のあり方が大きな争点になってきたが，2019年には日本でも深刻に問われることになった。

　国際芸術祭「あいちトリエンナーレ2019」（実行委員会会長は愛知県知事）の企画展の１つである「表現の不自由展・その後」（以下，「不自由展」という）は，国内の公共美術館等で展示が認められなかった作品を集めたものであった。なかでも「平和の少女像」（日本政府は「慰安婦像」と呼んでいる）や昭和天皇の肖像を燃やす場面を含む映像作品などに対しては，名古屋市長（実行委員会会長代行）がこれらの作品は「日本人の心を踏みにじるもの」などと主張して「不自由展」中止を含む対応を求めたり，電話等による多数の抗議（「電凸」）や襲撃を予告するファクスが送りつけられるなどの事態に至った。こうした事態を受けて，開会後３日で「不自由展」の展示は中止され（「不自由展」以外の展示は継続され，結果的に過去最高の入場者数となった），会期末の１週間のみ「不自由展」の展示が再開された。また，こうした経緯を受け，文化庁は，交付決定済みの「あいちトリエンナーレ2019」全体への「文化資源活用推進事業」補助金全額（約7,800万円）を不交付とした（のち，減額の上交付されることになった）。憲法の観点からはこうした事態をどのように考えるべきだろうか。

　この種の問題については，公金を投入するのであれば政治的中立性を確保すべき（それゆえに政治的に物議を醸すような作品には助成すべきでない）であるとか，助成が認められなくても表現の機会は奪われないなどと主張されるが，アメリカの経験をふまえても，話はそう単純ではない。公権力が特定の芸術作品に対し助成する義務を負うとはいえないが，特定の作品が物議を醸したり一部の者に強い不快感を与える可能性をもつとしても，それだけで助成の拒否が認められるわけでなく，専門家による判断を適切に尊重しつつ，助成の許否が恣意的・差別的に行われないような配慮が求められる。また，助成は，対象作品のもちうる見解を公権力が支持することをただちには意味せず，作品に市民が接する機会を確保するという重要な意義をもつ。そうすると助成の拒否・撤回

についても，助成対象となったアーティスト等の表現の機会を妨げるだけでなく，市民がその表現に接し，当否を論じる機会を損なうものではないか，さらには芸術を含む豊かな文化の形成・発展を妨げることにならないかといった観点からの吟味が必要である（特にいったんなされた助成の撤回は自由には行いえない。「宮本から君へ」事件：東京地判2021・6・21参照）。これは，日本国憲法21条が保障する表現の自由の問題であると同時に，「健康で文化的な最低限度の生活を営む権利」を保障する25条に基づく「文化国家」のあり方にもかかわっている（文化芸術基本法前文参照）。

　これらの観点をふまえると，まず，抗議などを受けて「不自由展」がいったん中止に追い込まれたという事態は深刻な問題をはらむ。他者の表現を批判する自由は当然認められるが，実力行使による表現の封殺まで認められることにはならないし，何よりもそうした抗議を理由とする公権力による安直な表現規制は許されない。この点では，これもアメリカの判例に由来する敵対的聴衆の法理（*see, e.g.,* Terminiello v. Chicago, 337 U. S. 1 (1949); Feiner v. New York, 240 U. S. 315 (1951); Brown v. Louisiana, 383 U. S. 131 (1966)）が重要であり，この考え方は日本の最高裁判例にも取り入れられている。すなわち，泉佐野市民会館事件（最判1995・3・7）では「主催者が集会を平穏に行おうとしているのに，その集会の目的や主催者の思想，信条に反する他のグループ等がこれを実力で阻止し，妨害しようとして紛争を起こすおそれがあることを理由に公の施設の利用を拒むことは，憲法21条の趣旨に反する」とされ，さらに上尾市福祉会館事件（最判1996・3・15）では，施設利用拒否が認められるのは「警察の警備等によってもなお混乱を防止することができないなど特別な事情がある場合に限られる」として，利用拒否が違法とされた（広島県教職員組合事件：最判2006・2・7も参照）。「不自由展」の場合は，抗議等への対応で運営側が混乱・疲弊したことが中止の理由とされ，名古屋市長等による政治的圧力の影響はないともされているが，適切な警備等による対応が真に不可能な事態であったかの検証が必要であるし，いわゆる歴史修正主義とも重なる権力者の言動とも相まって特定作品がその（ありうる1つの）メッセージ性（およびそれに対する批判）ゆえに排除されたとの疑いは拭えない（富山県立近代美術館「天皇コラージュ」事件：名古屋高裁金沢支判2000・2・16参照）。

　また，文化庁による補助金不交付決定は，直接には愛知県が展示会場の安全・事業の円滑な運営を脅かすような重大な事実を申告していなかったという手続上の問題を理由にしているが，実質的には騒動になったこと自体と展示内容への否定的評価がもとになっている疑いが濃い。しかもこの不交付は，交付決定に関与した審査委員の意見を聴かずに決定されており，専門性の尊重という観点からもきわめて問題が多い。

●比較から読み解く

　こうして「不自由展」をめぐる事態は，そのタイトル通り，現在の日本社会における「表現の不自由」のありようを示すことになった。この「騒動」が，今後のアーティスト・美術館等の萎縮や「無難」な作品のみへの助成へとつながり，芸術文化の発展にも悪影響をもたらすことが懸念されている。アメリカでも日本でも現代アートと公権力との関係は単純な割り切りを許すものではなく，専門職の自己規律も求められる（船橋市立図書館事件：最判2005・7・14参照）が，憲法的価値を適切にふまえた検証が必要である。

【参考文献】

蟻川恒正「国家と文化」『岩波講座　現代の法　1　現代国家と法』（岩波書店，1997年）。

岡本有佳・アライ＝ヒロユキ編『あいちトリエンナーレ「展示中止」事件』（岩波書店，2019年）。

奥平康弘「芸術活動・作品鑑賞の自由を考える」『法ってなんだ』（大蔵省印刷局，1995年）。

小崎哲哉『現代アートを殺さないために』（河出書房新社，2020年）。

片山泰輔『アメリカの芸術文化政策』（日本経済評論社，2006年）。

「特集　芸術と表現の自由」法学セミナー786号（2020年）。

横大道聡『現代国家における表現の自由』（弘文堂，2013年）。

第9章　経済的自由権

1　経済的自由の性質

　同じ自由権でも，精神的自由や身体的自由とは異なり，経済的自由を自由放任にすると，人々の生命や健康に悪影響を与えたり貧富の格差が広がるおそれがある。そのため現在では，安全や秩序を確保したり福祉国家の理念を実現する観点から，経済的自由に対する一定の制約が認められる。人権の総則規定である憲法12条・13条の「公共の福祉」が他者の人権と衝突する場合に人権を制約できる（内在的制約）のに対して，22条1項・29条2項の「公共の福祉」は，経済的自由の性質にてらして，内在的制約にとどまらない社会的・経済的不平等を是正するための積極的・政策的制約も許容している。

2　職業選択の自由と規制目的二分論

　職業選択の自由には，職業を選択する自由に加えて，職業を遂行する自由（営業の自由）が含まれる。職業選択の自由に対しては，許可制や資格制などさまざまな規制が加えられている。職業に対する規制目的を2つに区分する規制目的二分論という考え方がある。人々の生命・健康の保護や安全・公共秩序の確保を目的とした規制（消極目的）と社会的・経済的に不利な立場にある人々の保護や広く社会経済政策の実現を目的とした規制（積極目的）に分け，前者には厳格な合理性の基準を適用し，後者は政策的に決まる要素が大きいことから国会（や行政）の判断を尊重し，明白の原則（規制が著しく不合理であることが明白な場合に限り違憲とする）を採用する考え方である。

　最高裁は，既存の小売市場から700m未満の距離での小売市場の営業を禁じた距離制限が職業選択の自由に反するとして争われた事件で，距離制限は中小企業を保護する規制（積極目的）であるとして，明白の原則を適用して合憲とした（小売市場事件：最大判1972・11・22）。一方，最高裁は，既存の薬局から約100m以内での薬局の営業を禁じた距離制限は人々の生命や健康を保護するための規制（消極目的）であり，「不良医薬品の供給の防止」は薬事法や薬剤師法

上の規制などよりゆるやかな規制手段でも達成できるとして，違憲とした（薬事法事件：最大判1975・4・30）。

　規制目的二分論には，次の問題がある。第1に，最高裁が規制目的二分論を採用しているか疑問視する見解がある。たとえば薬事法事件判決は，職業規制を求める社会的理由や職業規制が多様であるため合憲性を一律に論じることはできず，規制目的のみならず，規制の必要性や内容，「制限される職業の自由の性質，内容及び制限の程度」を「比較考量したうえで慎重に決定」することを求めている。第2に，規制目的を消極・積極のいずれにも認定できる場合がある。たとえば，公衆浴場距離制限が争われた事件で，1955年の最高裁は消極目的に近い認定をしたが（最大判1955・1・26），1989年の最高裁判決は業者の転廃業を防ぐため（積極目的）と認定した（最判1989・1・20）。第3に，酒類販売免許制が争われた事件で，最高裁は，免許制は酒税を適正かつ確実に徴収するという国家の財政目的ための規制であるとしたように（最判1992・12・15），いずれの目的にも区分しにくい規制目的がある。

3　財産権

　憲法29条1項は，個人の財産権に加えて私有財産制（財産を取得・保持する法制度一般）を保障している。共有している森林の持分が1/2以下の所有者からの分割請求を禁じた森林法186条（当時）の合憲性が争われた事件で，1987年の最高裁判決は，同条を違憲とした（森林法事件：最大判1987・4・22）。

　29条3項は，「私有財産は，正当な補償の下に，これを公共のために用ひることができる。」と定めている。通説は，特定の個人に特別の犠牲を強いる場合に補償が必要となるとしている（特別犠牲説）。具体的には，特定の個人や集団に犠牲を強いているか，侵害の程度が財産権の本質を侵す程度に達しているかなどから判断される。補償額に関しては，合理的に算出した相当額でもよいとする相当補償説と，客観的な市場価格を求める完全補償説に大別できる。完全補償説の中にも，引越し費用などの付帯する損失への補償も含める，さらに漁業権放棄などによって職業や生活様式が大きく変わり，これらの補償では今までの生活水準を維持できない場合に，今までと同水準の生活を可能にするための補償（生活権補償）も含める考え方などもある。また，人々の生活に必要

な財産に対しては完全補償を必要とするが，大企業などの財産に対しては相当補償で足りるとする考え方もある。

　補償は，通常は土地収用法などの具体的規定に基づいて請求できるが，補償を規定した法令がない場合は，判例は29条 3 項を直接の根拠にして補償請求する可能性を認めている（河川付近地制限令事件：最大判1968・11・27）。

比較13　経済と憲法──イタリア・EU との比較

> 　イタリアでは，1861年イタリア統一を契機として，国家が市場を尊重する自由放任主義が採用されたが，19世紀末から20世紀初頭にかけて，農業社会から工業社会へ移行する中で，1922年に成立したファシズム体制では，国家が経済に介入する統制経済が採用された。このことを背景にして，1947年に制定されたイタリア憲法は，社会国家と社会権を詳細に規定している。
>
> 　もっとも，資本家と労働者が対立する資本主義社会では，社会や経済について，憲法がどのような内容を採用するのか，憲法が採用した内容がどのように運用されるのかは，階級間の力関係によって左右される。イタリア憲法も，キリスト教民主党，社会党，共産党の妥協として成立したが，共産党は，ソ連の崩壊を背景にして1991年に解散し，キリスト教民主党と社会党は，大規模な政治汚職を背景にして1994年に解散している。むしろ，現在では，他の EU 構成国と同様に，イタリアの社会経済政策も EU 法によって規定されている。
>
> 　1946年に制定された日本国憲法も，社会権を詳細に規定し，公共の福祉による経済的自由の制限を明記している。以下では，社会や経済に関する規定を中心に，イタリア憲法と EU 法を比較することを通して，今日における経済の位置づけを検討する。

1　イタリア憲法における経済の位置づけ

　イタリア憲法は1条から12条にかけて「基本的諸原理」を定めたうえで，13条から54条にかけて第1部「市民の権利および義務」を定めている。第1部では，13条から28条が第1章「市民的関係」，29条から34条が第2章「倫理的・社会的関係」，35条から47条が第3章「経済的関係」，48条から54条が第4章「政治的関係」にあてられている。憲法が市民の権利義務を種々の関係に即して定めることは，市民は単独で存在するのではなく社会の中で存在することを意味しているが，本章との関係では「経済的関係」が重要である。もっとも，「経済的関係」は「基本的諸原理」を前提とするため，まず「基本的諸原理」を概観したうえで「経済的関係」を検討する。

　「基本的諸原理」のうち，1条1項は「イタリアは，勤労に基礎を置く民主的な共和国である」と定めている。2条は，「共和国は，個人としての人間の不可侵の権利および人格発展の場としての社会組織における人間の不可侵の権

利を承認および保障し，政治的，経済的および社会的な連帯という背くことの
できない義務を満たすよう要求する」と定め，人間の不可侵の権利と社会連帯
の義務を定めている。3条2項は，「市民の自由と平等を事実上制限すること
により人格の完全な発展を妨げ，国の政治的，経済的および社会的な組織への
すべての勤労者の実効的な参加を妨げる経済的および社会的な種類の障害を除
去することは，共和国の責務である」と定め，実質的平等の実現を国家の責務
として位置づけている。4条1項は，「共和国は，すべての市民に勤労の権利
を承認し，この権利を実効的ならしめる諸条件を促進する」，同条2項は，「各
市民は，その能力と選択とに応じて，社会の物質的進歩または精神的進歩に寄
与する活動を行いまたはそのような役割を果たす義務を負う」と定め，勤労の
権利と義務を定めている。

　「経済的関係」のうち，35条から40条は労働，41条は企業の行為，42条から
44条は所有，45条から46条は労働者の組織，47条は貯蓄について定めている。
このうち41条1項は「私的な経済行為は，自由である」と定めているが，私的
経済行為の自由についてはさまざまな制約が明記されている。実際に，同条2
項は「私的な経済行為は，社会的利益に反して営んではならず，安全，自由ま
たは人間の尊厳を害するような方法で営んではならない」，同条3項は「法律
は，公的および私的な経済活動が社会的目的に向けられ，調整されるようにす
るため，適当な計画および統制を定める」と定めている。さらに，43条は，
「法律は，公共の利益のため，重要な公益事業もしくはエネルギー源に関連し
または独占状態に関連する特定の企業または特定の種類の企業であって，高度
に公益的性格を有するものを，国，公共団体または勤労者団体もしくは利用者
団体に始源的に留保し，または補償の下に収容してこれらに譲渡することがで
きる」と定め，企業の公有化の条件を定めている。

　このように，経済行為については，公的主体と私的主体が併存し，私的主体
に対しては公的規制を課すことができる。こうしたことは所有についても当て
はまる。実際に，42条1項は「財産は，公有または私有とする」と定め，公的
所有と私的所有を認めている。さらに，同条2項は「私有財産は，法律により
承認し，保障する」と定めたうえで，「この法律は，私有財産の取得および享
有の方法を定め，私有財産の社会的機能を確保しこれをすべての人が享受でき

るようにするための制限を定める」と定めている。そのため，所有についても公的所有と私的所有が併存し，私的所有に対しては社会的機能に基づく制限を課すことができる。

　したがって，イタリア憲法は，「基本的諸原理」において社会国家を採用したうえで，「経済的関係」において混合経済を採用している。混合経済は，私的主体と公的主体，私的所有と公的所有が併存するため，自由を尊重する方向にも規制を重視する方向にも発展することができるが，イタリア憲法では後者に対する方向が顕著となっている。実際に，36条1項は，「勤労者は，その勤労の量と質とに比例した報酬を受ける権利を有する」と定めたうえで，「この報酬は，いかなる場合であっても，勤労者とその家族に対し自由で尊厳ある生存を保障するに足りるものでなければならない」と定めている。さらに，46条は，「共和国は，勤労の経済的および社会的向上を目的として，生産の要請との調和を図りつつ，法律が定める方法と制限において企業の管理に協力する勤労者の権利を承認する」と定めている。最後に，38条1項は「勤労の能力がなく，生活するのに必要な資力を有しないすべての市民は，社会的な扶持および扶助を受ける権利を有する」と定め，同条2項は「勤労者は，事故，疾病，障碍および老齢，その意に反する失業の場合に，その生活上の必要に相応する資力が提供され，保障される権利を有する」と定めている。

2　EU法における経済の位置づけ

　イタリア憲法では，社会国家と統制経済のもと，社会権を保障するため，私的経済行為や私的所有を制限することができた。それに対して，EU法では，「開放市場経済原則」が採用され，「事業を行う自由」が保障されている。以下では，このことを，2007年に締結されたリスボン条約に即して検討する（EU法の邦訳は『ベーシック条約集2021』〔東信堂，2021年〕による）。

　EUは，リスボン条約によって改正されたEU運営条約において，開放市場経済原則を採用した。実際に，120条は，構成国は経済政策において「自由競争を伴いかつ資源の効率的な配分を促す開放市場経済の原則」に従うと定め，127条1項は，欧州中央銀行制度は「資源の効率的な配分に有利な，自由競争による開放市場経済の原則」に従うと定めている。さらに，107条1項は，「形

式のいかんを問わず国により与えられる援助又は国家資金により与えられる援助であって，ある企業又はある商品の生産に便益を与えることによって競争を歪め又は歪めるおそれがあるものは，構成国間の貿易に影響を及ぼす限り，域内市場と両立しない」と定め，企業に対する国家援助を禁止し，170条は，「運輸，通信及びエネルギーの社会的基盤の分野」は，「開放的かつ競争的な市場制度の枠内」にあると定め，社会的基盤の民営化を要請している。

　このことは，EU 法が保護する権利のあり方にも反映している。EU 運営条約第4編は，商品移動の自由，サービスの自由，開業設立の自由，資本移動の自由を保障している。そのため，金融市場の規制は，資本移動の自由を制約するため，65条1項(a)号によれば，「公の政策若しくは公共の安全」という極めて例外的な理由による場合でしか正当化することはできない。さらに，以上の自由は，欧州連合基本権憲章16条に依拠して，「事業を行う自由」として総称されているが，事業を行う自由は労働者の権利に優位するものとなっている。実際に，欧州司法裁判所は，2007年のバイキング・ライン事件およびラヴァル事件において，ストライキ権の行使は，企業の開業設立の自由を制限するため，EU 法に違反すると判断している。

　このように，開放市場経済原則に立脚し，事業を行う自由を保障する EU においては，国家の市場介入が制限され，公企業の民営化が要請されるため，違法な国家規制を撤廃する必要がある。もっとも，EU 運営条約114条では，国家規制が必要となる場合も想定されているが，こうした場合であっても，構成国間の規制を調和させなければならない。しかし，租税法と社会法については，構成国間の規制を調和させることが困難であるから，これらの領域では，構成国間の法的競争が展開されることになる。まず，租税法について，113条は，EU 理事会は，消費税などの間接税について，構成国間の法律を調和させることができると定めているが，その要件としては，EU 理事会の全会一致を要請している。しかし，この要件を充足することは，実際には困難であるため，租税に関する構成国の規定は，相互に一致しないものとなる。

　次に，社会法についても，153条によれば，EU は構成国の社会政策を支援・補完するに止まり（1項），構成国の法律や規則を調整することは，EU の任務ではない（2項1号(a)）。さらに，EU 指令によって，社会政策の分野にお

いて，最低要件を採択することもできるが，「中小企業の設立及び発展を妨げるような方法で，行政的，財政的及び法的抑制を課すものであってはならない」との留保が付されている（2項1号(b)）。しかも，「労働者の社会保障及び社会的保護」，「雇用契約が終了する際の労働者の保護」，「労使の利益の代表及び集団的擁護」，「第三国国民の雇用条件」については，EU理事会の全会一致が要件とされている（2項3号）。最後に，「賃金，団結権，ストライキ権又はロックアウト権」について，EUは関与しない（5項）。

　したがって，租税法と社会法について，構成国の規定は調和しないものとなる。しかし，共通市場において，租税法と社会法が調和しない場合には，各構成国は，租税法と社会法を規定する権限を駆使して，企業を自国に誘致する競争を展開することになる。具体的には，法人税を減税し，労働規制を緩和し，社会保障を削減することが，各構成国の展開する政策となる。このように，開放市場経済原則と事業を行う自由の下，各構成国が底辺への競争を展開することが，EU法の基本構造である。

●比較から読み解く

　戦後イタリアは，経済に対する国家介入を契機として，1960年代から1970年代には「奇跡の経済」を経験した。しかし，経済に対する国家介入に比例して，国家債務が増大すると共に，政党支配制を背景にして，政党が経済的資源の分配を独占した。そのため，1980年代には「政府の失敗」が問題となり，市場における競争が評価されるようになった。このことを背景にして，1990年には競争・市場保護法が制定され，2001年憲法改正によって「競争の維持」が国の専属的立法事項に位置づけられている（憲法117条2項e）号）。

　このように，欧州統合の進展とも相俟って，イタリア憲法も市場の価値を受容するに至っている。しかし，自由競争が社会的不平等を拡大したとしても，EUが財政均衡と緊縮政策を堅持する限り，構成国は積極的な社会政策を展開することはできない。そのため，イタリア憲法の追求する社会国家の論理と，EU法の追求する自由競争の論理は，究極的には矛盾することになる。このことは，2008年金融危機によって明らかとなった。

　こうした矛盾を揚棄するためには，EUから脱退することによって，憲法の

　論理を復権するか，EU を改革することによって，「社会的ヨーロッパ」を実現するか以外にはないように思われる。実際に，後者の方向について，欧州連合条約2条や3条は，社会連帯，社会的正義，社会的市場経済に言及しているが，2017年には，欧州委員会が「欧州における社会権の柱」を採択している。

　日本国憲法は，イタリア憲法と同様に，社会権を保障しているが，近年では，自由競争原理に基づく経済規制の緩和と社会保障の削減が行われている。日本における新自由主義の追求は，EU 構成国とは異なり，法的に強制されているわけではないが，日本においても，資本主義の支配構造をいかに統制するかは，欧州の場合と同様の共通の課題となっているように思われる。

【参考文献】

馬場康雄＝岡沢憲芙（編）『イタリアの経済』（早稲田大学出版部，1999年）。

松本敦則「戦後経済と『第三のイタリア』」土肥秀行＝山手昌樹編『教養のイタリア近現代史』（ミネルヴァ書房，2017年）。

宮崎理枝「イタリア型福祉国家の成立と変容」高橋進＝村上義和編『イタリアの歴史を知るための50章』（明石書店，2017年）。

Cesare Pinelli/Tiziano Treu（a cura di），La costituzione economica. Italia, Europa, il Mulino, Bologna, 2010.

Luigi Pecchioli, La Costituzione economica. Un programma per ripartire, Agorà & Co., Lugano, 2016.

Sabino Cassese（a cura di），La nuova costituzione economica, sesta edizione, Editori Laterza, Roma-Bari, 2021.

第10章　人身の自由と適正手続

1　総論——適正手続主義とは何か

　一般的に現行憲法で「人身の自由」に分類されるのは，憲法18条（奴隷的拘束からの自由）および31〜40条である。主としてこれらは刑事手続（犯罪の捜査，刑事裁判，刑罰の執行）を念頭に置いて，捜査機関が守らなくてはならない手続を定め，それを通じて人身の自由という人権を保障しようとしている。というのも，捜査機関に比べ被疑者・被告人は一般的に力が弱い。そのため，捜査機関の活動に制約を課すことで，刑事手続を少しでもフェアにすることが必要なのである。また，これらの規定は他の人権よりも詳細である。これは戦前・戦中の日本で刑事手続が濫用され，著しい人権侵害が生じたことへの反省によるものである。

　その中でも31条は人身の自由に関する基本原則を定めている。刑罰などの不利益を科すには手続を法律（刑事訴訟法など）で定めなければならない，というのが本条の素直な解釈であろう。だが本条はそれにとどまらず，犯罪と刑罰の実体を法律（刑法など）で定めること，さらには法定された手続・実体が適正であること，までも要求していると解されており，これらを総称して「適正手続主義」と呼ぶ。なお判例は，適正手続主義は刑事手続にとどまらず，場合によっては行政手続でも保障されるとしている点に注意が必要である（成田新法事件：最大判1992・7・1）。国家権力によって人権が制限されるという点では，行政手続も刑事手続と同様だからである。以下では，刑事手続を3つの段階に分けて，それぞれどのような手続が存在するかを見ていこう。

2　刑事裁判の前（捜査）

　憲法は捜査（犯人の捜索，証拠の収集など）の段階においてもさまざまなルールを定めているが，中でも重要なのが「令状主義」である。これは捜査機関（警察，検察など）が被疑者の逮捕（33条），住居の捜索，所持品の押収（35条）を行う場合は，原則として司法官憲（裁判所のこと）が発行する令状（要するに

許可状）が必要であるという手続である。しかしよく考えると，捜査機関が自己の判断だけで逮捕・捜索を行う方が迅速に犯罪を解決できるのではないだろうか。だが捜査機関は完全無欠な存在ではなく，判断を誤ることもあれば，権限を濫用する可能性もある。刑事手続は，根本的な人権である人身の自由に強い制限を加えるものである。そこで，令状主義は裁判所という第三者のチェックを入れることにより，捜査機関の権限濫用を予防することを狙っているのだ。この他に，被疑者段階での弁護人依頼権（34条前段），勾留理由開示公判（34条後段），拷問の禁止（36条），黙秘権（厳密には自己負罪拒否特権）（38条1項）などの権利・手続が規定されている。

3　刑事裁判

　捜査の結果，被疑者を有罪にできる見込みなどがある場合，検察官は「起訴」という手続を行って刑事裁判を開始する。起訴されると被疑者は「被告人」という立場になる。刑事裁判においては，国家を代表して有罪の立証を目指す検察官と，被告人・弁護人がそれぞれの主張を展開する。

　憲法37条1項では刑事裁判の基本原則として「公平」「迅速」「公開」が示されている。たとえば，捜査機関の都合で約15年間裁判が中断していた刑事事件につき，「迅速」という目的が達成できないとして最高裁は免訴の判決を下している（高田事件：最大判1972・12・20）。その他には，刑事被告人の弁護人依頼権（37条3項），自白の証拠能力を制限する自白排除法則（38条2項）や自白補強法則（同条3項），遡及処罰の禁止と一事不再理の原則（39条）などが定められている。

4　刑事裁判の後（刑罰の執行）

　刑事裁判で判決が確定した場合，刑罰が執行される。刑罰には罰金，禁固，懲役などがあるが，その中でも死刑は，「残虐な刑罰」を絶対的に禁じた憲法36条との関係が問題となる。戦後まもなく，最高裁は死刑を合憲と判断したが（最大判1948・3・12），1991年には死刑廃止条約（国際人権規約の自由権規約第2選択議定書）が発効し（日本は未参加），近年では死刑を廃止する国が増えている。なお，40条では刑事補償請求権が保障されている。

第11章　社会権

11-1　生存権

1　生存権の法的性質

　憲法25条1項の「健康で文化的な最低限度の生活を営む権利」は，国家に積極的な給付を求める権利であり，自由経済の結果として生じた不平等を是正する性質をもつ，社会権の中で原則的な規定とされる。生存権は，自由権とは異なって国家による関与を必要とし，権利内容が一見不明確であるために，その法的性質について対立があった。

　プログラム規定説によれば，生存権は，権利内容が極めて抽象的で実現手段も多様なものが考えられるため，あくまで政府の政治的責務を宣言したにとどまるのであって，国民に具体的な権利を保障したものではなく，したがって裁判所による判断の基準になるものではない。これに対して，抽象的権利説は，立法による具体化によって生存権は具体的権利となりうるのであり，直接に国民に権利を認めているわけではないとしても，国家に対して生存権を実現するための立法や予算措置を講じる法的義務を課していると主張する。この説によれば，生活保護法のような具体化立法が存在する限りで，25条1項は解釈指針として機能するうえに，立法の内容が25条1項に違反するかどうかという判断もなしうる。学説の通説的見解である。

　具体的権利説は，国家が生存権を具体化する立法を怠っている場合に，立法不作為の違憲確認まで求めることができるとする。もっとも，学説の名称とは異なり，個人に具体的な権利性を認めるわけではない。これに対して，近年は，具体的立法の有無にかかわらず，一定の場合には25条1項に基づいて，具体的な給付を国家に求めることができるとする学説もある（ことば通りの具体的権利説）。

2　裁判例

(1)　朝日訴訟

　生活保護法において厚生大臣の定める生活扶助基準が健康で文化的な最低限度の生活を維持するに足りるか，その違憲・違法性が争われた朝日訴訟において，最高裁は，原告が訴訟係属中に死亡したことによって訴訟が終了したとしつつ，「なお，念のため」と生存権の法的性質について述べている（最大判1967・5・24）。それによれば，生存権は「抽象的な相対概念であり，その具体的内容は……多数の不確定的要素を綜合考量してはじめて決定できるもの」であるため，個々の国民に具体的権利を与えるものではない。そして，「何が健康で文化的で最低限度の生活であるかの認定判断は，いちおう，厚生大臣の合目的な裁量に」任されており，「直ちに違法の問題を生ずることはない。」もっとも，「現実の生活条件を無視して著しく低い基準を設定する等憲法および生活保護法の趣旨・目的に反し，法律によって与えられた裁量権の限界をこえた場合または裁量権を濫用した場合には，違法な行為として司法審査の対象となることをまぬかれない」と述べ，憲法25条を踏まえて生活扶助基準が違法になりうることを認めた。25条１項の裁判規範性を一定の限度で承認してはいるものの，きわめて広い行政裁量を認めている。

(2)　堀木訴訟

　国民年金法に基づく障害福祉年金と児童扶養手当との併給を禁止する児童扶養手当法４条３項３号（当時）の違憲性が争われた堀木訴訟では，最高裁は，「健康で文化的な最低限度の生活」は「経済的・社会的条件，一般的な国民生活の状況等」や「国の財政事情」，「多方面にわたる複雑多様な，しかも高度の専門技術的な考察とそれに基づいた政策的判断を必要とするため」，生存権を具体化する立法は，「立法府の広い裁量に委ねられており，それが著しく合理性を欠き明らかに裁量の逸脱・濫用と見ざるをえないような場合を除き，裁判所が審査判断するのに適しない」と判断し，合憲とした（最大判1982・7・7）。立法裁量についても判例はきわめて広範な裁量を認めている。

(3)　老齢加算廃止訴訟

　老齢加算制度の廃止に伴う生活保護変更決定の取消しを求めた老齢加算廃止訴訟においては，従来認められていた基準を切り下げる場合には厚生労働大臣

の裁量は限定され，より厳格な審査が行われるべきであるという制度後退禁止原則の主張が原告によりなされた。国が生存権の実現に障害となるような行為をなすことは違憲，無効であるという生存権の自由権的効果を強調するものであるが，裁判所はこれを受け入れなかった。最高裁判決においては，大臣の「判断の過程および手続における過誤，欠落等の有無」の観点が取り入れられており，単純な裁量論ではなく，具体的な判断過程を統制するという手法も注目されている。もっとも，実際には簡潔な検討で合憲とされた（最判2012・2・28）。

11-2　教育に関する権利

1　権利の性質

　教育を受ける権利を保障した憲法26条には，3つの捉え方がある。第1は，国が機会均等のために経済的配慮をすべきことを定めているとする（生存権説）。第2は，将来の社会の担い手である子どもの政治的能力の育成に力点をおく説である（公民権説）。第3は，子ども個々人に着目し，子どもを中心としたすべての人が，学習によって個々人の潜在的能力を発達させ，人間的に発達・成長する権利として捉える考え方である（学習権説）。

　1976年の最高裁判決は，憲法26条の背後には，「国民各自が，一個の人間として，また，一市民として，成長，発達し，自己の人格を完成，実現するために必要な学習をする固有の権利を有すること，特に，みずから学習することのできない子どもは，その学習要求を充足するための教育を自己に施すことを大人一般に対して要求する権利を有するとの観念が存在」するとして，学習権説を採用した（旭川学テ事件：最大判1976・5・21）。通説的見解を占めているのは学習権説であるが，3説は排他関係にはない。生まれによって教育の機会に差が出ないようにすることや，基本的な政治の知識の習得にとどまらずある程度の関心や批判力をもった上で政治参加できる能力の涵養は民主主義社会では重要であり，生存権説や公民権説の視点も不可欠である。

2　教育権論争

　教育内容を誰が決めるかをめぐる国と教員集団・学説との間の争いが，教育権論争である。国側が主張したのは，国が教育内容を決めることができるとする国家の教育権説である。国民の代表者からなる国会が大枠を決定し，これに基づいて文部省（現，文科省）を中心とする行政が教育内容を決めることこそ民主的であるとする立場である。これに対して教員集団や学説側は，教育内容を決めるのは教師を中心とした子どもをとりまく国民であるとする国民の教育権説を提唱した。教育に責任を負うのは，保護者から信託を受け，子ども1人ひとりに接する教育の専門家である教員を中心とした国民全体であり，国は教育内容に介入すべきではないとする立場である。

　国家の教育権論は，日本のどの学校に通っても一定の教育水準が確保されやすくなる点で，教育の機会均等をはかる観点からは望ましい。他方で，教育内容が中央集権的に決まり子ども1人ひとりの具体的な状況に向き合った教育が行いにくくなったり，時の政権に都合の良い教育が行われる可能性がある。国民の教育権論は，教師（集団）は子どもや保護者，地域住民らと手をとりあい，より良い教育内容を発展させる立場にあるとされる（[公権力⇔教師・子・親・地域] の構図）。子ども1人ひとりの状況をふまえた教育が行いやすくなり，学習権の考え方にも適合する。他方で，子どもの外見・所持品・校外での行動にまで干渉する校則や体罰などに代表される学校や教師（集団）の権力性や，教師（集団）に都合の良い教育が行われる可能性（[公権力・教師⇔子・親・地域] の構図）を見過ごしているとする指摘がある。

　この争いをめぐっては，旭川学テ事件最高裁判決が，国家の教育権論と国民の教育権論の「いずれも極端かつ一方的であり，そのいずれをも全面的に採用することはできない」とした。その上で，親は家庭教育や学校選択の自由があり，教員は「公権力によって特定の意見のみを教授することを強制され」ず，教育の「本質的要請に照らし，教授の具体的内容及び方法につきある程度自由な裁量が認められ」るとした。国は，全国的に一定の教育水準を保つことによって教育の機会均等をはかる必要があることなどを理由として，教育内容を決めることができるとした。ただし，国の教育内容への介入は「機会均等の確保と全国的な一定の水準の維持という目的のために必要かつ合理的」な大綱に

限るべきであり，「自由かつ独立の人格として成長することを妨げるような国家的介入，例えば，誤った知識や一方的な観念を子どもに植えつけるような内容の教育」の強制は憲法26条や13条に反するとした（大綱的基準説）。

3　初等・中等教育における教育の自由

教授の自由は，伝統的に研究者である大学教員の特権として理解され（東大ポポロ事件：最大判1963・5・22），初等・中等教育機関（小学校・中学校・高校など）の教員には保障が及ばないとされてきた。初等・中等教育機関は，一次的には児童・生徒の教育を受ける権利に応える教育機関であり，子どもの発達段階に応じた内容や全国一定水準を確保すべき要請もある。他方で，小中高の教師も大学教員と同じく専門職であり，初等・中等教育機関でも学問的知見に基づいた教育活動は行われる。また，教育は子ども1人ひとりに向き合って行うべきとする教育の本質論（教育条理）からすると，教育内容は児童・生徒に日々接する個々の教員にできる限り委ねることが求められる。したがって，旭川学テ事件最高裁判決も認めるように，小中高の教師にも一定の教授（教育）の自由が保障される。

11-3　労働に関する権利

1　憲法27条と28条の構造

憲法27条1項は勤労権を保障し，国は労働者が生存権を確保できる環境下で働く機会を確保する政策を講じる責務を負っている。次に，27条2・3項は賃金や就業時間などの労働条件を法律で定めることを求めており，これを受けて労働基準法や最低賃金法，労働安全衛生法などが最低限の労働条件を定めている。そして28条は，労働者が団結して労働組合を作り（団結権），使用者と交渉し（団体交渉権），一定の実力を用いることで（団体行動権），よりよい賃金や労働環境を獲得する仕組みを保障している。

2　労働三権をめぐる論点

労働者側に労働三権（団結権・団体交渉権・団体行動権）を保障する目的は，

相対的に不利な立場にある労働者を使用者と対等な関係に近づけることで実質的な契約の自由を確保し，労働者の生存権を裏づけることにある。労働三権が画餅に帰さないように，ストライキを行っても威力業務妨害罪（刑法234条）に問われたり損害賠償を請求されることはなく（刑事免責・民事責任，労働組合法1条2項・8条），組合加入や組合活動を理由として使用者が労働者に不利益を負わせることが禁じられる（不当労働行為，労働組合法7条）。

　ここでは，団結権をめぐる論点のいくつかを検討する。まず，採用後の一定期間内に組合に入ることを義務づけるユニオン・ショップの合憲性である。これについては，団結が強いほど実効性が高まる労働三権の性質から特定の組合への加入強制を有効とする考え方，労働者1人ひとりの自由意思を尊重して無効とする考え方，折衷的にどこかの組合への加入強制のみを有効とするとする考え方に分かれる。

　次に，組合員に対する統制権の限界である。統制権は，労働条件の維持改善という労働組合の目的の範囲内で認められる。市議選への立候補を理由として組合員としての権利を1年間停止されたことが争われた1968年の最高裁判決は，統制権自体は団結権確保のため承認されるものの，組合は組合員の立候補を制限してはならないとした（三井美唄炭鉱事件：最大判1968・12・4）。

　8時間労働制や最低賃金制などの労働に関する基本的な原則や権利は，歴史的に労働者が団結して要求して勝ち取ってきた成果である。「団結は力なり」という言葉があるように，要求を実現するためには，効果的に団結することを目的とした統制権が重要な意味をもつ。他方で，組合員個人や組合内少数派の権利・自由を尊重することは，自由で民主的な組合の運営にとって不可欠である。労働組合の目的は労働者の人間らしい生活の確保にあるから，個人の権利・自由を尊重する形で組合を運営するような解釈が求められる。

3　公務員の労働基本権

　現行法は，公務の公共性や特殊性を理由として，公務員の労働基本権を制約している。市営バスなどの現業公務員は団体行動権が，市役所などに務める一般の公務員は団体交渉権のうち労働協約締結権（労働組合法14条―18条）と団体行動権が，警察や自衛隊などの公安職は労働三権が全面的に否定されている。

　公務員の労働基本権の制約に関して，1966年の全逓東京中郵事件判決（最大判1966・10・26）は，公務員にも原則として労働基本権が保障され，第1に，「制限は，合理性の認められる必要最小限度」にとどめる必要がある。第2に，「国民生活に重大な障害」を回避するために「必要やむを得ない」制約であるかを考慮すべきである。第3に，違反者への不利益は必要な限度を超えず，特に刑事制裁はやむを得ない場合に限定される。第4に，制限する場合は代償措置が必要であるとした。

　しかし，1973年の全農林警職法事件判決（最大判1973・4・25）は，公務員にも労働基本権が保障されるものの，第1に，「公務員の地位の特殊性と職務の公共性」から「必要やむをえない限度の制限を加えること」ができる。第2に，勤務条件は国会の制定した法律・予算による。第3に，公務員は身分が保障され人事院などの代償措置がとられているなどとして，一律かつ全面的な制限も合憲であるとした。しかし，公務員にはさまざまな職務や地位があり，地位の特殊性や公共性の程度は多様である。また，組合の団体行動が公務員の労働条件を定める国会に対して民意の1つを示す可能性がある。さらに，少なくとも非正規公務員に対しては適切な身分保障がされているとはいえず，代償措置は機能していない。

4　「法律でこれを定める」（27条2項）を枠づける可能性

　憲法27条や28条の解釈にあたっては，労働者が使用者に対して相対的に不利な立場にある構造をふまえる必要がある。「法律でこれを定める」と定めた27条2項は，単に法律で定めればよいのではなく，25条（生存権）や14条（実質的平等），13条（個人の尊重）にてらして，国会に対して，労働者の実質的な自己決定を可能とするためのある程度積極的な労働者保護立法を制定することを義務づけていると読み込むべきである。

比較 *14*　社会保障・労働権の課題——フランスとの比較

日本国憲法は25条で生存権を，27条，28条で労働基本権を定めている。この規定を具体化するものが生活保護法などの社会保障法，労働基準法，労働組合法，労働関係調整法などの労働法である。これに対してフランスも，現行の第 5 共和制においても効力をもっている第 4 共和政憲法前文において「年齢，肉体的または精神的状態，経済的状態のために労働できない人はすべて，生存にふさわしい手段を公共体から受け取る権利をもつ」と規定し，労働権，労働組合，ストライキ権などにも言及している。この規定は法律によってさらに具体化される。

このように，日本とフランスにおいて社会保障や労働権を保障するための法的構造は似通っているようにみえる。社会権に対する言及が全く存在しないアメリカ合衆国憲法や，「ドイツ連邦共和国は，民主的かつ社会的連邦国家である」（20条 1 項）という条文しか社会権の文言上の手掛かりが存在しないドイツ基本法と比較すると，1 つの特徴をなしているといえよう。しかし実際の社会保障や労働権の保障のあり方やその課題は，日本とフランスでも異なっている。ここではその点を意識しつつ，日本とフランスの比較を試みたい。

1　労働組合のあり方

日本と比較した場合のフランス労働法の特徴は，労働組合の法的な位置づけである。フランスの労働法典は，労働組合を「その規約において規定されている者の，集団的および個別的な権利および物質的精神的利益を研究し擁護することをもっぱらの目的とする」団体として定義している。労働組合は，当該組合に加入している組合員のみの利益のためではなく，加入していようがいまいが，当該職種に属する労働者の集団的な権利擁護のために存在しているのである。したがって，労働組合と使用者の間で最低労働条件などの労働協約が結ばれると，当該使用者が雇用するすべての労働者に対して，組合員か否か，どの労働組合に所属するかを問わず適用される（L2254-1条）。さらに，法定の要件を満たすと，当該協約の適用範囲に含まれる全ての労働者および使用者に対しても，当該協約が拡張適用されることとなる（L2261-15条以下）。フランスで中核的役割を果たしてきたのは産業別の労働組合であるから，その成果は広く当該職種の労働者に及ぶのである。

　これに対して日本の労働組合法は，6条で「労働組合の代表者又は労働組合の委任を受けた者は，労働組合又は組合員のために使用者又はその団体と労働協約の締結その他の事項に関して交渉する権限を有する」と規定する。また，日本では基本的には企業別組合の存在が前提になっており，それゆえ，労働組合の活動は，一企業内の組合員の利益を代表するものであり，労働協約も組合員のみに効力を有するのが原則である。組合が従業員の過半数を代表している場合には，組合と使用者との労使協定は全ての従業員に及ぶけれども，協約の内容は当該企業を超えることはない。

　OECD の2014年の統計によると，フランスの労働組合組織率は8.0％で，組織率が低下し続ける日本の17.5％よりもかなり低い。しかし労働協約適用率をみると，日本は16.9％であるのに対してフランスは98.5％である。前述した労働協約の一般的効力のために，労働組合が使用者との交渉の結果として合意した内容が労働者のほとんどに及ぶからである。したがって組合組織率はほとんど関係がない。フランスにおける労働協約が「職業の法（loi de profession）」と呼ばれるゆえんである。

2　ストライキのあり方

　日仏の違いはストライキを中心とする争議権にも現れる。同盟罷業とも訳されるストライキは，労働者が団結して仕事を放棄するものであり，労働者の団体交渉権を支えている。フランス第4共和制憲法前文は，「ストライキの権利はそれを規律する法律の枠内で行使される」と定めるのみであり，具体的な範囲は不明確であったけれども，第5共和制になると，ストライキ権は憲法上の権利としての位置づけを明確に与えられるようになった。ストライキの目的は必ずしも労働条件の改善に限られるわけではなく，いわゆる政治ストも頻繁に行われる。また，この権利は公務員にも同様に認められる。

　フランスでは建前上，ストライキは労働組合とは無関係であり，それゆえ非組織的な性質をもつことが多い。労働組合の呼びかけ，援助で行われることが多いとしても，あくまでストライキは労働組合とは別に，参加者全員から結成されるストライキ委員会によって遂行されるのが通常なのである。ただし公共部門については，労働組合のみがスト権限を有している。実際，2019年4月，

マクロン政権による年金政策に反対する国鉄（SNCF）などの国家公務員を中心とする40日間を超えるストライキが行われた。呼びかけは労働組合によって行われたが，すでに述べたように労働組合はストライキを主目的とする組織ではないため，ストライキ中の生活資金はカンパによって賄われた。

　これに対して，日本のストライキは労働組合が主体となって行われなければならず，またその目的も，賃上げなど労働組合の目的に沿うものでなければならない。これらの条件を満たさない場合には正当な争議行為とみなされず，刑事上・民事上の責任を問われる可能性がある。このように，日本のストライキは労働組合と不即不離の関係にある。結果として，労働組合の組織率の低下はストライキの減少にも直結する。フランスもかつてよりは減っているとはいえ，統計のある2005年には699件の労働争議があったのに対し，日本では同年には50件，2018年には26件となっている。日本では労使間が対立する傾向にある団体交渉よりも，労使が協調する傾向にある労使協議で合意形成に至るケースが増えてきたこともストライキ件数減少の要因に挙げられているが，争議権の現実的な裏付けのない労使協議が真に労働者の権利，福利のために効果的かどうかには疑問も呈されている。

3　社会保障のあり方

　日本では憲法25条の生存権を具体化するものとして生活保護法が規定されている。制度が異なるため単純な比較はできないが，フランスでこれに近い制度が積極的連帯所得手当（RSA: revenu de solidarité active）である。この制度は2009年から始まった。前身の社会参入最低所得制度（RMI: revenu minimum d'insertion）は，最低所得を下回る者に最低限の生活を保障し，もって社会参入（insertion）を促すための制度として1988年に創設された。それ以前は労働せずに給付を受けるためには特別の理由が必要とされていたところ，長引く不況のなか制定されたRMIはそうした理由を必要とせずに，条件を満たせば給付を受け取れるものであった。これはフランスの社会保障制度の歴史において画期的なこととされる。もっとも，RMI制度を利用すると，受給者が就労した場合にその就労で得た所得が受給額から減額されてしまうため，就労へのインセンティブが働かないのではないか，その結果として受給期間が長期化している

のではないか，などの問題が指摘された。長引く不況による受給者数の増大に対して不満が高まる中，より就労へのインセンティブを高めるために制度が刷新された結果，RSA が創設されたのである。

　RSA はフランスに在住する25歳以上の者を対象とし，所得が一定額を下回っていれば一定期間在住している外国人も受給できる。受給額は世帯の構成などによって異なる。RSA は受給者が求職活動をしつつ，経済的に自立することを支援するのである。2020年 9 月時点での受給者は約203万人である。

　RMI の「社会参入」，RSA の「連帯」という言葉に象徴されるように，フランスの最低生活保障制度は，失業などによって社会生活を満足に営むことができなくなってしまった者を，就労を軸として社会に再び包摂しようとする理念をもっている。この連帯という理念は，フランス第 3 共和制期にレオン・ブルジョワという政治家によって明確なかたちを与えられた。ブルジョワによれば，人は社会の中に生まれ，その分け前にあずかることによって生きていくのであるから，人は誰しも社会に対して負債を負っている。人はこの負債を社会に返す必要があるのである。これがブルジョワのいう「社会連帯」である。ここから，公教育の無償化や，老人や病人などに対する物質的援助，そして怪我や疾病など，誰しもがもっているリスクを分配するための援助制度という具体的な制度が提案されることになる。このブルジョワの連帯の理念が，現代のフランスの社会保障制度の基礎になっているといわれている。

　もっとも，RSA が RMI の問題点を克服できたかどうかには厳しい評価がなされている。受給者が相変わらず増え続けているからである。また，RSA を導入した大統領ニコラ・サルコジの意向もあり，RSA は給付と就労とを強く結びつけていたが，求職活動を給付と強く結びつけることで，貧困の原因が受給者の怠惰や能力不足であるというスティグマを強化するおそれがあるとの指摘もある。さらに，本来受給が可能であるはずの人の 3 分の 1 が申請していないとされ，貧困対策としての実効性も疑問視されている（2016年に国民議会に提出された報告書 N°4158による）。マクロン大統領は，2018年に，RSA を近いうちに廃止し，新たな制度である普遍的所得制度（RUA: revenu universel d'activité）を創設すると発表したが，新型コロナウィルスの流行によって，ほとんど輪郭程度にとどまっている。フランスの社会保障制度は今も揺れ動いているのである。

●比較から読み解く

　労働権の課題は，何よりも労働環境の変化に伴うものであろう。とりわけ非正規労働者の増加と労働形態の多様化である。これまでの労働組合は正規労働者を前提に組織されていた。しかし，統計によると，2020年の日本の非正規雇用者は約2,090万人であり，雇用者全体に占める割合は37.2％である。もちろん非正規雇用であっても労働組合に加入することはできる。しかし正規雇用の労働者と待遇が大きく異なるため，要求する内容も自ずと異なってくる。また，非正規雇用も多様化していることに加え，企業別の労働組合が一般的である日本では，一企業を越えてさまざまな労働者間で連帯することが困難である。こうした労働環境の現状を踏まえて，より労働者の権利を実効的に保護できる法制度や法解釈が模索されている。

　さらに，労働権の行使に対する社会の認識も大きな課題である。たとえばストライキやデモの受け止め方である。ストライキは，特にそれが公共交通機関の従業員によるものであった場合などは，一般市民も相当に影響を受ける。しかしフランスでは，一般的にそうしたストライキに対する敵対的な態度はみられない。前述の国鉄職員を中心とした大規模なストライキにおいても，首都パリを中心に地下鉄や列車の大規模な運休が生じ，市民の生活に多大な影響を与えた。しかし，このストによって労働組合側に非難が集中することはなかった。ストライキのための資金は市民からのカンパで成り立っていたことも想起されよう。ストライキは正当な労働者の権利であることが認知されているのである。こうしたデモやストに対する寛容な態度はフランスの特徴としてよく言われるところである。他方で日本はどうであろうか。現代ではもはやストライキは珍しくなったため，一般的な国民の態度を知ることは難しいが，仮にストライキで自らの生活に不便が生じたとしても，市民は労働者の基本権としてその意義を理解し，受容することができるだろうか。こうした労働権の行使に理解がない社会では，労働者の権利保護などおぼつかないはずである。

　さらに，日本では公務員にはストライキ権が一律に禁止されている（国家公務員法98条2項，地方公務員法37条）。世界でも極めてまれな，職種や地位を問わない一律の禁止は違憲の疑いが強い。ILO（国際労働機関）も幾度となく公務員に労働基本権を認めるよう勧告しているが，最高裁はこれを合憲とし（全農林

警職法判決以降の判例を参照），政府も対応していない。国際的に日本は取り残されている。

　社会保障の課題は，特に新型コロナウィルスによって経済が深刻な状況になっただけに，重要である。社会保障を必要とする社会的な弱者が深刻な被害を受けるからである。誰であっても人間らしい生活を営む権利があるという憲法上の権利の原則からすれば，何よりもまず受給すべき人に給付をしなければならない。生活保護基準を下回っている世帯が現実に生活保護を受給している割合を捕捉率と呼ぶが，日本の捕捉率は2018年度において22.9％である。フランスでも，日本よりは高いが，本来受給すべき人の3分の1が受給していない。捕捉率を高めることが重要である。

　捕捉率を高めるためには，受給が社会的な烙印（スティグマ）を押すことにならないようにしなければならない。特に日本ではそうしたスティグマが強いとされている。そのうえ，生活保護を受給させないために窓口で不当な妨害を行う水際作戦や，受給者に対する違法な干渉などが後を絶たない。生存権の理念を踏まえた生活保護法の適正な運用が何よりもまず求められている。

【参考文献】

伊奈川秀和『社会保障法における連帯概念』（信山社，2015年）。

塚林美弥子「フランスRSA制度における『連帯』概念の位置付け：RMI制度から
　　RSA制度への転換を手がかりとして」早稲田法学会誌67巻1号（2016年）。

山崎文夫『フランス労働法論』（総合労働研究所，1997年）。

労働政策研究・研究機構『データブック国際労働比較』（2019年度版）。

第4部
平和主義・憲法改正

第12章　非軍事平和主義

12-1　軍事に対する憲法的統制の歴史

1　憲法と軍事

　日本で「憲法」というと憲法9条の平和主義というイメージが強いのではないだろうか。そのため，もしかすると「憲法＝非軍事」という印象があるかもしれない。だが「近代立憲主義が個人の尊厳を核心とする人権の確保を目的とし，権力への法的コントロールを追求するものである以上，権力の物理的根拠の中心をなす軍事力を憲法によってどう枠づけるかは，最大関心事のひとつであった」とされる（樋口陽一『憲法Ⅰ』（青林書院，1998年））。したがって，各国の憲法は自国が軍事力をもつことを前提とした上で，その適切なコントロールを目指してさまざまな条文を備えてきた。

2　議会による軍のコントロール

　「軍事に対する憲法的統制」に関する最も初期の条文として，（厳密な意味での成文憲法ではないが）イギリスの権利章典（1689年）があげられる。ここでは前国王の悪政として「議会の同意をえることなく平時に常備軍を王国に召集し，保持することによって，および法に反して兵士を宿営させること」が指摘されている。その他に，議会による軍のコントロールの例としては，アメリカ憲法1条8節11項が連邦議会の権限として「戦争を宣言し，捕獲免許状を付与し，陸上および海上における捕獲に関する規則を定めること」などを定めている。ただし，アメリカでは大統領がしばしば議会の事前承認なしに武力行使を実施して批判されている（ベトナム戦争など）。

3　侵略戦争の放棄

　1791年フランス憲法の第6編では「フランス国民は，征服を目的とするいか

なる戦争を企てることも放棄し，他の人民の自由に対してその武力を決して行使しない」とされている。このように侵略戦争の放棄を宣言する憲法の条文は，実は珍しくない。また，第一次世界大戦における甚大な被害への反省からつくられた不戦条約（1928年：ケロッグ゠ブリアン条約とも呼ばれる）は「国家ノ政策ノ手段トシテノ戦争ヲ放棄スル」（1条）という画期的なものであった（戦前の日本も参加）。ただし，そこで放棄されていた「戦争」とは，領土の奪取などを目的とする侵略戦争に限定され，他国からの侵略に反撃する自衛戦争までは放棄されない，というのが本条約の一般的な解釈であった。したがってこれらの憲法・条約は，自衛戦争（自衛のための武力行使）という口実で行われる侵略戦争を防ぐことができない，という重大な限界を抱えている。

4　軍隊の不保持

　日本の憲法9条のように，軍隊の放棄を定めた憲法の例として，コスタリカ憲法（1949年）12条「常設の制度としての軍隊は，これを禁止する。警備および公共の秩序の維持のためには，必要な警察部隊を置く。大陸協定によってのみ，または国民の防衛のためにのみ軍隊を組織しうる」があげられる。だが，このような憲法は現在の世界では例外的な存在にとどまり続けている（なお，現在のコスタリカでは常備軍は廃止されているものの，軍隊をもつことが完全に禁止されているわけではない）。

5　日本国憲法の「先駆性」

　以上のように，憲法はさまざまな形で軍事力をコントロールしようとしてきた。しかし2度の世界大戦をはじめ，現在も世界で生じている数々の国際紛争をみてもわかるように，その試みはしばしば失敗してきたといわざるをえない。憲法のみならず，国際連盟（1920年―1946年）や国際連合（1945年―），そして上述の不戦条約などを通じて戦争を防ぐことが試みられてきた。そして従来の国際法では主権国家の当然の権利として認められてきた戦争は，現在の国連憲章のもとでは違法とされるに至っている。とはいえ，各国が軍隊をもつこと，そして自衛のための武力行使は依然として禁じられていない。

　こうしてみると，各国憲法や国際法において軍事力を制限し，平和を実現し

ようとする流れが明確に存在し，日本国憲法（前文や9条）もその中に属するといえる。他方，「軍事力のコントロール」ではなく「軍事力の放棄」を選択した日本国憲法が他国の憲法や国連憲章と比べて「先駆的」であることは確かであり，それゆえ激しい賛否を生んできたのだといえよう。

12-2　戦争放棄と戦力不保持

1　戦前から憲法9条の成立まで

　大日本帝国憲法において，統帥権（11条）や宣戦・講和に関する権限（13条）など，軍事に関する権限は基本的に天皇のものとされていた。一般の行政権が実際には大臣（内閣）によって行使されるのとは異なり，統帥権などの行使に関しては実質的に陸軍・海軍が決定し，内閣や議会が関与することは著しく制限されていた。これらの背景には，軍に対する政治の介入を防ぎたいという明治政府の指導者たちの思惑があったことが指摘できる。このような仕組みは，戦前の日本では国民から選ばれた政治家が軍をコントロールすることが難しく，軍の暴走を招いてアジア太平洋戦争へ至る重大な一因となったといえる。また，戦前の日本は不戦条約に参加していたが，それにもかかわらず戦争を防げなかったことも指摘しておく。

　敗戦後，アメリカ主導のGHQによる占領下で新憲法の制定作業が進められた。 12-1 軍事に対する憲法的統制の歴史 で見たように，戦争の放棄をうたう憲法は珍しくないが，現行憲法9条2項のように戦力の放棄まで定めた憲法は極めて珍しい。このように異例の条文がなぜ制定されたのか。連合国内部では旧日本軍の最高責任者であった昭和天皇の戦争責任を追及すべきという意見が強く，この動きを回避するために日米両政府が考えたのが，戦力を放棄することで連合国に反省の意思を示すことであったと指摘されている。

2　憲法9条1項——戦争の放棄

　9条1項は「国権の発動たる戦争と，武力による威嚇又は武力の行使」の放棄を宣言している。「戦争」とは宣戦布告（相手国に戦争の開始を宣言すること）によって開始される武力紛争である。他方，「武力による威嚇」とは武力の使

用を示唆するなどして自国の主張を相手国に強要することであり，「武力の行使」とは宣戦布告なしに行われる武力の使用である。このように，9条1項は戦争だけでなくあらゆる形の武力の使用を防ごうとしている。

　ただし，ここで放棄されている「戦争」（武力行使を含む）の範囲には争いがある。すなわち，ここではあらゆる戦争が放棄されているという解釈と，ここでは「侵略戦争」は放棄されているが「自衛戦争」までは放棄されていないという解釈であり，政府は基本的に後者の立場に立っている。上述のように，このような内容（侵略戦争の放棄）の憲法はそれほど珍しくないし，戦前の不戦条約もほぼ同じ内容であった（なお，9条1項の文言を素直に読めば前者の解釈（自衛戦争も放棄する）の方が自然であることは否定できない。また，実際には侵略戦争と自衛戦争の区別は困難である場合が多いだろう）。

3　憲法9条2項——戦力の不保持

　「前項の目的を達するため，陸海空軍その他の戦力は，これを保持しない」と宣言した9条2項は世界的にも珍しい内容であり，それゆえその改正を主張する声が絶えず起こってきた。本項に関しては，自衛目的であれば「戦力」の保持が許されるかどうかという解釈上の争いがある。すなわち，本項の冒頭に置かれた「前項〔9条1項〕の目的を達するため」という文言をどう理解するかが問題となる。「前項の目的」を侵略戦争の放棄と解し，自衛目的の戦力保持は許されるという説がある。それに対して，「前項の目的」を「国際平和の誠実な希求」と広くとらえ，自衛目的であっても戦力の保持は許されないという説があり，憲法学の多数説や政府はこちらを支持している。その主な理由としては，ⓐ侵略戦争と自衛戦争を区別することは実際には難しいこと，ⓑ現行憲法には軍に関して必要な規定（指揮権や宣戦の権限など）が存在せず，戦力の保持が想定されていないと解釈する方が自然であること，などがあげられる。

4　「戦力」解釈の変化

　上述のように9条2項で一切の戦力保持を禁じられているにもかかわらず，なぜ日本には自衛隊が存在するようになったのか。日本は敗戦後しばらくは軍をもたず，占領軍，とりわけ米軍がその代わりに日本を防衛するという形を

とっていた。しかし中国の内戦で共産党が勝利し，また朝鮮戦争が勃発するなど，日本周辺の国際情勢は急激に変化していった。そこでアメリカは日本に対し，自力で自らを防衛し，アジア太平洋の共産主義化を防ぐことを要求し始める。当初は憲法9条を厳格に守る姿勢を見せていた日本政府も，次第に方針を変えていく。

　まず1950年にGHQの指示に従って警察予備隊が設立される。これは一般的な軍隊には劣るものの機関銃や戦車などの装備を備える組織であった。当然ながら，警察予備隊は9条2項で禁じられた「戦力」ではないかと批判されたが，政府は，警察予備隊の目的は海外からの侵略防止ではなく国内の治安維持であり，9条2項も警察力を保持することは禁じていないので合憲だと説明している（「警察力」論）。なお，警察予備隊が違憲であることの確認を求める警察予備隊違憲訴訟も提起されたが，最高裁は違憲性を判断することなく訴えを退けている（最大判1952・10・8）。

　続いて1952年に警察予備隊は保安隊・警備隊へと強化され，これに対しても9条2項違反が指摘された。しかし政府は，9条2項が禁じる「戦力」は「近代戦争遂行に役立つ程度の装備，編成を備えるもの」であるが，保安隊・警備隊はその水準に達していないので合憲であると説明している（「近代戦争遂行能力」論）。

　さらに1954年，保安隊・警備隊は自衛隊へ改組され，近代戦争を遂行する能力（ジェット機や護衛艦など）を保有するに至った。そこで政府は，憲法は「自衛のための必要最小限度の実力」（自衛力）をもつことは禁じておらず，自衛隊の実力はその範囲内にあるので違憲ではない（「自衛力」を超える実力は憲法で禁じられた「戦力」になる）と説明するに至った（「自衛力」論）。上述のように，政府は9条1項に関して「自衛戦争」までは放棄されていないという立場をとっており，それゆえ自衛戦争を行うための「自衛力」の保持は許される，という理屈である。政府は現在もこの説明を続けている。だが「自衛力」という文言は憲法に存在しておらず，また，「戦力」と「自衛力」の違いが不明確であるなど，無理のある説明といわざるをえない（政府は，場合によっては核兵器も自衛力に含まれうると説明している）。これは，憲法9条を改正しないまま自衛隊をもつことを正当化するために生じた矛盾といえよう。他方，憲法学では9条1項

で自衛権までは放棄していないものの，2項で一切の戦力保持（自衛隊も含む）が禁じられているため，結果として軍事力による自衛戦争はできない，という結論が有力である。

　自衛隊が9条2項で禁じられた「戦力」に該当するかどうかは裁判でも争われている。その1つである恵庭事件では，裁判所は自衛隊の合憲性の判断を避けて事件が終結した（札幌地判1967・3・29）。また，長沼ナイキ訴訟の第一審（札幌地判1973・9・7）では自衛隊が戦力に該当するため9条2項に違反すると初めて判断された。しかし控訴審（札幌高判1976・8・5）と上告審（最判1982・9・9）は，第一審を覆した上で，自衛隊の合憲性判断をせずに終わっている。そして，現在に至るまで最高裁は自衛隊が「戦力」にあたるか否かを正面から判断していない（違憲とも合憲とも判断したことはない）。

5　「自衛権」概念の変化

　ここまで見てきたように政府は，憲法9条の下でも自衛戦争と自衛力は放棄されておらず，自衛隊も合憲であると説明している。ここまでは他国の実態と大きな差はない。日本が他国と異なるのは「自衛力が行使可能となる場面」である。この点では「自衛権」の概念が重要な意味をもってくる。自衛権という概念はもともと国際法の分野で使われてきたものである。現在の世界では国連憲章がその基本的なルールを定めており，その51条では各国に「個別的自衛権」と「集団的自衛権」という2種類の自衛権が認められている。個別的自衛権とは，自国に対する他国からの武力攻撃に反撃する権利である。たとえば，日本がAという国から武力攻撃を受け，日本が武力で反撃するような場合である。他方，集団的自衛権とは，自国が攻撃されなくても，他国が反撃された場合に反撃する権利である。たとえば，日本と密接な関係にあるアメリカがA国から攻撃され，日本がA国に武力行使を行うような場合である。

　憲法学の多数説や日本政府は，現行憲法でも「自衛権」が認められると解釈している。だが多数説は，9条2項で戦力の保持が禁じられているため，結果的に自衛権に基づく武力行使はできないと解釈している。他方で政府は，自衛権が認められるのだから自衛力の保持も認められ，したがって自衛のための武力行使も許されると解釈している。だが，そもそも自衛権という言葉は現行憲

法には存在しない。しかし多数説も政府も「国家の固有の権利」という理由で自衛権を認めている。これに対しては，根拠が不十分であり現行憲法では自衛権の存在は認められないという批判がある。

　ただし政府は，現行憲法が行使を認めているのは個別的自衛権だけであり，集団的自衛権は行使できない，という解釈を長年続けてきた。というのも，政府は日本が自衛権を行使できる要件として，ⓐ我が国に急迫不正の侵害（すなわち武力攻撃の発生）があること，ⓑこれを排除するために他の適当な手段がないこと，ⓒ必要最小限の実力行使にとどまること，の３つをあげてきた（いわゆる「自衛権行使の三要件」）。この中のⓐは，国際法上の個別的自衛権と事実上重なるものであり，政府は，自国への武力攻撃なしに反撃を認める集団的自衛権の行使は禁じられると説明してきたのである。このような説明は，憲法９条の下で自衛隊を保有するという矛盾を正当化するために考えられた「妥協」と見ることができ，いわゆる「専守防衛」論とセットで日本の安全保障政策の拡大を抑制してきたといえる。

　だが2014年に政府は閣議決定で憲法解釈を変え，上述の「自衛権行使の三要件」のⓐを「我が国に対する武力攻撃が発生したこと，又は我が国と密接な関係にある他国に対する武力攻撃が発生し，これにより我が国の存立が脅かされ，国民の生命，自由及び幸福追求の権利が根底から覆される明白な危険があること（存立危機事態の発生）」に変更した。これにより（限定的ではあれ）集団的自衛権の行使が可能になったと考えられている。この背景としては，日米安保体制（後述）の下でアメリカから，一方的にアメリカが日本を軍事的に助けるだけでなく，日本もアメリカを軍事的に助けるべきだという要求が強まっていたことが指摘できる。だが，このような憲法解釈に対しては，９条の内容から著しく逸脱し，従来の政府解釈よりも違憲性が一層強まったと批判されている。

6　日米安保体制の成立と拡大

　上述のように，敗戦後しばらく日本は軍をもたず，米軍などが駐留して日本防衛を担っていた。その後日本は警察予備隊などを設立したものの，それだけでは不十分であると考えられた。そこで1951年，サンフランシスコ講和条約と同日に日米間で結ばれたのが日米安全保障条約（旧安保条約）である。本条約

では日本独立後も引き続き米軍の日本駐留を認められ，日米安保体制が始まった。しかし駐留米軍が憲法9条2項が禁じる「戦力」に該当するかが砂川事件において問題とされ，第一審では駐留米軍が「戦力」に該当して違憲と判断された（東京地判1959・3・30）。だが最高裁はいわゆる「統治行為論」に基づき，駐留米軍は一見極めて明白に違憲無効とはいえない，として第一審判決を覆した（砂川事件：最大判1959・12・16）。

　その後1960年に旧安保条約が改定されて新安保条約が結ばれ，現在に至っている。その主な改定点としては，日本の施政下にある領域内に攻撃があった場合，アメリカが日本と共同で防衛する義務を負うようになったことがあげられる（5条）。実は旧安保条約において，米軍は日本の基地使用が認められる一方で日本の防衛義務を負わない，という不平等な関係にあった。また，安保条約それ自体は変えずに，その内容の詳細を定めた「日米防衛協力のための指針」（いわゆる「日米ガイドライン」）を改定する形で，実質的に安保条約の改変が行われてきた。この日米安保体制下ではとりわけ，1972年まで米軍の占領下にあった沖縄に多くの米軍基地が置かれ，訓練中の事故や騒音，米軍兵士による犯罪などの被害が発生してきた。長年この基地被害の是正が求められているが，依然として解決には至っていない。

　なお，「国際貢献」という名目で1992年に制定されたPKO協力法では，自衛隊の国連PKO（平和維持活動）参加が認められ，この後自衛隊は世界各地に派遣されている。

　1997年には日米安保の新ガイドラインが結ばれ，1999年には「新ガイドライン関連法」が成立し，日本ではなく「日本周辺」で武力紛争等が生じた場合でも自衛隊が米軍を後方支援できることになった。

　2001年にはアメリカ同時多発テロが発生し，米軍などがアフガニスタンを攻撃した。日本は「テロ対策特措法」を制定し，海上自衛隊をインド洋に派遣して米軍などの支援にあたった。2003年にはイラク戦争が開始され，日本は「イラク特措法」を制定し，自衛隊をイラクなどに派遣して「後方支援」などを実施した。この「後方支援」が，憲法9条が禁じた自衛目的以外での海外における武力行使に該当して違憲である，という判断が自衛隊イラク派遣訴訟の控訴審で下されている（名古屋高判2008・4・17）。

　2003年にはいわゆる「有事関連3法」，2004年には「有事関連7法」が制定された。これにより，米軍と自衛隊の連携強化に加え，民間事業者や市民の協力義務なども定められた。2013年に制定された特定秘密保護法は，安全保障やテロ対策などに関する情報のうち特に重要なものを特定秘密に指定し，その漏えいなどに厳格な刑罰を科すものである。

　そして2015年にはいわゆる「安保法制（安全保障関連法）」が成立した。その内容は多岐にわたるが，上述の憲法9条に関する政府解釈の変更（2014年）に基づき，（限定的な）集団的自衛権に基づく武力行使が初めて法律で認められるなどした。なお同年，安保法制の直前には日米ガイドラインが17年ぶりに改定されている。主な内容としては第1に，憲法9条に関する政府解釈の変更をうけて，存立危機事態における（限定的な）集団的自衛権行使が盛り込まれた。第2に，武力攻撃には至っていない「グレーゾーン事態」などへの対応が新たに明記された。第3に，米軍と自衛隊が地理的制約なく全世界で協力して活動していくことが確認された。第4に，宇宙やサイバー空間の安全保障において日米の連携強化がうたわれた。

　なお，憲法前文の「全世界の国民が，ひとしく恐怖と欠乏から免れ，平和のうちに生存する権利」という文言などを根拠に平和的生存権が主張されている。この権利に対しては権利の不明確性などが批判されているが，上述の長沼事件第一審や自衛隊イラク派遣訴訟控訴審などで裁判規範性が認められた点が注目される。

比較 *15*　軍事力の統制

日本国憲法 9 条は徹底した非軍事平和主義を採用しているが，戦後政治において
は戦力ならざる「自衛のための必要最小限度の実力」として自衛隊が設置され，近
年では従来の政府解釈を変更して集団的自衛権行使を承認するなど，その役割・任
務は拡大の一途をたどっている。こうした実態には当然強い違憲の疑義があり，そ
れゆえに改憲の動因ともなってきたが，改憲論の中には憲法に自衛隊の存在とその
任務を明記することで適切な統制を図るべきと主張するものがある。立憲主義の歴
史においても，国家のもつ最大の実力組織である軍事力の統制は重要な課題であり
続けているが，憲法に軍事力の役割と限界を明記すれば，本当に適切に統制される
のだろうか。アメリカとドイツの経験をふまえて，こうした主張の当否について考
えてみよう。

15-1　軍事力の統制──アメリカとの比較

1　合衆国憲法における軍事的権限

　合衆国憲法（以下，適宜「憲法」と略する）は，連邦議会（以下，適宜「議会」
と略する）に（連邦の）軍隊の設置・維持・規律・財政措置等に関する権限を認
めており（1 条 8 節12-14項），憲法が明示する陸軍・海軍のほか，現在では海兵
隊・空軍・宇宙軍・沿岸警備隊を加えた 6 軍編成である。また，通常時は州知
事の指揮下で州内の治安維持や災害救援等にあたり，必要に応じ連邦軍の指揮
下に入る民兵（現在は州兵（National Guard）と呼ばれる）の編制・規律等に関す
る権限も議会に認めている（1 条 8 節15-16項。州は，議会の同意なく，平時におい
て軍隊もしくは軍艦を保持してはならない［1 条10節 3 項］）。また，大統領は，連邦
軍および連邦軍の指揮下に入った民兵の最高司令官（Commander in Chief）で
あり（2 条 2 節 1 項），軍の運用に関する広範な権限を有するとされる。

　一方で，憲法は軍事に関する一定の制限も定める。まず，戦争の宣言は議会
の権限であり（1 条 8 節11項），大統領単独での宣戦は認められていない。ま
た，「反乱または侵略に際して公共の安全のために必要な場合を除き」人身保
護令状を求める特権を停止してはならず（1 条 9 節 2 項），これは人身の自由の
制限への議会関与と理解されている。さらに，1791年に追加された権利章典

（実質上オリジナルの憲法典と一体と理解されている）のうち，修正 3 条は平時において所有者の同意なく兵士を家屋に宿営させることを禁止しており，これは独立戦争時の経験に由来するとされる。

2　議会による大統領権限の統制

　このように憲法の定めは簡略であり，議会が軍隊の編制等を定めることを前提としつつ，戦争についても議会が宣言し，大統領の指揮下で遂行されることを基本的枠組みとする。しかし，大統領と議会の間の具体的な権限配分，特に大統領による軍事力行使と議会による統制のあり方が常に問われてきた。

　建国以来，アメリカは多数の戦争をたたかっており，とりわけ第二次世界大戦後は世界最大の軍事力をもち，各地の紛争にも深くかかわっている。しかし，議会による宣戦布告がなされたのは，米英戦争（1812年），米墨戦争（1846年），米西戦争（1898年），第一次世界大戦（1917年），第二次世界大戦（1941年―1942年）の 5 度にすぎない。それ以外の軍事力行使は，議会による大統領への授権によるか，ときには大統領が自らの固有の権限（最高司令官条項に加え，外交権限や執行権の長（Chief Executive）としての権限［2 条 1 節 1 項］が援用される）を主張して，議会の授権なしで遂行されてもきた。

　こうした大統領の軍事的権限と議会との関係について，しばしば参照されるのが，朝鮮戦争中のトルーマン大統領による鉄鋼所接収を違憲とした1952年のSteel Seizure Case（Youngstown Sheet & Tube Co. v. Sawyer（Steel Seizure），343 U. S. 579（1952））のジャクソン裁判官同意意見である。ジャクソンは，ⓐ大統領の権限は議会の明示的・黙示的授権に基づくとき最大となり，ⓑ議会の授権もその拒否もない状態では大統領自身の独立した権限に基づき行動しうるが，議会と競合的に権限をもち，または分配が不明確な混沌領域（a zone of twilight）が存在するとし，ⓒ議会の明示的・黙示的意思に反して行動するとき大統領の権限は最弱化し，自身の憲法上の権限にのみ基づき行動しうるとの三分類を示した。そして，本件はⓐにもⓑにも該当せず，ⓒの可能性のみが残るが，憲法上認められた大統領権限から鉄鋼所接収を導くことはできず，違憲と結論づけた。本件は直接には軍の行動に関するものではないが，議会による授権の有無を中心に議会と大統領との権力分立を構想するジャクソン同意意見の

発想は，強い影響を与えている。

　また，泥沼化したベトナム戦争の終盤，1973年に議会が両院合同決議の形式で制定した戦争権限法（War Powers Resolution, P. L. 93-148, 87 Stat. 555, 50 U. S. C. §1541 et seq.）は，合衆国軍の敵対行為への投入等に議会および大統領の共同の決定を確保することを目的に掲げ，最高司令官としての大統領が軍を投入できるのは③議会による宣戦，⑤制定法による特別の授権，ⓒ合衆国およびその軍隊への攻撃による国家緊急事態の場合のみとする。また，大統領による軍の投入前の議会への諮問と海外派兵に際しての議会への報告を定め，報告を受けて議会が宣戦もしくは大統領に授権するか，立法によって期間を延長するか，あるいは軍事攻撃によって対応できない場合を除き，60日以内に軍の使用を停止しなければならないとし（期間は90日まで延長可能），さらに宣戦または制定法による授権なく国外で軍を投入している場合，撤退の両院同一決議がなされれば，大統領は軍の撤退を命じなければならないとする。

　戦争権限法は，大統領の軍事力行使への議会による手続的関与の強化を図ったものではあるが，大統領によるすべての軍事力行使を対象とはせず，歴代の大統領も憲法上の大統領権限を制約するとして違憲と主張してきた（同法自体，ニクソン大統領によって拒否権が行使され，両院の再可決を経て制定された）。また，同法制定後も議会の明示的授権なく軍が用いられた例も多く，授権がある場合も同法に基づくものと明示されたのは数例にとどまる。さらに，大統領にきわめて広範な権限を認めた2001年の9.11事件後の武力行使授権決議などの例からも，同法の有効性や議会による軍事力統制の実効性には疑問の余地が大きい。

3　戦時における自由制限と裁判所

　しばしば戦時においては，軍事的必要性などを理由として広範な自由の制限が行われる。アメリカにおいても，こうした自由制限が許容されるべきかについて裁判所の判断が求められてきた。いくつか代表的な例をみてみよう。

　前述1のように憲法は条件付きで人身保護令状の停止を認めるが，南北戦争勃発後，リンカーン大統領は議会による授権のないまま，軍司令官に人身保護令状停止を授権した。北軍によって身柄を拘束されたメリーランド州の民兵士官が裁判所に人身保護令状発給を求めた事件で，トーニー連邦最高裁長官は，

大統領は人身保護令状を停止する権限も停止を授権する権限ももたないとして
人身保護令状発給を命じたが（Ex parte Merryman, 17 F. Cas. 144（C. C. D. Md.
1861）（No. 9,487）），リンカーン大統領は国家分裂の危機にあることを強調して
自らの措置を正当化し，トーニーの判決に従うことはなかった（後に議会は大
統領に人身保護令状停止を授権する法律を制定した）。

　また，真珠湾攻撃後，アメリカは第二次世界大戦に参戦したが，西海岸地域
における大日本帝国への敵意から，1942年 2 月19日の大統領令9066号は陸軍が
指定した軍事地域からの民間人立ち退きを認めた。これは実質的には日系人
（日本国籍をもつ者だけでなく，アメリカ市民も含む）のみを対象としており，約12
万人もの日系アメリカ人らが立ち退きを命じられ，多くは僻地の強制収容所に
送られた。この人種差別的措置に対して訴訟が提起され，連邦最高裁の判断が
示されることになったが，中でも有名な（悪名高い）のが日系アメリカ人の排
除命令を合憲とした1944年のコレマツ判決である（Korematsu v. United States,
323 U. S. 214（1944））。判決は，軍事地域からの排除は人種に対する敵意からで
はなく，軍当局が軍事的緊急性ゆえに日系人の西海岸からの一時的隔離が必要
と判断したのであり，議会もそれを認めているとして排除命令を合憲とした。
軍事的必要性よりむしろあからさまな人種的偏見に基づいていたこの措置は，
40年以上を経た1988年にレーガン大統領による謝罪と補償がなされ，現在では
コレマツ判決も最高裁の歴史における汚点とみなされている。

　さらに，9. 11事件後，アフガニスタンでの軍事作戦によって身柄を拘束され
たアル・カイーダ，タリバンの戦闘員の多くがキューバのグアンタナモ湾米軍
基地に収容され，これらの者による人身保護請求が最高裁で判断されることに
なった。最高裁は，2004年のラスール判決（Rasul v. Bush, 542 U. S. 466（2004））
でグアンタナモの被収容者による人身保護令状請求権を認め，同日のハムディ
判決（Hamdi v. Rumsfeld, 542 U. S. 507（2004））では，大統領は議会の同意を得
て戦闘行為継続中に敵性戦闘員を拘束する権限があるとしつつ，拘束の適法性
を争う者にも適正手続が保障されることを確認した。次いで，2006年のハムダ
ン判決（Hamdan v. Rumsfeld, 548 U. S. 557（2006））では，アル・カイーダのメ
ンバーらを軍事法廷（手続保障も緩和される）で審理するとした大統領令は制定
法の授権を欠くとし，さらにこの判決を受けて軍事法廷設置を認めるとともに

人身保護請求を否定した法律については，2008年のブーメディエーヌ判決（Boumediene v. Bush, 553 U. S. 723（2008））で，この法律は憲法に違反して人身保護令状を停止したものと判断した。こうした一連の判決は，コレマツ判決のような大統領・議会による措置のほぼ全面的な追認とは異なり，段階的に一定の制約を課したものではあるが，なお限定的であり，政治部門の権限を前提としつつその整序を図ったものと理解できる。

●比較から読み解く

みてきたように，アメリカでは戦争権限法や最高裁判決によって軍事的権限の統制が試みられてきたが，とかく拡張されがちな大統領権限とその行使に対してこれらが実効的な統制たりえているかには疑問の余地が大きい。これは簡略な憲法規定にも由来するが，より根本的には，軍事という取扱注意の権力行使とその法的統制には，軍事的必要性の承認とその拡張・濫用の危険の回避という両立困難な課題がつきまとうことの反映でもあろう。この課題は，憲法に軍事力の役割と限界を明記することで簡単に解決できるものではない。ジャクソン裁判官は，Steel Seizure Case 同意意見で，危機に対処する立法の権限は連邦議会の手にあるが，それが指の間からこぼれ落ちないようにすることができるのは議会自身だけであるといい，コレマツ判決反対意見では，軍事力の存在は自由に対する本来的な脅威であるが，人民がその審査を最高裁に求めるのは思い違いであり，人民が戦争権限を無責任な者に委ねてしまえば，裁判所はそれを制約することはできないという。ここにみられるように，軍事の統制については民主主義の力量が問われるとともに，人民とその代表者もまた誤りうるのであり，その誤りを正すことも容易ではない。だとすれば，誤った選択の可能性自体を憲法によって排除することには重要な意義をみいだせることになり，日本国憲法9条の意義は，こうした観点からもあらためて確認できる。

【参考文献】

蟻川恒正『憲法的思惟〔再刊版〕』（岩波書店，2016年）。

駒村圭吾「危機・憲法・政治の "Zone of Twilight"」奥平康弘・樋口陽一編『危機の憲法学』（弘文堂，2013年）。

富井幸雄『海外派兵と議会』（成文堂，2013年）。

塚田哲之「『対テロ戦争』を戦う合衆国最高裁」森英樹編『現代憲法における安全』（日本評論社，2009年）。

15-2 軍事力の統制——ドイツとの比較

1 ドイツの再軍備の経緯と基本法

日本と同様，旧ドイツの国防軍（Wehrmacht）は第二次世界大戦の敗戦によって解体され，基本的には米，英，仏，ソ連（当時）の4カ国に分割して占領された。そのうち米英仏の占領地域は後に西ドイツへ，ソ連の占領地域は東ドイツへ分裂することとなった。ここでは西ドイツに限定して説明していこう。

西ドイツは1949年にドイツ連邦共和国基本法を制定した。憲法（Verfassung）ではない基本法（Grundgesetz）という名称には「将来的なドイツ統一までの暫定的なルール」という意図が込められていた。制定当初の基本法には良心的兵役拒否（4条3項）や侵略戦争準備の禁止（26条1項）などの条文が盛り込まれた一方，軍の設置に関する規定は存在しなかった。だが，日本国憲法9条2項のように戦力の不保持を定めた条文はなく，他方で相互的安全保障制度への加入（24条2項）を認めていた。その意味で，基本法では将来的な再軍備の可能性は排除されていなかったといえる。

敗戦直後，西ドイツ国内ではナチスの記憶や敗戦による疲弊のため，また，フランスなどの周辺国ではドイツによる侵略の記憶などのため，西ドイツの再軍備への警戒感が強かった。しかし，東ドイツやソ連への警戒感，そして1950年の朝鮮戦争の勃発を機に，西ドイツ政府やアメリカは，東西対立に備えた再軍備への意欲を強めていく。そこでまず検討されたのが欧州防衛共同体（European Defense Community: EDC）である。これは，各国が軍隊を出し合って西欧の軍隊をつくり，統一された司令部の下で行動するという仕組みである。このためにドイツでは基本法が改正され，連邦が防衛に関する専属的立法権をもつことが規定された（73条1項）。だが EDC はフランス議会での承認に失敗して1954年に頓挫する。続いて提案されたのが，北大西洋条約機構（NATO：1949年設立）への西ドイツの加盟である。こちらは有事の際に統一指令部の下，各国が集団的自衛権を行使して加盟国の共同防衛のために自国の軍を行動させる

という仕組みである。1955年に占領は終了して西ドイツは主権を回復し，NATO加盟も認められた。同年，基本法が改正され，基本法87a条1項「連邦は，防衛のために軍隊を設置する」など，軍の設置に関する基本的な憲法上の根拠が整えられ，翌1956年にドイツ連邦軍（Bundeswehr）が発足した。連邦軍は職業軍人に加え，徴兵制（当初は若い男性に1年程度の兵役を課した）による兵士によって構成された（2014年から徴兵制は停止）。さらに1968年の基本法改正では広範な反対の声を押し切って，後述の防衛事態や緊迫事態に関する条文が追加された（非常事態憲法などと呼ばれる）。その後連邦軍は冷戦終結に伴う規模縮小などを経験しつつも，国外・NATO域外への派遣（旧ユーゴ紛争，アフガニスタン）など，その活動範囲は拡大している。

2　連邦軍の民主的統制と軍人の社会統合

　戦前のドイツ軍は独自の権威・伝統をもつ「国家の中の国家（Staat im Staate）」と呼ばれ，民主的な統制が十分及ばなかったとされる。その反省に立ち，また，ナチスの再来を防ぐためにも，基本法は以下のような仕組みを定めた。

　第1に，軍の民主的統制である。平時の指揮権は連邦国防（防衛）大臣が有するが（65a条1項），有事（防衛事態）には連邦首相（Bundeskanzler：連邦宰相とも訳される）に移行する（115b条）。連邦議会は予算を通じて軍を統制し（87a条1項），講和条約の決定（戦争の終結）を行う（115l条3項）。また，連邦議会には軍に関する調査権をもつ国防委員会が置かれている（45a条）。そして軍の出動には原則として議会による同意が求められている（いわゆる「議会留保（Parlamentsvorbehalt）」）。

　第2に，軍人を社会から隔絶せず，社会に統合することが目指されている。そこでの軍人のあるべき姿は「制服を着た市民（Bürger in Uniform）」とされている。職務のために基本権が制約されることはあるものの，軍人にも市民と同等の基本権が保障されることが原則とされる。また，連邦議会によって国防受託者（Wehrbeauftragter：防衛監察委員，国防専門員とも訳される）が任命され，軍の統制に関して議会を補助し，軍人の基本権の保護などを行っている（45b条）。軍人が懲戒処分に対して不服がある場合は，軍務裁判所（Truppendienstgerichte）に訴えることができる（連邦行政裁判所に対して上訴が可能）。

3　連邦軍が出動する場合

基本法87 a条2項は「軍隊は，防衛のために出動する場合の他は，この基本法が明文で許している限度においてのみ，出動させることができる」とする。ここでいう「出動（Einsatz）」とは，さしあたり「武力や強制力を用いる活動」と考えればよい。これは「憲法留保（Verfassungsvorbehalt）の原則」と呼ばれ，連邦軍の出動には憲法で明文の根拠が必要とされる。連邦軍の出動が許されるのは主に以下の場合である。

第1に，防衛事態（Verteidigungsfall）であり，「連邦領域が武力によって攻撃され，もしくはこのような攻撃が直前に差し迫っている」場合である（115 a条1項）。要するにドイツが外部から侵略されるケースであるが，その確定には原則として連邦議会と連邦参議会の合意が必要である。ただし，このような手続が困難な場合には「合同委員会」が確定を行う（115 a条2項）。合同委員会の委員の3分の2は連邦議会議員，3分の1は連邦参議会構成員によって構成され（53 a条1項），現在は48名である。さらに，合同委員会の活動も困難な場合は，連邦領域への攻撃によって防衛事態が確定されたものとみなされる（115 a条4項）。そして，連邦議会と連邦参議会は防衛事態終了の宣言を行う（115 l条2項）。第2に，緊迫事態（Spannungsfall）である（80 a条）。これは防衛事態の前段階で，国際的な緊張が高まった状況と解されている。緊迫事態は連邦議会の3分の2以上の賛成によって確定される（80 a条1項）。第3に，ドイツが加盟する集団安全保障制度（24条2項）の任務として軍を出動させることが可能とされている（後述のAWACS事件で連邦憲法裁判所により認められた）。第4に，自然災害（Naturkatastrophe）および重大な災厄事故（Unglücksfall）の場合である。この場合，州は軍の出動を要請でき（35条2項），危険が州を超える場合には連邦政府は軍を出動させることができる（35条3項）。第5に，連邦や州の「自由で民主的な基本秩序（die freiheitliche demokratishe Grundordnung）」に対する差し迫った危険がある場合であり，要するに内乱のような事態である。この場合，まずは警察や連邦国境警備隊が対応するが（91条1項），それでは十分ではない場合，連邦政府は軍を出動できる（87 a条4項）。

4　軍に関する憲法判例

　連邦憲法裁判所が軍の活動などに関する合憲性を判断した事件として，以下のものを紹介しておく。まず AWACS 事件（1993年，1994年，2008年）では，旧ユーゴ紛争やイラク戦争において，ドイツ軍が NATO 域外へ偵察機を派遣したことなどの合憲性が争われた。連邦憲法裁は，ドイツが基本法で集団安全保障制度への加盟が認められていること（24条 2 項）を理由に，NATO 域外へ武装した軍を派遣することを認めた。ただし，その際は議会による事前の同意を条件としている。航空安全法事件（2006年）では，ハイジャックされた航空機を軍が撃墜することは人間の尊厳（ 1 条 1 項）の侵害であり許されないとした。他方，同法に関して2012年に下された判断では，武装した軍がテロ対策で国内に出動することも基本法上許されるとされた。軍の活動拡大に伴い，連邦憲法裁は合憲性の判断を迫られてきた。そこで連邦憲法裁は日本のように「統治行為論」を理由に判断を回避することはなかったが，他方で，政府の判断を正面から否定することも基本的になかった（ただし，軍の出動に議会の事前同意を要求するといった一定の歯止めをかけている）。このような連邦憲法裁の姿勢に対しては，その柔軟性が評価されている一方，ある種の「解釈改憲」ではないかという批判もある。

●比較から読み解く

　ドイツは日本と同じく第二次世界大戦で敗北して軍が解体されたが，憲法（基本法）を改正して軍を保有するという選択を行った。この点は，憲法 9 条を改正しないまま自衛隊を保有するに至った日本と対照的である。だからこそドイツは，周辺国（特にフランスなど）からの批判を意識して，ナチスの過ちを繰り返さないように基本法で詳細な規定を置かざるをえなかったといえよう。

　他方，ドイツのさまざまな工夫にもかかわらず，連邦軍が国外に派遣されて犠牲者が出ていることも忘れてはならない。この点，日本では「憲法を改正して自衛隊を認めた方が，自衛隊のよりよいコントロールにつながる」という意見があるが，本当にそうなのか考える必要があるだろう。

【参考文献】

岩間陽子『ドイツ再軍備』（中央公論社，1993年）。

鈴木秀美＝三宅雄彦編『ガイドブック　ドイツの憲法判例』（信山社，2021年）第19章。

水島朝穂『現代軍事法制の研究』（日本評論社，1995年）。

山中倫太郎編『軍隊の活動に関する国内法的規律の形態に関する比較調査』（防衛大学校先端学術推進機構グローバルセキュリティセンター，2018年）。

山中倫太郎「ドイツ防衛憲法における軍人の意見表面の自由の基本権の保障と制限の法理」防衛大学校紀要（社会科学分冊）112輯（2021年）。

第13章　憲法改正

13-1　憲法改正の意義

1　可変性と安定性

　憲法は基本的人権や統治機構など，国家の基本原理を定めたルールである。いかなる憲法であっても，時代の変化に伴ってその改正が必要になることはありうる。他方で，しっかりとした議論を経ることなく一時の思い付きで憲法を変えてしまうと，結果として深刻な被害をもたらす可能性がある。したがって，憲法の改正を考える上では，時代の変化への対応（可変性）と安易な変更の防止（安定性）という2つの要素のバランスを適切に保つことが求められる。上記のバランスを実現するため，現在多くの国では「硬性憲法」が採用されている。

2　日本の憲法改正手続

　日本では通常，衆院と参院でそれぞれ過半数の賛成があれば法律を改正することができる（59条1項）。他方，憲法を改正するには主に2つの段階をクリアする必要がある（96条1項）。

　第1段階は，国会が憲法改正案を発議・提案することである。衆院では100人，参院では50人の賛成があれば，憲法改正案の原案を提出することができる（国会68条の2）。両院それぞれで総議員の3分の2以上の賛成があれば憲法改正案が発議され，国民に対して提案される（同68条の5）。

　第2段階は，国会によって発議・提案された憲法改正案の可否が国民投票によって問われる。この具体的な手続は，2007年に制定された日本国憲法の改正手続に関する法律（いわゆる改憲国民投票法）によって定められている。国会による発議後，60〜180日の間に国民投票が実施される（憲改2条1項）。投票権者は満18歳以上の日本国民である（同3条）。投票は関連する事項ごとに実施さ

れるので，別々の改正内容への賛否が一括して問われることはない（国会68条の3）。白票・無効票を除いた有効投票総数の過半数の賛成があれば，改正が成立する（憲改98条2項）。

　改正案に賛成・反対する活動（国民投票運動）に関しては，運動費用の規制や戸別訪問の禁止などがなく，選挙運動に比べかなり自由な運動が許されている。なお，一般の公務員に対してはその地位を利用した国民投票運動が禁止されているが（同103条），禁止の範囲が不明確であるという批判がある。メディアを利用した国民投票運動に対しては，投票日の14日前からテレビ・ラジオにおける広告が禁止される（同105条）以外の規制がない。これに関しては，資金力のある集団が大量に広告を流すことで大きな影響力を行使しうる可能性があり，公正な国民投票運動のために時間・費用の規制を求める意見がある。また，近年影響力を拡大しているインターネット広告に関する規制を求める意見もある。

3　憲法改正の限界

　憲法改正手続に従えば，どのような憲法改正も許されるのか。これが「憲法改正の限界」という問題である。海外の憲法には憲法改正の限界を定める条文をもつものがある（ドイツ基本法（憲法）79条3項，フランス第5共和政憲法89条5項など）。他方，日本国憲法には憲法改正の限界を明確に定める条文がない。

　この問題については，改正に限界があると考える憲法改正限界説と，限界はないと考える憲法改正無限界説という2つの主張が存在する。限界説は，いわゆる「日本国憲法の三大原理」とされる国民主権・平和主義・基本的人権の尊重を根本的に変更することや，現在の憲法改正手続を著しく変えることなどは許されないとする。一方，無限界説は，憲法に明文上の改正限界が示されていないことや，限界説が示す改正限界の内容が曖昧であることなどを根拠としている。限界説に立った上で，もし限界を超えた改正が手続上成立した場合はどうなるか。改正後の憲法は改正前の憲法とは全く別物の新憲法であり，法的に「革命」が起こった，と説明されることになるだろう。

4　憲法変遷

憲法の条文は改正されていないものの，憲法の条文に明確に反する法律や公権力の活動などが是正されないまま一定期間継続することがある。このような場合，実質的に憲法の意味内容が変更されたと認める考え方があり，そのような現象を「憲法変遷」と呼ぶ。日本では憲法9条に関して憲法変遷が起こったと主張する見解もある。しかしこのような現象を法的に許容した場合，憲法改正手続によらない憲法改正を認めることになり，結果的に立憲主義を壊してしまう，という根強い批判がある。

13-2　現代日本の改憲論

1　戦後の日本における改憲論

1946年に制定された日本国憲法はこれまで一度も改正されていないが，憲法改正（改憲）を目指す動きは戦後直後から絶えず存在してきた。1950〜60年代前半には大日本帝国憲法への復古を目指すような改憲案が保守政党などから相次いで提案されている。その内容は，憲法9条だけでなく，日本国憲法の全面的な改正を主張するものであった。

その後，「60年安保闘争」での政治的混乱を受け，自民党は憲法（特に9条）の明文改憲（憲法96条で定められた憲法改正手続に従って憲法の条文を変更すること）を行うことに慎重な姿勢へ転換し，明文改憲への動きは一旦弱まることとなった。他方，9条は改正されていないにもかかわらず，政府は自衛隊や日米安保体制が合憲であるという解釈を展開することで，事実上，9条の意味内容を変えようとしてきた。これがいわゆる「解釈改憲」である。これによって，9条を明文改憲しなくても自衛隊・日米安保を維持していくことがひとまず可能となった。ただしそこでの9条解釈には，日本が行使できるのは個別的自衛権だけであって集団的自衛権は行使できない，という限界があった。

1990年代以降は再び明文改憲を主張する動きが強まっている。90年代の改憲論の特徴は，「国際貢献」を目的とする9条改正の主張である。すなわち，経済大国になった日本はその地位にふさわしい貢献をすべく，国連の平和維持活動（PKO）などの目的で自衛隊を海外派遣できるようにする，というもので

あった。

　2000年代の改憲論の中で注目すべきなのは，自由民主党から2012年に公表された「日本国憲法改正草案」（以下，2012年案）であろう。2012年案では日本国憲法のほぼ全面的な改正が提案されたが，近年では4つの項目が注目されている。以下ではそれらについて見てみよう。

2　近年議論されている改憲項目

　第1は，憲法9条（平和主義）である。2012年案では9条2項を改正して「自衛権」を明記し，さらに「国防軍」を保持することが提案されている。また，2017年には自民党内部から，9条2項は維持しつつ別の条文を追加して「自衛隊」を明記するという提案も行われている。2015年には「安保法制」が制定され，集団的自衛権の限定的な行使が可能となった。しかし，全面的な集団的自衛権行使を可能にするには，9条そのものの明文改憲が必要だと考えられているわけである。

　第2に，国家緊急権（緊急事態条項）である。2012年案では海外からの武力行使や大規模災害などが発生した際，首相が緊急事態を宣言する権限が明記されている。この宣言が行われると，内閣が事実上国会に代わって法律を制定したり，地方公共団体に命令を下すことが可能となる。このような，非常事態に対応するために国家権力が通常の憲法上の制約を一時的に停止して必要な措置を行う権限を国家緊急権という。近年の日本では東日本大震災や新型コロナ感染症などを背景に，憲法に国家緊急権を明記すべきだという主張がしばしば見られる。他方，国家緊急権には政府の暴走を招くリスクがあること，また，災害には国家緊急権よりも法律で事前に準備をしておく方が効果的であるという批判も強い。

　第3に，教育無償化である。憲法26条2項後段では義務教育（小中学校）の無償化が定められている。また，高校の無償化も法律で部分的に実現している。これに加え，改憲して幼児教育や高等教育（大学や専門学校など）の無償化も明記すべきだという主張が行われている。これに対しては，改憲しなくても法律改正で高等教育などを無償化することは可能だ，という批判がある。

　第4に，参議院選挙制度の改正である。従来から参院の選挙区における一票

の較差が問題とされてきた。これに対しては「合区」などのさまざまな方法で是正が試みられてきたが，どうしても限界が存在する。そこで，参議院に関しては「投票価値の平等」よりも「地方代表の機能」を重視させることを憲法に明記し，一票の較差の問題を解消すべきだという主張が出されている。これに対しては，改憲しなくても，参議院の選挙区を大規模な地方ブロックに再編する，都市部の議員定数を増やして地方との較差を是正する，比例代表を中心にする，などの方法が法律改正で可能だ，という批判がある。

　その他，2012年案では「個人の尊重」を「人の尊重」に，また「公共の福祉」を「公益および公共の秩序」に変えている点などが注目される。

　なお，憲法96条で規定された憲法改正手続を実現するための法律は戦後長らく制定されないままだったが，2007年に改憲国民投票法が制定された。

比較16　憲法改正手続と議会・国民との関係
──ドイツなどとの比較

　憲法改正（改憲）に関する議論の中で，「海外の憲法は何回も改正されているのに対し，日本国憲法が一度も改正されたことがないのはおかしい」「日本国憲法の改正手続は厳重すぎるので，もっとハードルを下げて改正しやすくすべきだ」などといった主張は，政治やメディアなどでよく耳にする。これらの主張は一見説得的だが，本当にそういえるのだろうか。たとえば，改憲回数の多い国の方が，少ない国よりも優れているのだろうか。また，日本と海外の改憲回数がしばしば比較される一方で，海外の改憲手続が日本でよく知られているとはいえない。改憲手続の内容を知らずに改憲回数の多寡だけを比べても，十分な検討にはならないだろう。

　以下では，議会と国民がどのように改憲手続へかかわるかを見ていきたい。具体的には，「発議」と「承認」の段階に分けて，各国の多様な改憲手続の中から特徴的なものを紹介していく。また，改憲回数が多いことで有名なドイツの実例も検討する。これらを通じて，改憲手続について検討する場合，どのような点に留意すべきなのかを考えてみよう。

1　憲法改正手続に登場する主体

　各国の改憲手続には多様な主体（当事者）が登場する。改憲手続に登場する主な主体としてはまず，国会と国民（国民投票）が挙げられる。さらに大統領，地方議会，そして特別な会議体などがかかわることもある。

　改憲手続は大きく分けて，改憲案の内容を確定し，国民などに発議するまでの段階（ここでは「発議の段階」と呼ぶ）と，発議された改憲案を承認するかどうか決定する段階（「承認の段階」と呼ぶ）という2つに分けることができる。以下ではそれぞれの段階について，いくつかの国を例に見ていこう。

2　発議の段階──第1段階

　13-1 憲法改正の意義で説明したように，日本では改憲手続の第1段階として，国会による改憲案の発議が行われる（96条1項）。具体的には，衆院と参院でそれぞれ3分の2以上の賛成が求められる。これに近い国としてはアメリカや韓国が挙げられる。アメリカの連邦議会（国会）では上院・下院それぞれ3分の2以上の賛成によって改憲案が発議される（5条：以下で条文番号を挙げる

場合，原則としてその国の憲法の条文を指す）。韓国の国会は一院制であるが，その3分の2以上の賛成で改憲案が発議される（130条1項）。

　同じく国会による発議の場合でも，スウェーデンの手続は特徴的である。すなわち，スウェーデンでは国会（一院制）が改憲案を発議する場合，同一の文言で2回可決する必要があるのだが（可決は単純多数決でよい），2回の可決の間には国会の選挙が実施されることが必要とされる（統治法8章15条1項）。

　国会以外の主体による発議の例としてはアメリカが挙げられる。アメリカは上述のように連邦議会による発議が可能だが，それ以外にも3分の2以上の州議会の要求に基づき憲法会議（Convention）という特別な会議体が招集され，そこで改憲案を発議することもできる（5条）。ただし，今まで憲法会議が招集されたことはない。さらに，スイスでは国会だけでなく国民投票によって改憲案を発議することもできる（一部改正の場合は139条および194条，全面改正の場合は138条および193条）。スイスでは改憲以外でも国民投票が盛んに行われており，改憲手続でもこの国の特徴がよく現われているといえよう。

　以上見てきたように，一般に各国では改憲案の発議は国会によって行われることが多いが，その場合，通常の法律のような単純多数決（過半数の賛成）ではなく，3分の2以上といった慎重な手続が定められていることが多い。

3　承認の段階——第2段階

　日本では改憲手続の第2段階として国民投票が行われ，その過半数の賛成があれば改憲が承認される（96条1項）。日本と同様に国民投票が必須な国として韓国がある。韓国で改憲が承認されるには，まず⒜国民投票で有権者の過半数が投票し，さらに⒝投票の過半数が賛成であることが必要である（130条2項）。⒜のような仕組みは最低投票率制度などと呼ばれる。これは，あまりにも少ない有権者の投票だけで改憲が実現してしまうことを防ぐねらいがある。州から構成された連邦国家であるオーストラリアでは，国民投票において，連邦全体で賛成が過半数を占め，なおかつ過半数の賛成を得た州が全州の過半数を占めることが，改憲の承認要件である（128条）。また，上述のスイスでは改憲案の承認には国民投票で過半数の賛成が必要である（142条1項）。

　国民投票が必須ではなく選択的（すなわち，場合によって国民投票が必要となる）

な国もある。スウェーデンでは上述のように国会が選挙を挟んで改憲案を2回可決することが必要だが，1回目の可決から15日以内に国会の10分の1以上の議員が動議を提出し，3分の1以上の議員が賛成した場合は，国会の選挙と同時に国民投票が実施される。そして国民投票で反対票が有効投票の過半数を占め，なおかつ選挙の有効投票の過半数を占めた場合，改憲案はその時点で否決される（統治法8章15条3項および4項）。

フランスでは改憲案の提出者によって国民投票の有無が異なってくる。国会議員が改憲案を提出した場合は，国会の両院の過半数の賛成で発議された後，国民投票で過半数の賛成があれば承認される（89条2項）。他方，大統領が改憲案を提出した場合は，同じく両院の過半数の賛成で発議された後，国民投票を行うか，もしくは両院合同会議で5分の3以上の賛成があれば承認される（89条3項。国民投票ではなく両院合同委員会が選択されることが多い）。

国民投票以外の承認手続の例としてはアメリカが挙げられる。アメリカでは改憲案が発議された後，4分の3以上の州における，州議会または州の憲法会議で承認されれば改憲が成立する（5条）。

以上のように，日本のように改憲手続で国民投票が必須の国ばかりではない。国民主権を採用している国であっても，改憲に国民投票が必須ではない場合は少なくないといえる。

4 改憲回数と改憲の難易度——ドイツの場合

日本国憲法は一度も改正されていない。このことの理由として，憲法の改正手続が厳重すぎるという意見が存在する。そして，改憲手続を定める96条1条を改正し，憲法を改正しやすくするべきだという提案が近年行われている（たとえば，改憲案の発議要件を「各議院の3分の2の賛成」から「過半数の賛成」へ引き下げる，など）。他方，ドイツは第二次世界大戦後に60回以上の改憲を行っており，この回数は世界的に見ても多いといえる。そこでドイツの改憲手続を紹介し，改憲回数の多さについて考えてみよう。

ドイツの憲法（基本法という）を改正するには，連邦議会および連邦参議会（連邦参議院とも訳される）で，それぞれ3分の2以上の賛成が必要である（79条2項）。国民投票を必要としない点で日本とは異なる。一見すると，日本の改

憲手続の第 1 段階（衆参でそれぞれ 3 分の 2 以上の賛成）だけで改憲できてしまう わけであり，日本よりも大幅に改憲が容易といえそうである。ただし，ここで は次の点に注意が必要である。ドイツの連邦参議会は日本の参議院に似た名称 であるが，その内容は大きく異なる。連邦参議会の構成員は日本の参議院のよ うに国民が直接選挙で選ぶのではない。ドイツは連邦国家であり，16 の州から 構成されている。連邦参議会の構成員は，それら各州の政府の代表者（州の大 臣）である。そして各州それぞれの人口に応じ，連邦参議会での評決時に 3 ～ 6 票を投じることができる。ここで重要なのは，戦後のドイツ（西ドイツ）は 基本的に 2 大政党制だったという点である。基本的には，保守政党の CDU／ CSU（キリスト教民主同盟・社会同盟）と革新政党の SPD（社会民主党）の勢力が 拮抗し，少し規模の小さい FDP（自由民主党）がそれらのいずれかと協力する ことにより，しばしば中央では政権交代が起こってきた（ただし近年はこれらの 政党の勢力は減少し，他の政党が拡大している）。また，地方でもそれぞれの政党 が強い地域がある。この点は，おおむね中央でも地方でも保守系（基本的に自 民党）が優勢な戦後の日本とは対照的である。これらが意味するのは，仮にド イツの連邦議会でいずれかの政党が 3 分の 2 以上の勢力を有していても，同時 に連邦参議会で 3 分の 2 以上の票を得ることは容易ではない，ということであ る。したがって，基本的には保守・革新を超えた合意がなければ改憲は難し い。たとえば 比較15 15-2 軍事力の統制──ドイツとの比較で紹介した， 1968 年における憲法への緊急事態条項の追加は，CDU／CSU と SPD の連立政 権の際に行われた。したがって，ドイツにおける改憲の難易度は決して低くは ないものの，そのハードルを越えるべく，広範な合意を獲得することを通じて 改憲が実現されてきたといえるだろう。

　また，ドイツの場合は改憲回数が多くなりがちな事情がある。第 1 に，条文 の内容が詳細である。とりわけ，ドイツが連邦制であることがポイントであ る。すなわち，ドイツでは州の役割が大きく，その権限を詳しく憲法に規定す ることで，連邦が一方的に州の権限を奪うことがないようにしている。そのた め，時代の変化に伴って州と連邦の権限配分を変更する場合，そのたびに改憲 が必要となる。他方で日本の場合，憲法における地方自治の規定はシンプルで あり，詳細は法律で定められている。そのため自治体の権限を変更する場合

は，改憲ではなく法改正だけで済ませることができるのだ。

　第2に，ドイツ統一とEU加盟である。それまで東西に分裂していたドイツは，1990年に統一を果たした。このときは新憲法を制定するのではなく西ドイツの憲法を改正して（前文など），東ドイツを統合する形式がとられた。また，EUへ参加する際にもさまざまな条文の改正が必要であった（23条など）。

　このように改憲の難易度や改憲回数の多寡を考えるためには，その国の憲法の内容や政治的状況を踏まえることが必要といえる。なお，戦後の日本でこれまで改憲が行われなかった理由としては，他国と比べ，憲法の条文が短くて抽象的である点などが指摘されている（ケネス・盛・マッケルウェイン「日本国憲法の特異な構造が改憲を必要としてこなかった」中央公論131巻5号（2017年5月））。改憲手続を検討・評価する際にはそのような視点が重要であり，単純に各国の改憲回数だけを比べてその是非を論じることは慎重であるべきだろう。

5　憲法改正手続における「民主性」と「熟議性」

　13-1 憲法改正の意義では，改憲のあり方に関しては可変性と安定性のバランスが重要であると指摘した。本項目ではそれに加えて「民主性」と「熟議性」のバランスという観点を提示したい。改憲手続における「民主性」とは，どのくらい多くの市民が改憲手続に関与できるかという問題である。他方，改憲手続における「熟議性」とは，改憲手続においてどのくらい十分な議論に基づき判断が下されるかという問題である。

　民主性の実現のための手段としては国民投票が典型的といえよう。だが，国民投票がない場合でも民主性を確保している国としてスウェーデンを挙げることができる。上述のようにスウェーデンでは，国会による改憲案の1回目の可決の後に国会の選挙を実施し，改選後に改めて国会が改憲案を可決する必要がある。ここでは国民が選挙を通じて実質的に改憲への賛否を表明することができる仕組みになっている。また，韓国の国民投票などで採用されている最低投票率制度は，改憲において広範な国民の参加を求めるという点では，民主性を強制的に確保しようとする仕組みといえるかもしれない。

　他方，民主性の実現のために重要な国民投票が，そのやり方によっては熟議性を損ねる可能性もある。スイスでは改憲だけでなくさまざまなテーマの国民

投票が頻繁に実施されているが，その数が多いため，国民が十分に判断できないまま投票する事態が起こっている。その意味では，日本の改憲手続において，国会での発議から国民投票の実施までに最低60日間空けなくてはならない（日本国憲法の改正手続に関する法律 2 条 1 項）とされていることは，国民が改憲案への賛否を考える時間を確保するという点では重要な意味があるといえるだろう（この期間で十分といえるかは議論の余地があるかもしれない）。また，ここでは検討できなかったが，国民投票の際の国民投票運動や広告規制なども熟議性に対して大きな影響を与えるといえる（ 13-1 憲法改正の意義参照）。

●比較から読み解く

　ドイツを見てもわかるように，改憲回数の多寡はその国の憲法の内容，政治的状況，条文の詳細さなどによって変わる。したがって，各国の改憲回数を単純に比較することにあまり意味はない。改憲手続に「唯一の正解」は存在しないだろうが，結局ところ重要なのは「必要なときに必要な改憲ができる手続であるか否か」である。ここまで見てきたように，改憲手続のあり方には多様な選択肢がある。そして，いかなる改憲手続がその国にふさわしいのかは，憲法の条文の内容，憲法に対する政府や市民の意識，政治的・社会的状況などから総合的に考えるしかない。

　日本国憲法の改憲手続は，他国と比べて厳重だろうか。また，その手続の下で戦後一度も改憲が行われてこなかったのはなぜなのか，考えてみてほしい。また，可変性と安定性，そして民主性と熟議性などの点から（もしかしたら他にも考慮すべき視点があるかもしれない），どのような改憲手続が日本にとって望ましいのかについても，各国の状況を比べながら検討してほしい。

【参考文献】
小林公夫「主要国の憲法改正手続」調査と情報853号（2015年）。
駒村圭吾・待鳥聡志編『「憲法改正」の比較政治学』（弘文堂，2016年）。
辻村みよ子『比較のなかの改憲論』（岩波書店，2014年）。
辻村みよ子『比較憲法〔第 3 版〕』（岩波書店，2018年）。
山岡規雄＝井田敦彦「諸外国における戦後の憲法改正〔第 7 版〕」調査と情報1133号（2021年）。

比較 *17*　　緊急事態──フランスとの比較

> 　日本国憲法にはいわゆる緊急事態条項がない。そのため，「緊急事態」は，法的な議論を行ううえで，取扱に注意を要する言葉となっている。
> 　1995年の阪神淡路大震災，その後の度重なる大震災，近年頻発している豪雨災害を理由に，大規模自然災害へ対処するため憲法に緊急事態条項を設けるべきだとする改憲論が主張されている。2020年には，新型コロナウィルス（COVID-19）危機の渦中において，感染症蔓延対策として憲法に緊急事態条項を設ける必要を説く主張も出てきた。
> 　しかし，大規模自然災害対策としては災害対策基本法（災害緊急事態）・警察法（緊急事態），自然災害によって生じうる原子力災害への対策としては原子力災害対策特別措置法（原子力緊急事態），深刻な感染症蔓延対策としては新型コロナウィルス等対策特別措置法（新型インフルエンザ等緊急事態）がそれぞれ緊急事態に関する定めを置いており，実際に発動されたものもある。
> 　緊急事態を想定する法律が存在する一方で日本国憲法に緊急事態条項がないことの意味を考える際，緊急事態条項をもつ憲法との比較は参考になる。ここではフランスの現行の第5共和制憲法を比較対象にしてみよう。

1　緊急事態の概念

　日本の現行法上の緊急事態とは，治安維持その他秩序維持のうえで差し迫った重大な危険が存在する状態であり，対応・措置に特に急を要することから，一定の要件のもとに行政権を強化し，国民や住民の権利・利益の通常は許されない制限を例外的に可能にする事態のことである。このような緊急事態に関する規定は，それが法律上のものである以上，憲法の効力を停止する効果をもつものでないことはいうまでもない。したがって，その合憲性すなわち目的の正当性，規制の合理性・必要性は問題になりうるし，具体的な処分の適法性や合憲性も問題になりうる。

　以上のような法律があるにもかかわらず一部で新設の必要性が主張されている憲法上の緊急事態条項とは，国家緊急権すなわち「戦争・内乱・恐慌・大規模な自然災害など，平時の統治機構をもっては対処できない非常事態において，国家の存立を維持するために，国家権力が，立憲的な憲法秩序を一時停止

して非常措置をとる権限」（芦部388頁）について定める規定を意味する。この場合の緊急事態は，現行法上の緊急事態とは一見似ている点もあるが，憲法上の規定であるためそれとは全く性質が異なって，一時的にせよ憲法の効力を部分的ないし全面的に停止する効果をもち，立憲主義にとって極めて危険である。それにもかかわらず，立憲主義的な憲法を含めて多くの国の憲法に緊急事態条項がある。その中で日本国憲法は例外である。

2　フランス第5共和制憲法における緊急事態条項

1789年の革命後も王制や帝制から民主的な共和制に至るまでさまざまな政治体制を経験した「近代憲法の実験室」ともいわれるフランスでは，今日まで10を超える憲法が交代してきた。人権宣言の国フランスは，実は頻繁に体制危機を経験してきた国家緊急権の母国でもある。そのような歴史的背景をもつ現行フランス第5共和制憲法には合囲状態制度（36条）と大統領非常権限制度（16条）に関する2種類の緊急事態条項がある。

(1)　合囲状態（état de siège）制度

第5共和制憲法36条は，次のように規定している。

> 36条　合囲状態は閣議により定められる。
> 　合囲状態の12日を超える継続は，国会のみがこれを承認することができる。

合囲状態について，憲法自体は定義を与えていないが，それは，歴史的には城壁に囲まれた都市が敵に包囲された状態を意味し，1791年の法律がこの意味の合囲状態について定めた。しかし，まもなくこれは，現実に敵に包囲されていることを要件としない擬制的合囲状態または政治的合囲状態と称されるより広い概念にとって代わられる。現行法では，防衛法典に次のように定められている。

> L2121-1条　合囲状態は，対外戦争または武装反乱の結果生じる差し迫った危機の場合に限り，閣議決定されたデクレ（政令）によって宣言される。
> 　合囲状態を宣言するデクレはそれが適用される地域を指定し，適用期間を決定する。

合囲状態宣言の法的効果は，19世紀以来の諸々の法律によって定められてい

る。たとえば，軍が，昼夜の別なく家宅捜索する権限，合囲状態宣言区域から前科のある者や住居をもたない者を追放する権限，混乱を引き起こすと判断される集会や出版を禁止する権限などをもつことになる。さらに，公序や治安に関する犯罪について，軍事裁判権が非軍人にも及ぶことになる。

　合囲状態において，文民行政機関が平時に有している権限が軍に移管され，さらに文民行政機関がもたない権限まで軍が行使することになるが，憲法上の統治機構の権限配分に変更は生じない。その点では，憲法秩序の停止はなお限られているともいえる。しかし，これが人権保障上極めて危うい状態であることは否定できない。合囲状態を宣言する大統領命令は，統治行為とされている。合囲状態下でとられた措置については，行政裁判所による裁判が認められているが，コンセイユ＝デタ（Conseil d'Etat　最高行政裁判所。政府の諮問機関も兼ねる）は，第一・第二次世界大戦時に，国防上の利益を理由に，合囲状態に関連する法律上明示的に認められていない人権規制を合法とし，警察権の拡大を認めるきわめて危険な法理を展開しているのである。

　1958年の第5共和制発足以来，合囲状態宣言はいまだに発出されたことがない。第5共和制憲法には大統領非常権限制度があり，その一方で伝統的な戦争が過去のものとなって，宣戦布告の手続（第5共和制憲法35条）が発動される事態が想定されなくなっているため，36条は今後も発動される見込みはないとみられるに至っている。

(2)　**大統領非常権限（pouvoirs exceptionnels）制度**

　現行第5共和制憲法16条は，次のように規定している。

　　16条　共和国の制度，国家の独立，領土の保全または共和国の結んだ国家間の合意
　　　の執行が重大かつ直接に脅かされ，かつ憲法上の公権力の正常な機能が中断され
　　　る場合，共和国大統領は，首相，両院議長および憲法院に公式に諮問した後，状
　　　況が必要とする措置を執る。
　　　　大統領は，教書により国民にこれを通知する。
　　　　第1項の措置は，憲法上の公権力のためにその使命を達成する手段を最短期間
　　　のうちに確保する意思に基づかなければならない。憲法院はこれに関して諮問を
　　　受ける。
　　　　国会は当然に集会する。
　　　　国民議会は，非常権限の行使される期間中，解散されない。

　　非常権限が行使されて30日が経過したのち，国民議会議長，元老院議長，60人
　の国民議会議員または60人の元老院議員は，第1項の要件が満たされているかを
　審査するために憲法院に提訴することができる。憲法院は，公開の答申により直
　ちに意見を表明する。憲法院は，非常権限が行使されて60日の時点およびこの期
　間後はいつでも，当然に本審査を行い，右と同一の要件において意見を表明す
　る。

　このうち6項は，2008年の憲法改正によって設けられたものである。

　16条には，大統領非常権限行使の要件と手続がそれなりに詳細に定められて
いる。しかし，立憲主義の観点からは多くの重大な問題が指摘できる。そのう
ちのいくつかを挙げてみよう。まず16条発動の要件とされる非常事態とは，共
和国の制度等が重大かつ直接に脅かされている事態にして憲法上の公権力の正
常な機能が中断される事態であるが，それは一体どのような事態を指すのか。
共和国の制度が脅かされている事態とは何か，さらに重大性・直接性とはどの
程度を意味するのか。同様の疑問が国家の独立，領土の保全，条約の執行につ
いても向けられよう。これでは，これらの要件の恣意的な認定を阻止すること
はできない。1961年4月23日，当時フランスの植民地であったアルジェリアで
現地軍の一部幹部が反乱を呼びかけたケースで16条が発動されたが，狂信的な
4人の将軍が発した呼びかけに応じる同調者はごくわずかで，大規模な反乱に
はほど遠い，反逆罪，人質事件，つまり刑事事件というのがこの「反乱」の実
態だった。いうまでもなく，大統領・政府・国会・憲法院など主要な国家機関
は正常に機能していた。それにもかかわらず発動された点にまさに16条の問題
点が現れているのである。

　16条1項の要件を認定する大統領に対する統制手続としては，首相・両院議
長・憲法院への諮問手続があるにすぎない。

　大統領は，非常事態において，「状況が必要とする措置」をとりうる。つま
り法的な制約の一切ない巨大な権限をもつことになる。憲法の効力が停止する
わけである。非常事態の間，国会は開会され，国民議会が解散されることはな
い。この解散権が行使できない点では大統領の権限が制約されることになる
が，国会は，全権をもつ大統領に対して法的に無力である。

　法原理部門による統制についてみると，16条の発動の決定は，統治行為とし

て，コンセイユ＝デタによる統制の対象にならない。1962年のコンセイユ＝デ
タ判決によれば，その対象となるのは，非常権限による措置のうち命令事項に
属するものに限られる。

　16条は，非常事態の収束に関する規定を置いていない。つまり，いったん宣
言された非常事態の収束は，大統領の専決事項となっているのである。1961年
4月23日に勃発した「反乱」は，2日後に首謀者の投降・逮捕で収束したにも
かかわらず，当時のド＝ゴール大統領は，1961年9月29日まで非常権限を握っ
ていたのである。

　第5共和制憲法16条の大統領非常権限は，諸国の国家緊急権の中でも最も強
大な独裁的権限の1つといってもよい。1993年，同条が，「ヨーロッパの先進
民主主義国で，これほど原則に反する権限の集中を認める条文をもつ国はな
い」（Projets de loi constitutionnelle déposés au Sénat le 10 mars 1993 par le Prési-
dent de la République, Didier Maus（rassemblées par）, Les grands textes de la pra-
tiques constitutionnelle de la Ve République, La documentation française, 1998, p.
24）として，その廃止を検討されたことがあったことは注目されよう。

3　日本国憲法における緊急事態条項の不存在

(1)　憲法の沈黙をめぐる解釈学説

　日本国憲法が，フランス第5共和制憲法と異なり，緊急事態条項を有してい
ないことは，解釈の余地なく明白である。

　日本国憲法のこの沈黙の意味を憲法制定過程における論議からみるならば，
多様な国家緊急権制度を備えていた帝国憲法の深刻な反省がこの沈黙に込めら
れていることがうかがえる。すなわち，戦前の経験に照らして間髪を待てない
というほどの急務はないにもかかわらず，行政当局にとって調法な緊急事態条
項を設けることの立憲主義にとっての危険性の認識から敢えて緊急事態条項を
設けなかったのである。

　日本国憲法上の緊急事態条項の不存在の意味をめぐる解釈学説には，不文の
国家緊急権を認める説もあるが，立憲主義的な憲法解釈をするかぎり，そのよ
うな解釈はとりえないであろう。

　日本国憲法の緊急事態に関する沈黙の意味を欠缺と解する説（欠缺説）は，

改憲によって緊急事態条項を導入することを求める。そのような見解も，立憲主義的な憲法秩序の回復のために立憲主義的な憲法の効力を停止して国家それも行政機関の権限を拡大する緊急事態制度の危険性を真正面から否定することはできない。そこでどのような緊急事態条項が立憲主義的憲法にふさわしいのかが問われることになる。

(2)　緊急事態条項導入を目的とする憲法改正の可否

このように日本国憲法にない制度の導入の可否について検討する際，まず理論的に憲法改正の限界を超えないかという問題があることを忘れてはならない。そのうえで当該制度を有する外国の憲法の例が参考になろう。前者の問題について，ここで深入りすることはできないが，いわば「国家守って憲法滅ぶ」恐れを孕む緊急事態条項の導入が日本国憲法の同一性を損なわないといえるのか，大きな疑問が残るであろう。

●比較から読み解く

外国憲法の例を参考にする場合に，「普通の国の憲法には緊急事態条項がある」などとする議論は，例の多さだけを理由にする中身のない安易な算術的比較論の類いといわなければならない。

そこで実質をみるならば，欠缺説の立場から詳細な規定として注目されることのあるフランス第5共和制憲法16条が，上に明らかにしたように大統領非常権限を厳格に拘束するものとはいえず，廃止が検討されたこともあることは注意すべき点である。

【参考文献】
小林直樹『国家緊急権』（学陽書房，1979年）。
永田秀樹ほか『講義・憲法学』（法律文化社，2018年）。
村田尚紀『比較の眼でみる憲法』（北大路書房，2018年）。

判 例 索 引

［大審院］

［最高裁判所］

[高等裁判所]

[地方裁判所]

[簡易裁判所]

事 項 索 引

執筆者紹介 （執筆順，＊は編著者）

＊**村田 尚紀**（むらた ひさのり）　関西大学法学部教授

　担当：第1章，第4章4-1，比較1，2，17

波多江 悟史（はたえ さとし）　愛知学院大学法学部専任講師

　担当：第2章，第5章，第8章8-2，比較6の6-5，7，10，13

春山 習（はるやま しゅう）　亜細亜大学法学部講師

　担当：第3章3-1，第4章4-4，第6章，第7章7-2，第11章11-1，比較6の6-3，8，9，14

岡田 健一郎（おかだ けんいちろう）　高知大学人文社会科学部准教授

　担当：第3章3-2，第10章，第12章，第13章，比較6の6-2，15の15-2，16

＊**倉持 孝司**（くらもち たかし）　南山大学法務研究科教授

　担当：第3章3-3，第4章4-5，比較4，5

河合 正雄（かわい まさお）　南山大学法学部准教授

　担当：第4章4-2，第8章8-1，8-4，第9章，第11章11-2，11-3，比較3，6の6-4，11

＊**塚田 哲之**（つかだ のりゆき）　神戸学院大学法学部教授

　担当：第4章4-3，第7章7-1，第8章8-3，比較6の6-1，12，15の15-1

Horitsu Bunka Sha

比較から読み解く日本国憲法

2022年4月15日　初版第1刷発行

編著者　倉持孝司・村田尚紀
　　　　塚田哲之

発行者　畑　　光

発行所　株式会社 法律文化社

〒603-8053
京都市北区上賀茂岩ヶ垣内町71
電話 075(791)7131　FAX 075(721)8400
https://www.hou-bun.com/

印刷：共同印刷工業㈱／製本：新生製本㈱
装幀：白沢　正

ISBN 978-4-589-04203-3

倉持孝司編

歴史から読み解く日本国憲法〔第2版〕

A 5 判・256頁・2860円

歴史からの切断を行った2014年7月の集団的自衛権の行使を容認する閣議決定と2015年9月の安保法強行採決。戦後憲法の原点と現在をより深く読み解くために，沖縄と家族の章を新設したほか，時代状況に即して本文の内容を大幅に更新。

現代憲法教育研究会編

憲法とそれぞれの人権〔第4版〕

A 5 判・230頁・2860円

人権を侵害された人々の置かれた現実を，憲法の視点から検証しつつ，実際に抵抗する際の憲法の力に着目する。外国籍保持者やジェンダーをめぐる問題など昨今の人権をめぐる動向を全面改訂。新聞記者の眼から人権問題に迫るコラムも新設。

小沢隆一編

クローズアップ憲法〔第3版〕

A 5 判・286頁・2750円

ホットでリアルな憲法問題をクローズアップして各章冒頭で取り上げ，その論争や対立点の根源を探究し，主体的に考え抜く力を養うための入門書の改訂版。政治・裁判・改憲論などの最新動向をふまえてアップデート。

永田秀樹・倉持孝司・長岡 徹・村田尚紀
倉田原志著

講 義・憲 法 学

A 5 判・376頁・3740円

総論で日本国憲法を理論的・歴史的に位置づけ，人権分野では表現の自由，生存権・労働権の展開を詳細に論じ，統治分野ではドイツの憲法訴訟・理論を踏まえて解説。歴史的視点と最新の議論動向を踏まえた憲法学の本格的体系書。

駒村圭吾・吉見俊哉編著

戦後日本憲政史講義
―もうひとつの戦後史―

A 5 判・402頁・6490円

憲法典の字面を書き換えることだけが目的化されている昨今，法令，判例，閣議決定を中心とする「解釈実践」が積み重ねられてきた。そうした状況にあるいまこそ，憲法の実相や重みを受け止めるべく，戦後日本政治史を憲法から深く読み込み，「戦後」の意味を問う。

戒能通弘・竹村和也著

イ ギ リ ス 法 入 門
―歴史，社会，法思想から見る―

A 5 判・200頁・2640円

イギリスの歴史，社会および法思想をふまえ判例法主義，法律家制度，陪審制，法の支配などイギリス法の特徴を日本法と比較しつつわかりやすく解説。また最新動向にも言及。イギリスのEU離脱やプレミアリーグを扱うコラムもあり，親しみやすい。

―――――― 法律文化社 ――――――

表示価格は消費税10%を含んだ価格です